スピノザの精神分析

『エチカ』からみたボーダーラインの精神療法

川谷大治　著　KAWATANI DAIJI

Spinoza's Psychoanalysis

tomi shobo
遠見書房

カバー挿画は，ヨハネス・フェルメール「地理学者」

はじめに

スピノザ『エチカ』との遭遇

二〇二〇年二月のある日、スピノザ Baruch De Spinoza の入門書、國分功一郎著『NHK100分de名著スピノザ「エチカ」』を読むことにした。「こころ」に関する本を漁っていると、しばしば哲学者スピノザの名前を目にして、もはや無視できなくなったのと、先に國分著『中動態の世界――意志と責任の考古学』(医学書院、二〇一七年)を読んで面白かったので(中動態の骨幹とも言えるスピノザを扱った第8章は読まずに避けていた)、國分氏の入門書というのも大きかった。

私は一九九〇年頃からボーダーライン患者の精神科治療に「矛盾を抱える」工夫を取り入れてやってきた。しかし『エチカ』を読んで、もっと重要なことに気づいた。彼らの感情の激しさを精神療法の対象にしてこなかったのである。感情を理性でコントロールするとか我慢するのは至難の業である。ことにボーダーライン患者の感情は巨大である。些細な刺激をきっかけに激怒し、なかには自らの身体を傷つける攻撃性の強大さには圧倒される。恥ずかしいかな、私は安易に、薬物治療に頼ってきたのである。『エチカ』を読むたびに、当たり前と言われれば当たり前のことなのだが、受動感情に隷属している患者を救う手立てが満載していることに勇気づけられる。

ボーダーライン患者だけでなく私たちは絶望的な感情から逃れるためにスピノザのいう「世俗的な善」、つまり富・名誉・快楽の三つにすがる。しかし、それでは悲しみは一向に消えない。どうしたものだろう。精神分析は何もしなかったのではない。見捨てられ恐怖の直面化、「今・ここ」での介入、種々の限界設定、ホールディングとコンテイン、スプリッティングの操作などである。スピノザは言う。人間の幸福は、事物の真なる認識による全自然との合一にある。そのために、知性を改善、純化して真なる認識、さらには真なる観念に至るための方法論を探求しようと。その試みが『知性改善論』で、後に結晶化したのが『エチカ』である。

スピノザの『エチカ』は私の脳にヒットした。これまで哲学書を避けてきた人生に私はなんという失敗をしてきたのかという忸怩たる思いがした。と同時に、これで老後の生活の楽しみを見つけたと嬉しくもあった。『エチカ』を読むたびに、スピノザが今の世に生きていたら、精神分析をやっていただろうと夢想し、臨床で体験した心の問題をスピノザが鮮やかに解釈するたびにどんどんはまっていった。

二〇二〇年の福岡大学精神医学教室の同門会では「共感」は精神療法の妨げになり得るというスピノザの「憐れみ」を発表した。さらに、行動化優位のパーソナリティ障害の治療においてなぜ超自我(良心)は問題行動の抑制力にならないのか、と問うた。警察官が行為の前に捕まえることはしないように、聞こえるべき時に良心の声は届かない。それは何故か？　衝動的な行為は意識を介しないから、というスピノザの考えは腑に落ちた。人は思わず、そうしてしまうのである。そんな考え方をするスピノザをニーチェは「良心なき思想」と呼ぶ。同僚と共に発達障害の症例を論文にするのに『スピノザ〈触発の思考〉』(浅野、明石書店、二〇一九年)は大いに役立った。

その頃、『ウィニコットとの対話』(Kahr, 2016)の書評を依頼された。その中でウィニコットWinnicott, D. W.の『逆転移のなかの憎しみについて』(一九四九年)を論じた。詳細は第6章に譲るが、精神分析の世界では「無意識的憎しみ」と言い表すように感情は抑圧されると考える。それに対して抑圧されるのは観念であって感情は抑圧されないというのがスピノザである。スピノザは感情を伴う観念はあるが、観念を伴わない感情はないという(第3章)。

二〇二一年はスピノザの感情論と認識論を探究した(第1、2章)。長いあいだ解けなかった「人はなぜ褒められると嬉しいのか」という私の疑問をスピノザは「感情の模倣」の観点から鮮やかに解明する。「そうだったのか」と目から鱗が落ちた。この感情の模倣はダニエル・スターンStern, D. N.の情動調律と同じものである。そのことを私自身の乳幼児観察をもとに論じようと思う。感情の模倣論はパーソナリティ障害を理解するのに欠かせない自己論を含んでいるので、第1章でページを割いて論じた。

次に、第一種の認識(表象知、イマギナチオ)の観点からウィニコットの中間領域を読み直した(第6章)。スピノザは現実的には偽だが内的には真という第三の領域(共有信念)を想定し、我々が偽であるイマギナチオを信じるのは、「ただ疑わないだけか」あるいは「彼の表象を動揺させる原因(言いかえれば彼にそれを疑わせる原因)が少しも存在しないから彼はその偽なる観念に安んじているというだけのことである」という。イマギナチオを真と考える患者に我々は解釈を通してイマギナチオから解放しようとする。どのような条件が整うと、つまり転移・逆転移の様相、解釈が奏功するのだろうかを論じたのが第2部の第4、5章である。

精神分析家の解釈が彼らの偽の源泉と言われるイマギナチオを破壊し彼らに幸福をもたらす方法が『エチカ』には書かれている。さらに、スピノザの感情の発生論を加えてウィニコットの破壊論を読み直す作業を行い（第6章）、ウィニコット協会の主催する研究会で報告した。そのとき、第二種の認識「理性」による分析作業、つまり「スピノザの方法」は精神分析治療過程と同じであることに気づいた。フロイトとスピノザの共通性にもがぜん興味が出て、先行論文を読んだ。二人は多くの点で共通するが、最も大きな違いは死の欲動を認めるかどうかである。エントロピー増大を「死の欲動」とするフロイトに対して、スピノザは「物は一が他を滅ぼしうる限りにおいて相反する本性を有する。言いかえれば、そうした物は同じ主体の中に在ることができない」（第三部定理五）と否定する。死は常に外部からやってくるとスピノザは考える。このスピノザの考えに現代の分子生物学の知恵を導入すると、「生命の本質」が見えてくる。今は亡き西園昌久先生の主催する福岡精神分析研究会では「本当の生命の本質というものは、自然法則なのであって、いいかえますと、実体がないわけですね」と語る野澤重雄を紹介して、彼のハイポニカ論に刺激されてフロイト Freud, S. の死の欲動論を否定する発表を行った（第3章）。いったい野澤重雄はスピノザの神を知っていたのだろうか。

二〇二二年にはスピノザの感情論と認識論から転移・逆転移の概念を読み直す作業に取り掛かった（第4、5章）。有名なフロイトの「分析家の無意識が患者の無意識を理解する」という文章を中学生にも分かるように説明できるようにスピノザを媒介に読み解いた。スピノザを介せずに説明しようとするとこれが意外と難しい。その後に、ポーラ・ハイマン Heimann, P. とマーガレット・リトル Little, M. の転移・逆転移にもチャレンジして、臨床こころの発達研究会で発表した。

当時、長時間セッションの精神分析的精神療法を行っていた私は精神分析臨床における二重の転移・逆転移現象に気づいたので第9章で症例報告を行った。それは、私だけに起きている現象ではなく今日のフィールド理論につながるような発見だった。精神分析的に行われる精神療法では治療者は患者との間で起きる転移・逆転移を理性によって理解していく。患者と治療者の二人が相互に作用しあうモノを言葉として浮かび上がらせる、その瞬間に、切り捨てられるものが出てくることに気づいた。切り捨てられたものは意識されずに、浮かび上がった患者と治療者にある種の力を与えていくのである。この現象を理解するには、西田幾多郎の絶対矛盾的自己同一がヒントになると福岡伸一の「動的平衡」論に関する一連の書物から知った。それはポスト・ビオン派が論究している「直観」の問題へと関心が広がった（第2章）。

『エチカ』を3年間は読み続けようと決心して、福岡精神分析研究会、ウィニコット・フォーラム、臨床こころの発達研究会などで経時的に発表してきた（章末参照）。本書は、この3年間で学んだスピノザの目を通して私の精神科臨床および精神分析を見直したものである。

なぜ本書のタイトルは『スピノザの精神分析』なのか

スピノザが現代に生きていたらきっと精神分析にたずさわっていたと思う。『スピノザの生涯と精神』の中にはレンブラント死去後にうつ病に苦しんだファン・ローンの手記が掲載されている。彼の前に精神分析者としてのスピノザが登場するシーンがある。ファン・ローンとのやり取りには転移・逆転移の概念は見られないが、スピノザはすこぶる精神分析的である。ネットではファン・ローンの手記は資料としては価値がなく後代の文学作品だと断じているけれども、一概にそうだとも言えない。むしろ本物ではないかとさえ思う。その個所を簡単に説明しよう。

ファン・ローンはうつ病の原因を求めて悩みスピノザと話し合った。英雄だった祖父を持つファン・ローンの父は、オランダがスペインの無敵艦隊に立ち向かった時、祖父に連れられて海戦に出た。その時、敵の歩哨の発砲で父は気絶してしまった。それから父は人が変わり、あらゆるものに憎悪と呪詛を投げかける性格破綻者となった。父の憎悪はファン・ローンと兄の子どもたちに向けられた。その時のスピノザの解釈はフロイトのメランコリー発症の原因となる「対象の自己愛的同一化」に通ずるのである。その解釈を抜き書きしよう。

「……この二つの性格がほかならぬあなたのお父さんの心の中で互いにぶつかり合って争ったのです。二つのうち強い方が勝ちました。お父さんは手柄を立てることをひどく望んでおいででした。しかしお父さんの内部にあった何かが、その衝動を打ち破ったのです。しかも全く卑劣に打ち破ったのです。その結果お父さんはそれほど完全に自身を憎むようになられた……それというのも、お父さんはそれほど完全に自身を憎まれたからです」

「そうして父は自分の子供たちに復讐した」

「子供たちがお父さんの一部だったからです――子供たちを責めさいなまれながら、お父さんは本当はご自身を責めさいなまれたのですから」(『スピノザの生涯と精神』)

これだけの内容を書ける力量の持ち主はスピノザしか思い当たらない。

※以下の日程で発表してきた。

1. 福岡大学精神医学教室同門会　二〇二〇年十月三日『スピノザに学ぶ』
2. 福岡精神分析研究会　二〇二〇年十一月二十一日『スピノザと精神分析①』
3. 川谷大治：〈書評〉ブレッド・カー著、妙木浩之・津野千文訳『ウィニコットとの対話』(人文書院、二〇一九年)、精神分析研究 64 (4)、五五三‐五五五頁、二〇二〇年
4. ウィニコット没後50年記念行事『ウィニコット再入門』　二〇二一年四月四日『ウィニコットの臨床』
5. 福岡精神分析研究会　二〇二二年一月二十二日『スピノザと精神分析②』
6. 渡邉恵里・川谷大治：罪悪感に着目した反抗性挑発男児例に対する治療の工夫、児童青年期精神医学と

その近接領域63（1）、四三‐五五頁、二〇二二年
7. JFPSP自己心理学協会　二〇二二年四月一日『ウィニコットの精神分析』
8. 第4回臨床こころの発達研究会　二〇二二年四月二十四日『スピノザの自己愛』
9. 福岡いのちの電話第2回全体研修分科会B　二〇二一年八月七日『心の病の対応』
10. 第6回臨床こころの発達研究会　二〇二三年三月二十六日『転移・逆転移概念の歴史的変遷とスピノザの観点から』
補：院内勉強会『感情の派生論・認識論』、『スピノザの人間学①』、『スピノザの人間学②』

目　次

スピノザの精神分析

『エチカ』からみたボーダーラインの精神療法

序　章

I　スピノザの生涯

スピノザ Spinoza（一六三二－一六七七）の生まれた十七世紀のオランダはスペインに対して頑強に抵抗し、一六〇九年にスペインはオランダの独立を認めた（正式には一六四八年の三十年戦争終結時）。貴族の没落（貴族の多くはスペインとの戦いで戦死した）、カトリックの後退とカルバン派の台頭、大富豪・大商人から成るレヘントと呼ばれる都市貴族による支配、と同時にその内紛（対立と抗争）が続いていた。スピノザの先祖はポルトガルから自由な都市アムステルダムに移住してきたマラーノだった。マラーノとはスペイン語で「豚、汚らしい」という意味である。コロンブスがアメリカ大陸を発見した年に、スペインでは「国土回復運動」が完了し、イスラム教徒とユダヤ教徒はキリスト教への改宗と弾圧を受けた。戦国時代に日本へやってきた医師アルメイダもマラーノだという。

一六三二年、スピノザはアムステルダムのユダヤ人居住地区で裕福な商人の家に生まれる。ユダヤ人学校を出て父の商館で働いた。近所にはレンブラント Rembrandt が住み、同じ年にフェルメール

Vermeer, J. が生まれた。六歳の時に母親死去。一六五四年二十二歳の時に父親死去。一六五六年、異端のかどで破門される。その後、暗殺未遂事件に遭う。家業を捨て（父の跡は弟が継ぐ）、レンズ磨きの職人になる。当時のレンズ磨きの収入は大学教授の給料より上だった。一六六一年、『知性改善論』を偽名で出版。一六七〇年、『神学・政治論』を匿名で刊行する。一六七三年、ハイデルベルグ大学の教授就任に招聘されるも、学生の教授は哲学の成就の邪魔になるという理由で辞退する。一六七五年、『エチカ』完成。一六七六年、ライプニッツ Leibniz, G. W. の訪問。一六七七年、肺結核で死去。

スピノザの生涯を知るのに有益な本は『スピノザの生涯と精神』（リュカス、コレルス）の中の「信頼すべき文書と現存者の口述の証言から編集した、ベネディクトゥス・デ・スピノザの短いが忠実な伝記」（一七〇五年）である。著者のコレルスはルター教団の説教師で一六九三年にスピノザの最後の地ハーグに住むことになった。スピノザが亡くなって十六年後のことである。訳者渡辺の解説によると、「彼の住居こそ、スピノザが一時下宿して食事の世話をして貰った弁護士ファン・デ・ウェルフェ（van de Werve）の寡婦の家であった」。寡婦のウェルフェは亡くなっていたが、この家の近くに住んでいた画家スペイクからスピノザの思い出を聞くことができたという。

さらにスピノザを知りたければ、ウェブサイトからフェルメールの「天文学者」「地理学者」で素顔を知ることができる。いずれのモデルもスピノザで日本の防寒具（丹前もしくは褞袍）を着ている。スピノザによる自画像やフェルメールとの関係については『フェルメールとスピノザ』（ジャン＝クレ・マルタン、杉村訳、以文社、二〇一一年）も詳しい。

Ⅱ　スピノザ『エチカ』について

スピノザは十七世紀のオランダの哲学者である。彼の主著『エチカ』については訳者畠中尚志の「『エチカ』について」(『エチカ』所収、一九五一年)が詳しい。畠中は『エチカ』を読む際に二つの喚起を促している。一つはその内容の倫理的・宗教的性格、二つにその外的形式–幾何学的な叙述形式である。第一の問題とは、

もともとスピノザは何が真であるかよりは何が幸福であり何が善であるかを考究の対象とした哲学者であった。彼の目的は理論的認識それ自体ではなくて認識による人間の救済であった(『エチカ』について)。

である。ことに私たち人間の不幸をすべて背負っているボーダーライン患者の臨床には『エチカ』の救済方法は心強い。受動感情の滝つぼでループ再生される患者の不幸に手を差し伸べる治療者の逆転移克服のための「二球の衝突の法則」は精神療法に携わる人たちに伝えたい。たとえば、「共感」の元になる憐みは治療の妨げになる可能性があるので「悪」だと言った人が精神分析家にいただろうか。そのループを断ち切るためにスピノザは自身の体験から『エチカ』を書いたのである。

ことに『エチカ』において示された諸感情の本質に対する深い洞察と、富・名誉・快楽を中心とする諸欲望への排撃の真剣さとは、単に概念的知識に基づいたものとは受けとりがたく、彼のかつての体験の裏付けを予想してはじめて理解することができるものである（同）。

スピノザの体験とは何か。ユダヤ教会からの破門である。一六五六年、まだ若き二十三歳の青年であったスピノザは、ユダヤ教会から破門を宣告され、ユダヤ人社会の外へ追放された。「破門」に加えて畠中は改宗ユダヤ人「マラーノ」にも言及する。

彼の先祖たちは久しい間スペインやポルトガルにおいて宗教迫害により強いてユダヤ教からキリスト教に帰依させせられたいわゆるマラーネであった。それがネーデルランドに自由の天地を求めて逃避し父祖の宗教に帰った時は、その宗教の真の姿を見失っており、同胞の中には懐疑的思想家が続出し、今や彼らは改めて彼らの真の宗教、真の幸福がなんであるかを探求しなければならぬ状態にたち至っていた。この民族としての宿命的課題を最も深い意味において――もちろんその民族の期待するものとは異なった意味においてであるが――解決したのがほかならぬスピノザであった（同）。

畠中は「このスピノザのたぐい稀な哲人的性格とゆるぎなき生活態度とは生得のものとしてばかりでなく、若き日のかかる体験に由来した諦念にも関連させて考えるのがもっと自然である」という。日本人の半数以上が無宗教の二〇二四年の現在、「破門」を追体験するのは難しいけれど、その体験と哲学的発展については『破門の哲学』（清水、一九七八年）が詳しい。

さて、第二の問題――幾何学的な叙述――に移ろう。読者によっては好き嫌いが分かれるところである。

人によっては『エチカ』の難解の責の一半をこの幾何学的形式に帰し、「Q・E・D・の単調なる羅列」に辟易し、スピノザがその哲学を普通の形式で叙述しなかったことを遺憾としている。そしてそれも確かに一理はある。なぜなら神、自然、人間に関する一切を幾何学の図形と同様に抽象化し普遍化することはもともと無理があり、彼の懸命の努力にもかかわらず、またその外的整合にも関わらず、全体系の機構にしばしば飛躍と欠陥が指摘されうるからである（同）。

と、畠中は幾何学的叙述の是非について中立的に論じる。しかしせっかちな私にはこの幾何学的叙述が脳にヒットした。

我々が『エチカ』を読むにあたりその各定理の証明に立ち止まって、そこに引用されている先行諸定理との関連を把握する労さえ厭わなければ、スピノザの述べようとした思想は十分に明らかにくみ取られるからである（同）。

『エチカ』をはじめて手にする人のために、とくに精神分析や精神療法を学ぶ人のために『エチカ』の第三部から読み始めることを勧める。第三部から第五部は人間の心を探求する人たちへの精神分析に勝るとも劣らない精神療法の神髄が書かれている。読み続けるうちに第一部、第二部の先行定理に戻るようにスピノザが導いてくれるので、次第に第一部と第二部の中身も見えてくる。それから第一部に入ると、スピノザの「神即自然」の世界が開けてくるのである。

スピノザの読み方には『スピノザの世界――神あるいは自然』（上野、講談社現代新書、二〇〇五年）も役に立つ。上野は「はじめに」において、一六七〇年に匿名で刊行された『神学・政治論』第7章の一部を紹介している。

ユークリッドはきわめて単純でまったく理解可能なことしか書かなかった。だから、誰によってでも、またどんな言語ででも容易に説明される。じっさい、われわれがユークリッドの考えを捉え彼の本当に言いたかった意味を確信するためには、彼の書いた言語について完璧な知識を持っている必要はない。ただきわめて一般的な、ほとんど初心者程度の知識を持っているだけで足りる。また、かの著者の生涯や情熱・モラルなどを知る必要もないし、どの言語で・誰に向けて・いつ書かれたのか、あるいはその書がどういう経過で伝えられ・どのような異本があり・いかにして、またどれの発議によって正本が認められるようになったのか等などについて知っている必要もない（『神学・政治論』第7章）。

『神学・政治論』の第7章のさわりを読んだので、試しに第7章全体に眼を移すと、スピノザを破門したユダヤ教会の憎しみが、さもありなん、と実感される。それを『神学・政治論』(吉田訳、光文社古典新訳文庫、二〇一四年)の第7章「聖書の解釈について」から引用しよう。

はっきり言っておこう。私たちの見るところでは、大部分の神学者たちは、どうすれば自分の思い込みや自分好みの考えを聖書からひねり出し、それらに神の権威をまとわせられるか腐心している。そのため彼らは、他のことに従事している時にはありえないほど独断的で軽率な態度で、聖書あるいは聖霊の精神を解釈するのである。もしその際に不安材料があるとしても、それは聖霊［＝聖書の精神］に何か誤ったことを読み込んで救いの道から外れることではない。彼らが恐れるのは、むしろ誤りを他人に暴かれることであり、またそれによって自分の権威を他人に踏みにじられ、軽んじられることなのだ(『神学・政治論』)。

こんな内容を読む神学者のスピノザへの憎しみは倍増するだろう。また、こういう下りも続く。

それどころか、宗教は愛によって保たれるのではなく、ひとびとの間にいさかいを広げ、憎しみをあおり立てることで保たれるようになっている。しかもこのような悪意に満ちた憎しみのことを、ひとびとは神を求める情熱とか燃えたぎる宗教心といった、偽りの美名で飾り立てているのである（同）。

と。的確であるだけに唖然とする内容である。一六五六年の「破門」の理由や事情は資料的には不明のままで、また「破門」に対するスピノザのスペイン語による「弁明書」は紛失しているので、私たちにはあれこれ想像するしかないのであるが、上記の引用部分を読む限り、「そうだったのか」と納得してしまう。同様のことをユダヤ教に対して告発したのであれば、「涜神の書」として発売禁止になっても不思議ではない。

しかし、それに対して清水（一九七八年）は「破門を経たからこそ書かれ得た『神学・政治論』の立場を破門の理由として持ち出すことは、時の流れに逆らい、経験による人間の変化を無視した悪しき『永遠の相の下に』に立つものといわなければならない」と諭してくれる。「破門以前のスピノザには、著作や論文の類は全く何もない上に……ユダヤ教に対して批判的な活動をしたということの信頼出来る記録も欠けていて、スピノザがユダヤ教会から大破門などという大仰な処分を受けなければならなかった必然性は極めて見出し難い」と述べて、スピノザの破門は「思想上の理由から行われたのではない、と解釈した方がよさそうである」と結んでいる。

それでは破門の理由は何だったのだろうか。リュカス・コレルス Lucas, J. M., Corelus, J. の報告（一九九六年）によると、スピノザは幼少の頃より「天性聡明な精神と鋭敏な知性を備えていた」。後にラテン語を学び、「彼の知性と判断力が日増しに成熟するにつれて、彼はむしろ自然学的問題の探究に適していることを知り、神学を放棄して一意哲学に専心した」という。飼い犬に手を噛まれる諺にあるように、ユダヤ教のラビたちの期待が大きかっただけに憎しみを買ったのではないだろうか。

「憎む者はその憎む対象を遠ざけかつ滅ぼそうと努めることを我々は知る」(『エチカ』第三部定理十三備考)

ある人がその愛するものを憎み始めてついに愛が消滅するに至る場合、彼は、それを全然愛していなかった場合よりも——もしその憎む原因が両方の場合等しいとしたら——より大なる憎しみに捉われるであろう。そしてこの憎しみは以前の愛がより大であったに従ってそれだけ大であるであろう(同第三部定理三八)。

ところがである。『エチカ』第五部定理一〇を読むと、私たち人間には神の知を手に入れるまでは宗教に代わる「規範」になるものは必要であるという。

我々の感情について完全な認識を有しない間に我々のなしうる最善のことは、正しい生活法あるいは一定の生活律を立て、これを我々の記憶に留め、人生においてしばしば起こる個々の場合にたえずそれを適用することである(同備考)。

たとえば、「我々は憎しみを愛もしくは寛仁によって征服すべきであって憎しみ返しによって報いてはならぬことを生活律の中に取り入れた」（同備考）という。旧約聖書では「歯には歯、目には目」と教えている。それは復讐を公認しているのではなく、「傷つけたのが目なら目で償え、歯なら歯で償え」の意味であって「正しく損害賠償せよ」という生活律である。私たち日本人なら、お金や財布を拾ったら交番に届ける、という教えが身に染みている。それに背くとソワソワする。実は、このような生活律はボーダーライン患者の治療にも欠かせないのである。

Ⅲ　ボーダーライン患者とスピノザ

スピノザの認識論の第二種理性（共通概念）は私が長年やって来た精神分析と同じ作業なので、私の脳にヒットするのは当然といえば当然のことなのである。

ボーダーラインの臨床では開業後はスプリッティング機制を積極的に扱った。スプリッティングの扱い方は前任地の福岡大学病院精神神経科での経験が大きかった。第7章ではスプリッティングを『エチカ』を頼りに再考しよう。

スピノザは幾何学的秩序に従って物事を進めていく。これが私には心地よかった。私は矛盾の語源となった芝居を小学2年生の学芸会で6年生が演じていたのを観て以来、矛盾という言葉は私の興味関心の一つになった。武器屋Aはどんな盾でも貫く、世界で一番強い矛を持っている。防具屋Bはどんな矛でも弾く、世界で一番強い盾を持っている。二人は互いに自分の矛と盾を自慢しているところに旅人Cが二人に「Aの矛でBの盾を突くと、どうなるの？」と問う寸劇だった。

スプリッティングを自分のものにできるようになると、「弁証法」という考え方に夢中になった。弁証法とは対立物の統一に関する学問で物ごとの本質そのものにおける矛盾の研究を中心に置く。矛盾に直面すると頭がかゆくなる私がボーダーライン患者の治療では、なんと、あっち行ったりこっち行ったりする自分に治療のヒントを得た。第6章では曖昧さをあえて残すウィニコットをスピノザの力を借りてウィニコットを読み直す。

矛盾の直面化というボーダーライン患者の治療に当たっていて実はとんでもない個人的な悩みを解決したことは触れておくべきだろう。私は中学生の頃から時計が時刻を正確に刻むことは可能か、あるいはある長さをもつ物を正しく測る物差しはあるのか、と悩んだ。後にそれがゼノンの詭弁であることは知ったが解決にはならなかった。空間も時間も正しくは測れない、ということに気づいたのは矛盾を抱えられないボーダーライン患者のお陰なのであった。私たち人間は正しく測れないモノを仮に測れるという物差しを持って測ろうとしているだけだったのである。

とすると、精神分析は解釈によって患者のもつ病理（イマギナチオと言ってよいだろう）を取り除くことは治療的なのだろうか、という疑問が起きてくる。偽の源泉であるイギナチオを理性によって破壊して果たして患者に幸福は訪れるだろうか。スピノザはイマギナチオを徹底して敵視する一方で、「ないものをあるものとして想像する際に実際に存在していないものを受け入れるのであれば、（精神はイマギナチオを）自己の本性の欠点とは認めず、かえって長所と認めたことであろう」（『エチカ』第二部定理十七備考）と述べて肯定もする。抜かりないスピノザには驚く。

臨床で疲れた私の脳をスピノザの「幾何学的思考」は癒す役割を持っている。しかし、矛盾なく整合性を持ったなかで思考というものを成り立たせるのがロゴスである。ボーダーライン患者は矛盾が耐えられないのでスプリッティング機制によってその不快を乗り越えようとする。整合性のない矛盾に満ちている現実世界を生きるのが苦手なボーダーライン患者。ウラとオモテを器用に使い分けて世間で生きるのが困難なボーダーライン患者。この矛盾を嫌うボーダーライン患者を合理性を重んじるスピノザ的思考が治療する現場は第９章で述べる。

第１部　精神分析を読み直すためのスピノザの予備知識

第1章　スピノザの感情論

古来、人々は感情を人間本性の欠陥から生じたものとして、頭からそれを呪い、蔑んできた。それに対してスピノザは「自然の中には自然の過誤のせいにされうるようないかなる事も起こらない。なぜなら自然は常に同じであり、自然の力と活動能力はいたるところ同一であるからである。言いかえれば、万物が生起して一の形相から他の形相へ変化するもととなる自然の法則および規則はいたるところ常に同一であるからである。……このようなわけで、憎しみ、怒り、ねたみなどの感情も、それ自体で考察すれば、その他の個物と同様に自然の必然性と力とから生ずるのである」（第三部序言）

スピノザは「感情の力が巨大で理性によってこれを抑えることができない」という立場から、「感情を抑えるには、それと反対の、しかもより強力な感情によらなければ抑えることも除去することもできない」（浅野、二〇〇六年）と説いた。つまり、理性と意志だけでは自分を変えることはできない。

スピノザは、感情を頭から押さえつけるのではなく、むしろそれを能動感情へと変化させようとする試みに言及し、人間の本性にかなった能動的な情動、喜びといったポジティブな感情が抑止力になると述べている。つまり、「人間のいかなる愚行もいかなる感情も自然の必然的現象であるから、いたずらにこれを嘲笑したり悲しんだり侮蔑したりすべきでなく、ただこれを認識し・理解すべきのみである」という。本当の意味で人間を変える力があるのは、ただ欲望だけである、と。

I　スピノザの予備知識

1　スピノザの「心身並行論」

スピノザは、「身体が精神を思惟するように決定することはできないし、また精神が身体を運動ないし静止に、あるいは他のあること（もしそうしたものがあるならば）をするように決定することもできない」（第三部定理二）と述べて、精神と身体との間にはいかなる因果関係も成立せず、自分の意志で身体を動かしているという私たちの思い込みをひっくり返す。ドゥルーズ Deleuze, G.（一九六八年）によると心身並行論の実践的な意義は、「意識によって感情〈心の受動〉を制止しようとする〈道徳的倫理観〉がこれまでその根拠としてきた原理を、それがくつがえしてしまうところに現れ」、「心身両系列のあいだには一方の他に対するいかなる優越も存在しない」という。それにもかかわらず、精神が身体を支配するかのように考えるようになったのは、「身体が何をなしうるかをこれまでまだ誰も規定しなかったから」（第三部定理二備考）だとスピノザは名言を吐く。

スピノザの世界は私たちの常識とはあべこべになっており（上野、二〇〇五年）、身体は精神に依存せずに寺院くらいは建造できるという（第三部定理二備考）。作家の遠藤周作は『万華鏡』（一九八三年）で「自分が書いているのではなく、誰かに手を持って書かせられていると思う個所が私にもある」と自身の体験談を語っている。出典は失念したが、漫画家のちばてつやも『あしたのジョー』を描いているときに同様の体験をしている。遠藤周作はそれを神の働きといい、スピノザは人間身体という。このような荒業は、スピノザに「精神と身体とは同一物であってそれが時には思惟の属性のもとで、時には延長の属性のもとで考えられるまでなのである」（第三部定理二備考）と説明されると納得できる。これがスピノザの心身並行論である。

このスピノザのあべこべの世界は二十世紀の有名な脳神経活動の実験結果が支持する。ベンジャミン・リベット Libet, B. の『マインド・タイム――脳と意識の時間』（二〇〇四年）によると、一九八三年に行われたリベットらの実験で、手を動かそうと思う瞬間（自由意志）よりも四〇〇ミリ秒はやく手を動かすプログラムが作動したという。それは、「意識を伴う自由意志は、人間の自発的な行為を起動していない」ということを意味する。私たちは意志の指示によって身体が動くものと錯覚しているということである。

ということは、「行為を促す意図が無意識にあらわれるのは、意識的に制御できない。意識的に制御できるのは、その運動行動の最終的な結果だけである」ということになる。聖書の「汝、姦淫するべからず」という命令は、ふしだらなことを思い浮かべることすら姦淫したことになると考える信者には重い足かせになる。外部の対象と出会って、性的欲望の実現を意志はある程度制御できても、意志でその出現を制御することはできないのである。無意識のことだから。

ある母親の述懐

子どもから仕事中に話しかけられて、褒めてほしい気持ちは感じ取れるが、その思いにうまく応えられない。褒めても感情が伴わないという。それは「褒めてやらねば」と思うから感情が伴わない。また家事をしている時に子どもから「遊ぼう」と急かされて「相手をしてやらねば」と思うと、型通りの対応になってうまくいかないという。作業を中断された時の怒りの感情とその後に生じたこうあらねばならない気持ちが闘い、最初にわき起こった怒りの感情は抑制されていると理解された。

上記の母親は子どもから話しかけられて咄嗟に「うるさい」と身体が反応したのであろう。その身体反応を意識したために、「心情の動揺」が生じ、子どもを褒めてあげることができなかったのである。本当に私たちは「身体が何をなしうるか」を知らないのである。

2　感情の発生

『現代精神医学事典』(二〇一一年)によると「感情という言葉は様々な意味で用いられているが、英語圏では一般的に feeling が、精神医学的には affect か emotion が、さらには mood が使われ、厳密で普遍的な定義はなくしばしば交換的に用いられている」とある。スピノザはaffectusを採用し――その理由は『スピノザ――読む人の肖像』(國分、二〇二二年)に詳しい――感情の発生を「二球の衝突の法則」と「感情の模倣」に求める。

(1) 二球の衝突の法則

スピノザの感情affectusは、「感情とは我々の身体の活動能力を増大しあるいは減少し、促進しあるいは阻害する身体の変状(刺激状態)、また同時にそうした変状の観念であると解する」(第三部定義三)と定義される。人間身体は絶えず外部の物体から刺激や影響を受けながら存在している。身体は外部の物体との衝突によって刺激され(変状し)、それに触発されて**身体**の活動能力が増大(減少)すると、**精神**においては思考能力の増大(減少)を表現する喜び(悲しみ)として生起する。つまり、感情とは身体が何らかの刺激を受けて生じる身体の変状の観念なのである。そして、喜びと悲しみから最初に派生する感情は愛と憎しみである。

「愛とは外部の原因の観念を伴った喜びにほかならないし、また憎しみとは外部の原因の観念を伴った悲しみにほかならない。なおまた、愛するものは必然的に、その愛する対象を現実に所有しかつ維持しようと努め、これに反して憎むものはその憎む対象を遠ざけかつ滅ぼそうと努めることを我々は知る」(第三部定理十三備考)。欲望の発生である。スピノザは喜び、悲しみ、欲望の三つを**基本的感情**と考え、これから種々の感情が派生(計四十五個)すると説いた。

（2）感情の模倣

感情の模倣も二球の衝突の法則に従う。人間身体は外部の物体の衝突によって刺激され、その身体の変状には外部の物体の本性とともに身体の本性が含まれる（第二部定理一六）。また、私たちは身体の変状の観念によって外部の物体を現実に存在するものとして認識している（第二部定理二六）。さらに二球の衝突の際に、外部の物体が人間身体である場合には、「もし外部の物体の本性が我々の身体の本性に類似するならば、我々が表象する外部の物体の観念は、外部の物体の変状に類似した我々の身体の変状を含むであろう」（第三部定理二七証明）という。他者の感情に類似した変状が自己の身体にも生じるのである。それゆえ、感情の模倣とは、

「我々と同類のものでかつそれにたいして我々が何の感情もいだいていないものが、ある感情に刺激されるのを我々が表象するなら、我々はそのことだけによって、類似した感情に刺激される」（第三部定理二七）

つまり、自分と同類のものの感情が意図せずに模倣されていく現象である。我々と同類のものとは、我々に似ている事物、すなわち人間のことである。このとき「我々が何の感情もいだいていないもの」と但し書きを入れる理由は、愛する人が喜ぶことを表象すると私も喜びを感じるが、それとは逆に、憎んでいる者が喜ぶことを表象すると私は悲しくなるからである（第三部定理二七証明）。愛する人が転んだら駆け寄るけれど、嫌いな人だと思わず笑ってしまうように、スピノザはわざわざ「我々が何の

感情もいだいていない」と付け加える。保育園だと感情の模倣の例はいくつも観察できる。泣いている赤ん坊を見て泣き出す赤ん坊の場面はしばしば遭遇する。

感情の模倣とはジャコモ・リゾラッティ Rizzolatti, G. のチームが一九九〇年代に発見したミラーニューロン、「自分がある行為をしていても、他者がその行為をするのを見ていても、まるで鏡に映したように同じように活動する神細胞」の働きと同じである。私は生後7カ月の赤ん坊の貴重な「感情の模倣」を動画に記録し、観察した

動画の始まりは母親に抱かれている生後7カ月の赤ん坊が映っている。大人たちはおもちゃのラッパを手にする赤ん坊がラッパを鳴らすのをまだかまだかと待っている。母親は赤ん坊に「プー」と吹くように催促する。偶然にも口にしていた赤ん坊のラッパから呼吸に合わせて音が出る。周りの大人たちは手を叩いて喜び合う。最初、赤ん坊は喜ぶ大人を見てキョトンとしているが、三人の大人たちの喜びに触発されて赤ん坊も一緒に喜ぶ。精神分析的には**同一化**といわれる現象である。これが「感情の模倣」である。人が褒められて嬉しいのも、赤ん坊のころから「這えば立て、立てば歩け」と成長を喜ぶ大人を模倣したことがベースになっているのがよくわかる。

この感情の模倣がダニエル・スターン（一九八九年）の情動調律と同じであることと、自己感形成の基礎になることに驚く。情動調律とは「内的状態の行動による表現形をそのまま模倣することなしに、共有された情動がどんな性質のものか表現する行動をとること」である。感情の模倣も情動調律も文字通りの模倣とは違って、言葉を使用せずに相手の気持ちが分かる。母子関係では母親による〝映し出し mirroring〟として、臨床場面では共感的対応として観察できる。スターンによると感情の模倣

は生後9～15カ月の赤ん坊から観察され、赤ん坊の行動は文字通りの模倣を越え、情動調律という行動カテゴリーへと発展し始めるという。マッチングは、相手の行動自体にではなく、むしろその人の感情状態を反映するような行動の側面において行われる。

感情の模倣の具体例は、「他人が逃げるのを見て逃げ、あるいは他人が恐れるのを見て恐れ、あるいはまたある人がその手を焼いたのを見てそのため自分の手を引っこめて、あたかも自分の手が焼かれたかのような動作をする人、そうした人を目して我々は、他人の感情を模倣する」（第三部諸感情の定義三三）。感情の模倣は集団心理の始まりでもある。大講堂に大人数が集まっているときに、その中の誰かが「火事だ」と叫んだら、その真偽を確認しないうちに多くの者が逃げ出すシーンを思い描くと分かりやすい。

子どもの場合、「他の人々の笑いあるいは泣くのを見ただけで笑いあるいは泣くのを我々は経験している。さらにまた小児は他の人々がなすのを見て何でもすぐに模倣したがるし、最後にまた他の人々が楽しんでいると表象するすべてのことを自分に欲求する。小児は他の人々がなすのを見て何でもすぐに模倣したがるし、最後にまた他の人々が楽しんでいると表象するすべてのことを自分に欲求する」（第三部定理三二備考）のである。

悲しみの模倣

悲しみの模倣は憐憫と呼ばれ、「我々はこれを他人の不幸から生ずる悲しみである」（第三部定理二二備考）と定義される。

スピノザは、憐憫（憐れみ）は悲しみなので「理性の導きによって生活している人間においてはそれ自体で悪でありかつ無用」だという。ところで「憐憫から生ずる善、すなわち我々が憐憫を感ずる人間を救おうと努めることに関して言えば、我々は単に理性の指図のみによってこれをなそうと欲する」、「また我々は確実に善であると我々の確知することを単に理性の指図のみによってなしうる」と述べている。手を差し伸べて相手がそれに応じないと、憐れみは容易に憎しみに転じるし、他人の不幸や涙に動かされる人は後悔することをしばしば行うし、偽りの涙に欺かれる、とスピノザは厳しい。

感情の模倣のよい例を志賀直哉の短編『小僧の神様』（一九二〇年）から引用しよう。秤屋で働いている仙吉がすし屋の屋台でマグロの寿司を取ろうとしたときに主人から「一つ六銭だよ」と言われて、仙吉は手持ちが二銭足りなくて諦める。それを見ていた貴族議員Aは可哀そうにと思って、後日偶然にも秤屋で働いている仙吉と再会した折に、秤を運んでもらったお礼にと言ってすし屋に連れて行って腹いっぱい食べさせる。あの時の思いを果たせたから自己満足したかと言うと議員には別の感情が湧き起こる。

Aは逆に淋しい気がした。自分は先の日小僧の気の毒な様子を見て、心から同情した。そして、出来ることなら、こうもしてやりたいと考えていた事を今日は偶然の機会から遂行できたのである。小僧も満足していいはずだ。人を喜ばす事は悪い事ではない。自分は当然、ある喜びを感じていいわけだ。ところが、どうだろう。この変に淋しい、いやな気持は。何故だろう。何から来るのだろう。丁度それは人知れず悪い事をした後の気持ちに似通っている。もしかしたら、自分のした事が善事だという変な意識があって、それを本統の心から批判され、裏切られ、嘲られているのが、こうした淋しい感じで感ぜられるのかしら？

憐れみの感情は悪だから「利他的行為」に淋しさ（罪悪感）が伴うのである。共感は憐みを土台に成り立つ。それゆえに共感を精神療法の中心に置くと、共感は悲しみの感情であるがゆえに「それ自体で悪でありかつ無用」というスピノザの指摘は精神療法家には耳の痛い話である。

先に進む前にスピノザの善と悪について触れておこう。スピノザは善と悪について「我々は我々の存在の維持に役立ちあるいは妨げるものを、言いかえれば我々の活動能力を増大しあるいは減少し、促進しあるいは阻害する物を善あるいは悪と呼んでいる」（第四部定理八証明）と述べ、スピノザの善悪は感情に従い、かつ、組み合わせとして考えられる。「自然界にはそれ自体で善いもの／悪いものは存在しない、音楽自体には善いも悪いもない」という。「憂鬱の人には善く、悲傷の人には悪しく、聾者には善くも悪くもない。牛の糞は私たちにとっては悪だが、ハエにとっては御馳走で善である」（第四部序言）。コロナ・ワクチンは副反応が強く出る人にとっては悪、感染予防に役に立った人にとっては善なのである。精神療法もある患者にとっては善となりうるし悪にもなる。

精神科臨床に場面を移すとスピノザの善悪論は退行現象の考え方にも採用できる。退行は危険（悪）だという多くの医療スタッフの考えに反してウィニコットは「退行自体は危険なものではない」と主張する。

退行したボーダーライン患者（詳細は第7章を参照）

患者は私の診療時間の変更、見捨てられ不安を刺激されて、に反応して退行した。診察前には医院の壁を糞尿で汚した。そして診察時には持参したおしゃぶりをチューチュー吸い、まるで赤ん坊の授乳中の表情を呈した。

退行して医院の壁を汚す行為は「汚い」という感情をスタッフに引き起こし、スタッフは悲しみの感情に引きずり回されて厄介な患者になるし、私にとってはおしゃぶりを吸う行為、患者は精神分析を学んでいないはず、に感心するので善となる。退行自体は「悪でもなければ善でもない」。精神療法もある患者にとっては善となりうるし悪にもなるのである。

（3）欲望 cupiditas とは

欲望とは、第三部諸感情の定義によると、「人間の本質が、与えられたその各々の変状によってあることをなすように決定されると考えられる限りにおいて、人間の本質そのものである」。國分（二〇二二年）の解説では「変状の概念に言及することで、どうして人間が自らの欲望を意識するのかを説明する」。欲望は意識を伴った衝動、つまり、スピノザの欲望は人間精神に意識されているという点が重要になる。よって無意識の欲望という言い方はしない。人間身体が何らかの刺激を受けて身体の活動能力が増大（減少）すると、精神においては喜び（悲しみ）の感情として生起する。その身体の変状が精神である。すると今度は、その喜び（悲しみ）が原因となって、あることをなすように決定される。

たとえば、Aを愛するとAを自分のものにしたい、Bを憎悪するとBを遠ざけ破壊したい、と欲望するのである。

ところで人間身体は「おのおのの物は自己の及ぶかぎり自己の有に固執するように努める」（第三部定理六）ので、この「自己の有に固執しようとする」**力**をスピノザはコナトゥスと名づけた。飢餓状態を例に説明すると、体内のブドウ糖が消費され枯渇すると、お腹は「グー」と鳴り、何かを食べようと意志（欲望）する。欲望も衝動もコナトゥス概念の代わりに使われ、スピノザは第三部定理九備考で欲望と衝動の違いについて次のように説明する。

> この努力が精神だけに関係するときには意志と呼ばれ、それが同時に精神と身体とに関係する時には**衝動**と呼ばれる。したがって衝動とは人間の本質そのもの、――自己の維持に役立つすべてのことがそれから必然的に出て来て結局人間にそれを行わせるようにさせる人間の本質そのもの、にほかならない。次に、衝動と欲望との相違はといえば、**欲望**は自らの衝動を意識している限りにおいてもっぱら人間について言われるというだけのことである。このゆえに欲望とは意識を伴った衝動であると定義することができる。

欲望は意識を伴おうと伴うまいと衝動であることには変わりはない。臨床的に手をこまねくことの多い「行動化」の理解と対応で有益なのは、この三つの基本的感情の中の「欲望」にある。この欲望は我々を迷路に誘い込む。そのことをスピノザは次のように述べている。

私はここでこの欲望という名称を人間のあらゆる努力、あらゆる本能、あらゆる衝動、あらゆる意志作用と解する。こうしたものは同じ人間にあってもその人間の異なった状態に応じて異なり、また時には相反的でさえあり、この結果人間はそうしたものによってあちこちと引きずりまわされて自らどこへ向かうべきかを知らないというようなことにもなるのである（第三部諸感情の定義一）。

今日の私たちの臨床の場において戸惑いと恐れと無力感を強いる自傷行為、過食・嘔吐などの問題行動の対応のヒントを提供してくれる。意志の関与の問題と**理性に導かれた能動的な欲望**というアイデアである。ここでは意志の関与について取り上げて、後者については詳しくは第4部の「行動化」で論究する。

彼らの衝動的行動化の対応の基本は私たち臨床家には「問題行動を裁かない」という姿勢が重要になる。なぜなら衝動行為はあれこれの原因に駆られて思わずやってしまうからである。そこでは意識を介しないので良心や意志の働きはない。スピノザは「人間が自らを自由であると思っているのは〈すなわち彼が自分は自由意志を持ってあることをなしあるいはなさざることができると思っているのは〉、誤っている。そしてそうした誤った意見は、彼らがただ彼らの行動は意識するが彼らをそれへ決定する諸原因はこれを知らないということにのみ存するのである」（第二部定理三五備考）と人間の自由意志を否定する。また次のようにも言う。言い換えると、「人間が自分を自由だと思っているのは、自分が抱く意欲や欲求を意識することができるからである。ところが人間は、自分がなぜ意欲や欲求を抱くようになったのか、その原因については少しも考えない。そんなことにまで原因があるとは、夢にも思わないからである」（國分、二〇二二年）。

フロイトは『日常生活の精神病理』（一九〇一年）のなかでスピノザ同様「心にも一定の法則があり、自然現象が自然科学によって解明される自然の法則に従っているのとまったく同じように、心の働きも一定の法則にしたがうという科学的世界観」を唱えた。一見無軌道に見えるボーダーライン患者の行動化も然り、あれこれの原因が組み合わさって結果として表現されている。フロイトもスピノザも因果性を肯定し自由意志を否定するが、この因果性を突き止めようとする意志は肯定する。それが理性に導かれた能動的な欲望なのである。

（4）欲望の模倣

欲望もまた模倣される。欲望が模倣されると「競争心」と呼ばれる。競争心とは「我々と同類の他のものがあることに対する欲望を有すると我々が表象することによって我々の中に生ずる同じ欲望にほかならない」(第三部定理二七備考)。隣の芝生は青く見えるものなのである。「ただ一人だけしか所有しえぬようなものをある人が享受するのを我々が表象するなら、我々はその人にそのものを所有させないように努めるであろう」(第三部定理三二)。幸福な者を妬むのは、彼らが喜びの対象を一人占めしているので、喜びを共有することができないから妬むのである。このように、人間の本性は一般に、不幸な者を憐れみ幸福な者をねたむようにできているのである。

(5) 名誉欲——自己感の形成過程

名誉の定義は「名誉とは、他人から賞賛されるとわれわれが表象するわれわれのある行為の観念をともなった喜びである」(第三部諸感情の定義三〇)。名誉という感情によって「あることをなすように決定される」欲望が、名誉欲である。スピノザは「各人は自己の利益を求めるべきである」のに、「実際は、他人に自分の意向を押し付けることに躍起になっている」(第四部定理十八備考)と嘆く。

他人が賞賛するだろうと思われることをおこなったとき、わたしたちは喜びを感じるのはなぜなのか。褒められて嬉しいのと同様、その原因は感情の模倣にある。賞賛されることをすると相手が喜び、その感情を模倣して私たちも嬉しくなるからである。褒められるためには他人が必要なのだ。相手が喜ぶ姿を見て自分も嬉しくなるから、自分を喜ばすために、人を喜ばそうと躍起になるわけである。逆転現象がここに起きるのである。わたしたちが名誉を求めるのは、他人の喜びを介して自分を喜ばせたいからなのだ。つまりわたしたちの感情は他人の感情なのである。

一方、他人を必要としない喜びもある。それは「我々自身を観想することから生ずる喜びは自己愛または自己満足」(第三部定理五五備考)と称される。そして「この喜びは、観想されるごとに繰り返されるので、各人は好んで自分の業績を語ったり、自分の身体や精神の力を誇示したりすることになり、また人間は、このため、相互に不快を感じ合うことになる。さらにまたこの結果として、人間は本性上ねたみ深いということ、すなわち自分と同等のものの弱小を喜び、反対に自分と同等のものの徳を悲しむということになる」とスピノザの分析には思わず笑ってしまう。

なぜ人は褒められると嬉しいのか

先にも述べたように私は「人はなぜ褒められると嬉しいのか」という長いあいだ解けなかった答えを見つけた。つまり、ほめる人の喜びを模倣して自分も嬉しくなるのである。同じ褒められると言っても、あえて誉め言葉に皮肉や告発を入り混ぜる政治手法としての「褒め殺し」の場面では、褒める側には憎悪と怒りが満ちているので褒められる方は決して喜べないのである。おだてているのか、心底敬服しているのか、私たちは意識を介さずに瞬時にわかるのである。

スピノザの自己感の形成過程

スピノザの自己感は感情の模倣が基礎になる。ウィニコットの「母親の原初的没頭」、これも感情の模倣（同一化）、のもと赤ん坊の自己感は形成されていく。もっぱら母親が赤ん坊の表情から赤ん坊の心を読み取っていく過程でスターンの中核自己感に相当する。次に、赤ん坊の感情の模倣が始まる生後9～15カ月から赤ん坊が母親の感情を模倣して自己感はさらに発達していく。この時期に母親の照らし返し（ミラーリング）、これも感情の模倣、が損なわれると、赤ん坊と母親は互いに主客の一致を認めないために、赤ん坊は自分にどんな感情が生まれているかを知らないことになる。赤ん坊が何かの信号を母親に出しても、母親が適切に反応してくれないと、つまり喜んだり悲しんだり反応しないと、他者との間で感情を共有できなくなる。反社会性パーソナリティ障害の多くはこのような悩みを持っている。その例を太宰治の『**人間失格**』から引用する。

第一の手記

つまり、わからないのです。隣人の苦しみの性質、程度が、まるで見当がつかないのです。プラクティカルな苦しみ、ただ、めしを食べたらそれで解決できる苦しみ、しかし、それこそ最も強い痛苦で、……考えれば考えるほど、自分にはわからなくなり、自分ひとり全く変わっているような、……そこで考え出したのは、道化でした。……おもてでは、絶えず笑顔をつくりながらも、内心は必死の、それこそ千番に一番の兼ね合いとでもいうべき危機一髪の、油汗流してのサーヴィスでした。……自分は子供の頃から、自分の家族の者たちに対してさえ、彼等がどんなに苦しく、またどんな事を考えて生きているのか、まるでちっとも見当つかず、ただおそろしく、その気まずさに堪える事が出来ず、既に道化の上手になっていました。

太宰の例とは逆に、母親の反応が照らし返しに依らず——感情の模倣（同一化）ではなく——母親の本性を多く含むと、赤ん坊にとっては母親の対応は侵害となり、ウィニコットの「偽りの自己」が形成される。多くのパーソナリティ障害に見られるので、症例を呈示しよう。

ある症例

症例は自身の苦悩について語った。「嫌われたくない」、「変な人と思われたくない」、「否定されるのが怖くて相手に合わせて偽りの自分をつくってきた。結婚すると、会う人から『子どもはいつなの』と聞かれる。そんな話を向けられると『そうですね』とぼかしてはいるけれど、自分がどこにあるのか分からなくなって苦しい。結婚してよかったのかと不安になって落ち着かなくなる。不安になるくらいなら子どもは作らない方がいいとさえ思ってきて、今度は自分が分からなくなってきた」と語った。

彼女の母親は不安の強い人で「人生、結末は必ず不幸」という信念をもっている。不安性の母親に育てられた彼女は、どんな喜ばしい時もいつも否定されてきたという。物心ついたときには「偽りの自己」を母親との間で演じ、長じたのちも友人関係のあいだでそれは繰り返され、彼女は自分の存在を維持するのに他者を必要とするようなパーソナリティ構造が構築された。否定されないように母親と接してきたという。そうする限りにおいて母親は不安にならずに彼女を否定することもなかったという。

このように他人の喜びを介して自分を喜ばす人間は、症例の場合はその逆バージョンだが、何としてでも、他人に自分の意向を押し付けることに躍起になるのである。自己心理学的には自己愛人間は「自己対象」を必要とする。それだけに相手が自分の求めに応じないと落ち込むし癇癪を起す。女性の場合だとその癇癪は自分に向けられ自傷行為へと至ることが多い。自己愛の強い人が拒絶に弱いのは「感情の模倣」による喜びを相手が与えてくれないからなのだ。名誉欲を満たすには他者を必要とする。それに対して、自己自身の喜び（自己満足）は他者の承認を必要としない。ここに治療のヒントがある。「自己満足は理性から生ずることができる。そして理性から生ずるこの満足のみが、存在しうる最高の満足である」（第四部定理五二）と。

（6）感情は認識の様式の一つ

感情が「（我々）人間身体の変状」および「そうした変状の観念」であるということは、感情は認識の様式の一つであるということである。身体は外的対象と衝突し、この衝突に対応して身体に表象像ができる。表象の観念は、外的対象と自分の身体との衝突の観念であり、外的世界の現実の構造の観念ではない。たとえば、炎に手を近づけて火傷する人間は、炎とは何かについて十全な知をそこから取り出すわけではない（『スピノザ入門』ピエール、二〇〇八年）。外的世界についての生き生きとした強い認識（表象知イマギナチオ）が獲得されるとはいえ、それは十全な認識、すなわち、事物の内的構造についての認識ではない。つまり、受動感情は非十全な認識なので、受動感情に従っていては、対人関係で生じる感情の内容を正しく認識することは不可能である。

しかしスピノザは、これから第二種と第三種の認識論を提供し、それらから能動感情は発生する。詳しくは第2章で述べよう。

Ⅱ　おわりに

スピノザの感情論の基本は、①二球の衝突による因果性としての感情、②感情の模倣による感情、③感情の発生のメカニズムは無意識に行われる、④感情は認識の様式の一つ、の四つである。本章はスピノザの感情論が主眼なので、詳しく取り上げることはないが、感情論から見たスピノザの精神療法は以下のようなものだと論じられているのでそれを引用してこの章を終わりにする。

おのおのの感情をできるだけ明瞭判然と認識し、このようにして精神が、感情から離れて、自らの明瞭判然と知覚するもの・そして自らのまったく満足するものに思惟を向けるようにすることである。つまり感情そのものを外部の原因の思想から分離して真の思想と結合させるようにすることである（第五部定理四備考）。

第2章　スピノザの認識論

物の本性を認識せずに物を単に表象のみする人々は、物について何ら〔正しい〕肯定をすることもなく、表象力を知性と思っているから、そのゆえに彼らは、物ならびに自己の本性に無知であるままに、秩序が物自体の中に存すると固く信じている。すなわち物が我々の感覚によって容易に表象され、したがってまた容易に思い出せるようなふうにできていれば、我々はそれを〈善き秩序にある、あるいは〉善く秩序づけられているると呼び、その反対の場合は、悪しく秩序づけられている、あるいは混乱しているると呼ぶのである。そして、我々が容易に表象しうる物は我々にとって他の物より快いから、そのゆえに人々は混乱よりも秩序を選び取るのである。あたかも秩序が我々の表象力との関係を離れて自然の中に実在するある物であるかのように。また彼らは神が一切を秩序的に創造したと言う。このようにして彼らは知らず知らずに神に表象力を帰している（第一部付録）。

I　スピノザの三つの認識

『エチカ』の第二部「精神の本性および起源について」は難解である。上野（二〇〇五年）は「スピノザの話についていくためには、何か精神のようなものがいて考えている、というイメージから脱却しなければならない。精神なんかなくても、ただ端的に、考えがある、観念がある、という雰囲気で臨まねばならない」と『エチカ』の読み方を指導してくれる。スピノザは心の代わりに「精神」という言葉を使う。「人間精神は人間身体の観念あるいは認識にほかならない、……人間身体の変状を知覚する」（第二部定理一九証明）と表現する。「精神の中には絶対的な意思、すなわち自由な意思は存しない。むしろ精神はこのことまたはかのことを意思するように原因によって決定され、この原因も同様に他の原因によって決定され、さらにこの後者もまた他の原因によって決定され、このようにして無限に進む」（第二部定理四八）という。つまり、スピノザの主体は無意識の主体ということになる（上野『精神の眼は論証そのもの』一九九九年）。

スピノザの精神は「物申す」という主体的立場ではない。無意識の主体である。スピノザの「精神」は外部の物体と身体の衝突で生じた身体の変状の観念であって、外部の刺激がないとスピノザの精神は存在しない。森田療法を編み出した森田正馬の「精神」は仏教的でとてもユニークである。森田は、精神は存在しない、という。どういうことなのか？　森田は「（『鐘が鳴るかや撞木が鳴るか、鐘と撞木の間が鳴る』という歌を紹介したのちに）……内界と外界との間に、相関的に絶えず流動変化して

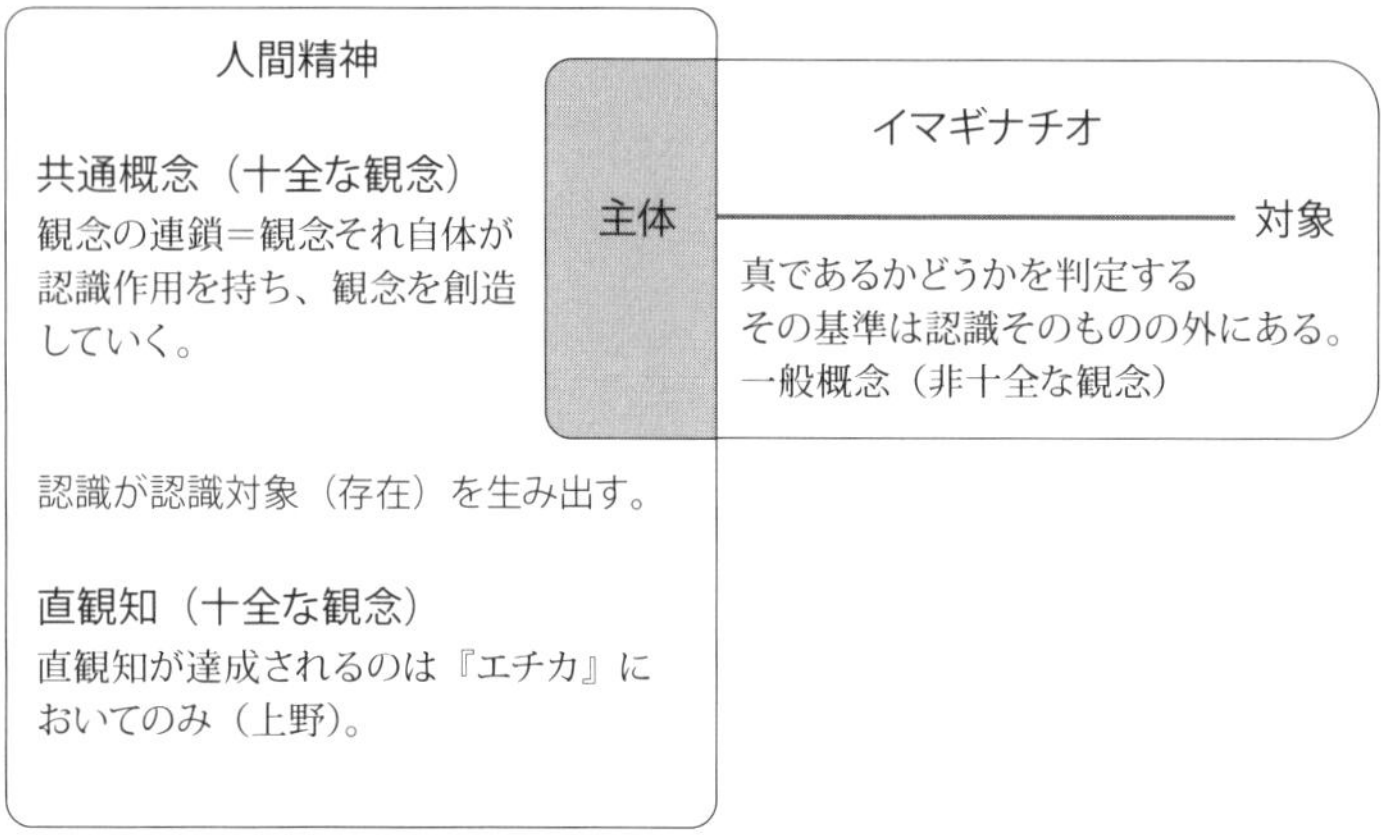
人間精神
共通概念（十全な観念）
観念の連鎖＝観念それ自体が
認識作用を持ち、観念を創造
していく。
主体
イマギナチオ
対象
真であるかどうかを判定する
その基準は認識そのものの外にある。
一般概念（非十全な観念）
認識が認識対象（存在）を生み出す。
直観知（十全な観念）
直観知が達成されるのは『エチカ』に
おいてのみ（上野）。

図1　三つの認識の相関図

いるもの、これが精神である」という。森田とスピノザの精神の類似点は、双方とも結果として生じるところにある。またフロイトのコンプレックスを「強い感情を帯びた観念群、または感動を伴った既往の経験」と森田は言い換えるところもスピノザ的である。

話を元に戻して、スピノザの認識には第一種の認識（イマギナチオ［表象知］）、第二種の認識（理性＝共通概念）、第三種の認識（直観知）の三つがある。スピノザは第一種の認識では精神は非十全な観念のままで受動感情に隷属し続けるが、第二種と第三種の認識によって十全な観念に至り自由人として生きていくことが可能だという。三つの認識の相関図（図1）を載せているのでそれを参考に話を進めよう。

第一種の認識は外部との衝突によって対象を認識する。それを「二球の衝突の法則」という。「人間身体が外部の物体から刺激されるおのおのの様式の観念は、人間身体の本性と同時に、外部の物体の本性を含まなければならぬ」（第二部定理一六）。この定理から「我々が外部の物体について有する観念は外部の物体の本性よりも我々の身体の状態をより多く示す」(同系二) ことが導かれ、外部の物体を真に認識することができないのである。たとえば、私が月を見たとする。月の光が網膜に届いて、変状を起こした過程は意識されないので、月を見たと認識する主体が生まれる——私は月を見た。私は表象(月は手に届く距離にある)を信じるので真偽の判断基準は外にある。月が三十八万キロメートルも離れたところにあるのか、それとも手に届く距離にあるのかどうかは私(主体)には判断できないのである。

これに反して、第二種および第三種の認識には主体は現れない。「光が光自身と闇とを顕わすように、真理は真理自身と虚偽との規範である」(第二部定理四三備考)。「人間の精神のうちの妥当な観念から精神のうちにある観念が生ずる」(第二部定理四〇証明)ので理性と直観知における基準判断はイマギナチオと違って内にある。観念は「画盤の上の絵画のように無言」ではない(第二部定理四三注解)。それゆえ観念が勝手に観念を創りだすので認識主体は存在しないのである。

これら3つの認識を精神分析という舞台の上で論じるのが本章の狙いである。精神分析では分析者の真なる解釈によって患者の偽なる表象を除去することにある。その準備としてスピノザの三種の認識論について述べよう。

1 イマギナチオ(表象知)

エリック・カール著『パパ、お月さまとって!』(一九八六年)は、夜空に浮かぶ月が子どもには手に届く距離にあると知覚される可笑しさを、物語にした絵本である。月は地球から約三十八万キロメートル離れているにもかかわらず小林一茶も「名月を取ってくれろと泣く子かな」と詠んだ。子どもは月に手が届くと信じている。スピノザによると「個々の知覚はすでに信念である」(第四部定理一備考)。なぜなのか。「誤った観念が有するいかなる積極的なものも、真なるものが真であるというだけでは、真なるものの現在によって除去されはしない」(第四部定理一)だけではなく、「(それは)我々の表象する事物の現在する存在を排除するより強力な他の表象が現れない限り消失しない」(第四部定理一備考)からである。月に手は届かない事実を知っても、この知覚的信念は消えない。それゆえに、「お月さまを取って」という子どもの願いをエリックも一茶も否定するどころか共有し作品に仕立てる。

なぜ子どもの願いは否定されずに共有されるのだろうか？　上野(二〇一四年)の解説によると、スピノザは『神学・政治論』で預言者の言葉を人々がなぜ信ずるのかという問いから、人間本性として我々には「共有信念」があることを明らかにした。たとえばあなたが出来心で万引きをして逮捕されても、あなたは自分の非行をごまかそうとはしてもあなたを裁く「法」を放棄するように訴えるようなことは決してしない。預言者の言葉も「お月さまを取って」と泣く子どもも絶対的な確実性はないにもかかわらず、そのことを疑おうとしない態度が我々人間にあるという。それをスピノザは「共有信念」と言った。

その始まりは第一種の認識「イマギナチオ(表象知)」にある。夜空に浮かぶ月に手が届くと信じる幼児の例に戻って説明しよう。月Aを幼児Bは見た。月Aの光が幼児Bの網膜に届いて、網膜は刺激を受けて(変状)、Bは手の届く位置にAが存在すると認識(A')する。このとき幼児の身体の変状は月Aの本性と幼児の身体の観念Bの本性が含まれているので、A'をもってAの認識と見なすのは誤りが生じる。何故なら、「人間身体のおのおのの変状（刺激状態）の観念は外部の物体の妥当な認識を含んでいない」（第二部定理二五）からである。そして、幼児が、月が手に届くとイマギナチオするのは、幼児が月の真の距離を知らないからではなく、我々の身体の変状（刺激状態）は身体自身が月から刺激される限りにおいてのみ月の本質を含んでいるからである（第二部定理三備考）。つまり、精神は身体が月から刺激される限りにおいて月が手に届くと考えるのである（第四部定理一備考）。

しかし、月Aから離れてA'そのものは幼児Bにとって認識そのもので誤りではない。それは幼児Bにとっては真であるが、現実にはA＝A'ではない（虚偽である）。ここに何とも言えない奇妙な感覚が生まれる。なぜ疑わないのか？　確信しているのではなくただ疑わないだけに過ぎないからという。あるいはまた、「彼の表象を動揺させる原因（言いかえれば彼にそれを疑わせる原因）が少しも存在しないから彼はその偽なる観念に安んじているというだけのことである」（第二部定理九備考）。スピノザはイマギナチオを「目をあけながら夢を見ている」（第三部定理三備考）という。

第一種の認識は外的世界との衝突に由来する認識である。スピノザは、人間精神は我々の感覚的な表象や記号、そして意見（憶見）の二種類から構成されていると明言し、イマギナチオと名付けた。イマギナチオは「想像知」「想像力」と訳されることもあるが、上野（二〇一四年）は「表象作用」と訳するのが妥当だという。畠中訳『エチカ』では「表象」と訳されてイマギナティオとルビが振られている。本書ではイマギナチオを採択する。以下に、その個所を引用する。

「（物との衝突による）人間身体の変状《アフェクティオ》（刺激状態）――我々はこの変状の観念によって外部の

物体を我々に現在するものとして思い浮かべるのである——は物の形状を再現しないけれども我々はこれを物の表象像《イマゴ》と呼ぶであろう。そして精神がこのような仕方で物体を観想する時に我々は精神が物を表象《イマギナリ》すると言うであろう。……精神の表象《イマギナティオ》はそれ自体において見れば何の誤謬もふくんでいない……」（第二部定理一七備考）

外的世界との「衝突」が続く限り、たとえ理性的人間であってもイマギナチオを完全に克服することは不可能なので、スピノザは真実でもないのに疑わずに共有する第三の領域（共有信念）を想定する。

2　イマギナチオと中間領域

私たちは現実世界では虚偽でも心のなかでは永遠に（真なるものとして）偽なる表象を持ち続ける。イマギナチオはウィニコットによると狂気の一種である。この現実的には偽だが内的には真である世界をウィニコットは中間領域と呼んだ。ここに遊び、嘘、妄想、宗教、文化が生まれるとウィニコットは言う。一方スピノザは、イマギナチオは外的世界を生き生きと認識するとはいえ、虚偽の唯一の原因であり、誤謬の源泉となるので、あくまでも理性によって排除しようと論究する。スピノザはイマギナチオを「眼を開けて見る夢」だと厳しい。

中間領域はイマギナチオと外的現実世界の認識の組み合わせによって以下のように五つに分類できよう。①イマギナチオを強く信じ、外的世界は部分的に否認（拒否 disavowal）される妄想や宗教。ここでは二つの世界は共有されない。②イマギナチオと外的世界を同時に共有するごっこ遊びや嘘。③想像によって外的世界を現実世界と錯覚する芝居や映画。④遊べない人たちである。ボーダーライン患者は「あいだ」がないので内的世界と外的世界の両方を行ったり来たりすることが治療のポイントになる。⑤イマギナチオの形成不全のために外的世界で何が起きているのか想像もつかずに圧倒され続ける自閉スペクトラム症。象徴能力が貧弱なので治療はイマギナチオの生成に力点が置かれる。それでは精神分析の臨床を見てみよう。

(1) 遊べない患者

ウィニコットの遊ぶことplayingにおいては、現実は否認されずに、かつ同時に、内的世界は生きと体験される。幼児のままごと遊びで差し出される泥のお団子は「泥でありお団子」なのである。ところが、臨床的には遊べない患者がいる。スキゾイドや完全主義者の人たちである。ゆえに、彼らの治療目標は彼らが遊べるようになることである。ここでケースを紹介する（複数の事例をもとに創作している）。

妹に嫉妬する女性A（週1回の精神療法）

患者は治療で退行し、これまで抑圧してきた妹に対する嫉妬心を意識するようになった。母は勉強も家事もきちんとやる自分よりもリビングでアニメを見る自由奔放に生きている妹を擁護する。嫉妬する自分はいけないと思って落ち込むという。

「妬みとは他人の幸福を悲しみまた反対に他人の不幸を喜ぶように人間を動かす限りにおける憎しみ」（第三部定義二三）である。憎しみは悲しみなので活動能力は低下する。勉強も手につかなくなる。症例の場合、幼少の頃からの母親による厳しい躾が取り入れられ超自我として自我を常に監視している。長じて嫉妬に駆られることはあってはならないことになった。母親に叱責された体験は、ラドーRado, S.（一九二八年）の言う「二重の取り入れ（叱りつける母親と叱られる自己）」によって心の中に「叱る母親と叱られる自己」が無意識のテンプレートとして居座る。私はそれを「一人二役」と呼んでいる。そして現実世界で超自我の要請に応じれないと「一人二役」が活性化されて自己を攻撃するのである。しかし、一方で、治療によって抑圧されてきた嫉妬を意識することは心的には危機であるが生き直しへの転機にもなる。

（2）ウィニコットとスピノザ

スピノザもウィニコットも現実世界（外）と心的世界（内）という二元論に縛られることなく第三の世界を想定する。臨床的にも完全主義者やパーソナリティ障害の患者の治療では二元論に陥らないことが肝要である。ボーダーライン患者は二元的に生きている人たちで、その治療はスプリッティングに風穴を開け、二項対立（内的か外的か、イマギナチオか現実か）を矛盾として抱えることにある。彼らが矛盾を抱え、アンビバレンスを体験できるためには治療者が割り切らない姿勢が有効な治療の手立てになる（川谷、二〇〇九年）。それをウィニコットは「中間領域」という「あいだ」に求めたのである。

　スピノザとウィニコットの相違点は、スピノザはイマギナチオを排除して第二および第三の認識へ移ろうと努めるが、ウィニコットはイマギナチオと現実世界の両方に足を下し悲喜こもごもの体験を重視する。ウィニコット（一九六五年）は、「私たちが、単に正気だけだとしたら、それは心貧しいことだ」という。外的世界との「衝突」が続く限り私たちは狂気であるイマギナチオの世界に足を下している。理性によるイマギナチオの消滅は狂気から解放してくれるが、しかし、それでは人生は味気ないものになるとウィニコットは言っているのである。

　論語の「君子は憂えず懼れず」か、はたまた水戸黄門の「人生楽ありゃ、苦もあるさ」か、と二項対立に嵌ってはならない。二人の違いは、ウィニコットはイマギナチを生き生きと体験できない病理性を持つ人間を、スピノザはイマギナチオに振り回される人間を対象にしている違いによるのである。よって治療的には、自己を攻撃することではなくイマギナチを消滅させることである。ただここで注意しなければならないのは、イマギナチオにも長所があることである。スピノザは言う。ないものをあるものとして想像する際に実際に存在していないものを受け入れるのであれば、「（精神はイマギナチオを）自己の本性の欠点とは認めず、かえって長所と認めたことであろう」（第二部定理一七備考）。スピノザは抜かりない。イマギナチオを長所と受け入れるチベット仏教を中沢新一は『雪片曲線論』（一九八八年）の中で紹介している。

　チベットの老僧は「知ったかぶりの学者よりも、ただの犬の歯をブッダの歯と思い込んで祈りを込めている老婆の方がよっぽど功徳は大きい」と説く。

虚偽の源泉であるイマギナチオは我々人間の精神を育み保持する要素にもなるのだ。ウィニコットはこのことを大切にする分析者なのである。

ボーダーライン治療経験が教えてくれるのは、幼少期にトラウマを受けた患者が転移状況で「(分析者を)怖い！　怖い！」と叫ぶときに、分析者は「私が怖いのね」と患者のイマギナチオ(転移)を肯定し転移を引き受ける(役割を担う)過程が欠かせない。すると患者は、現実検討能力が復活し、中間領域が生成され、内的世界と外的世界に両足を置けるようになる。転移状況では、患者のイマギナチオは患者にとって真なので、それを偽であると解釈するだけでは彼の表象(イマギナチオ)を動揺させる原因とはならない。患者は否定されると頑なに偽なる観念にしがみつき、トラウマを再強化させるだけである。患者を圧倒しているイマギナチオの肯定から分析は始まるのである。

(3) 妄　想

妄想の世界も主観的には真であるが客観的には偽である。「あなたの考えは偽である」、「妄想である」と否定すると、恨みを買うので私たち精神科医は否定しないように教育されている。それにもかかわらず、ある研修医はコタール症候群の妄想を否定するために、血が流れていないという患者の皮膚をカミソリで切って大騒ぎになったことがあった。あるかないかのごく小さな傷だったけれど、流れる血も患者の妄想を消すことはできなかった。スピノザ的にイマギナチオに対して異議を唱えないことが私たちには求められる。

私が研修医の頃、妄想を否定せずに徹底して肯定しようとする「鵜呑み療法」という論文を見つけて、これなら私でもやれると思って入院患者に実践してみたことがある。すると、上級医には話していない妄想内容まで私に語るようになり、ついには隣の住民は刑事で身分を隠している、県警本部に一緒に来てくれないかと請われた。刑事が市民を困らせることがあるのかと思ったが、疑念は口にせずに彼の妄想を鵜呑みにした。彼は相談窓口で「隣人の刑事がテレビのアンテナ線を使って家に電波を流している」と訴えた。相談に乗った婦警は私を見て身分を問うた。彼は主治医と答えると彼女は「先生に相談しなさい」と彼を帰した。（追記：患者はその後腎疾患が悪化して人工透析を受けることになった。私の「鵜呑み療法」は失敗に終わったのである）。

妄想の場合、イマギナチオを信じ現実は否認されるので、中間領域の扉は閉まり、治療的関与が難しくなる。それに対して遊びでは現実は受け入れられる。妄想に対する介入は妄想を否定しないで中立的（裁かないということ）に聞くことである。中井ら（二〇〇一年）は「ふしぎだね」とか「私は経験していない」とつけ加えるという。ただし、自傷他害の恐れがある時は「ひょっとして間違っていると取り返しがつかないから、実行しないことを勧める」と思いとどまらせる。妄想症には距離を置くのが基本で、優しくされると、患者は「裏がある」、「下心がある」と勘繰るからややこしい。

私たち精神科医は患者の妄想を否定せずに「そうか、そうか」と話を合わせていくと、妄想患者ですら、現実検討が復活して自身の考えに疑いを持つようになることを経験している。しかし、鵜呑み療法が失敗に終わるように、その後の扱いが難しい。フロイトは「W・イェンゼンの小説『グラディーヴァ』にみられる妄想と夢」(一九〇七年)の中で小説『グラディーヴァ』を妄想に陥った青年と彼の妄想を治していく女性の物語として捉え、女性の語る言葉の使い方の**二重性**に注目する。その個所を引用しよう。

二人の会話を聞いているわれわれには、彼女の言葉のいくつかは二重にとれるように、すなわち妄想に調子を合わせていっている意味のほかに、なにか現に今のことに関係している現実のことをも意味しているように思われて仕方がない。たとえば、当時彼がグラディーヴァのような歩き方をする女性を街の中に発見できないかと模索し失敗したということを聞いて、彼女が同情し、「まあ、お気の毒に、それでしたらわざわざこんな遠くまで旅行なさる必要などなかったでしょうに」とかたるときなどにそう思われるのである。

そしてフロイトは妄想に対する介入について次のように述べる。

まず妄想という建物の土台に着目してそれを理解し、その次にこの建物をできるだけ詳細に研究してみる以外に手はないと思われる。

それをフロイトは「無意識の意識化」とは言わずに、法則性を重視するところはスピノザの共通概念に通じる。その個所を引用しよう。

われわれの方法の要点は、他人の異常な心的事象を意識的に観察して、それがそなえている法則を推測し、それを口に出してはっきり表現できるようにするというところにある。

リトル（一九八一年）は妄想思考をもっている人にその誤りを確信させようとしても役に立たないばかりか怒りを買うだけであるという。彼女の表現は荒っぽいが、「彼にとってはそれらの妄想思考が真実だということを受け入れ、その妄想の中に入り込み、その後、現実的なものを直接提示して、内側から妄想を解体させることだ」という。スピノザ的に述べるなら、「彼の表象を動揺させる原因（言いかえれば彼にそれを疑わせる原因）が少しも存在しないから彼はその偽なる観念に安んじている」、「誤った観念が有するいかなる積極的なものも、真なるものが真であるというだけでは、真なるものの現在によって除去されはしない」（第四部定理一）ので、患者のイマギナチオに対して解釈ではなく現実を突きつけるのである。その際に、『グラディーヴァ』の女性はイマギナチオを肯定しながら行うのである。その後に、妄想状態（＝イマギナチオ）における現実の直接提示の技法が有効になる。それも**誠実**にかつ**率直**に行うのである。

妄想でもっとも厄介なのは嫉妬妄想である。妄想者はパートナーが浮気していると責め立てる。パートナーは、否定すると、たとえそれが真であっても、責め立てられ暴力を振るわれる。肯定することは口が裂けてもできない。罪は犯していないのに刑事に「やったろ」と責め立てられ、心が折れそうになる容疑者みたいなものである。そしてパートナーは肯定も否定もできない状態に追い込まれて、私たち精神科医に救いを求めてくる。私たちができることはスプリッティングに風穴を開けることである（その具体的な介入は第9章に譲る）。妄想者はその内容を真と認識しているにもかかわらず、病気を扱う私たち精神科医に相談を持ちかけてくる。「不思議だね」では済まされない。自分は病気だとはつゆも思わないのに病者を治療する医者にかかるのである。

ところで、患者にとって妄想を持つことは不幸なのだろうか。必ずしもそうとは限らない。妄想がなくなるということは治療の場、つまり治療者との関係を失うことでもある。むしろ、現実生活の生きづらさを妄想という形で訴えていると解釈し直すことによって、患者の社会生活（働く）を維持させている症例を私は経験している。現実世界が変わらなければ、妄想は患者を支えることにもなるのである。

（4）治療関係における「空気」

精神療法中の患者とセラピストのそれぞれのイマギナチオはどのようなプロセスを辿るのだろうか。思考実験をしてみよう。精神療法中の患者（A）とセラピスト（B）は互いに影響しながらイマギナチをもとに相手を認識する。AはBをA'（Aの本性∨Bの本性）と考え、BはAをB'（Bの本性∨Aの本性）と考える。心的現実にはAはA'を真だと、BはB'を真だと認識するが外的現実にはいずれも偽である。そこに日本人にはお馴染みの「空気」、「忖度」、そして「同調圧力」が生まれる。するとこれら（C）はAとBに働きかけてそれぞれA''とB''のイマギナチオを形成する。山本七平の『空気の研究』（一九七七年）を読むと、第二次世界大戦前の軍人は誰もがアメリカには大敗すると知っていた。ところが国民の多くは、神風が吹いて日本は勝利すると信じていた。他方、知識人は「それは迷信だ」とは口が裂けても言えない空気があった、という。それゆえに、軍人の誰もが日本が勝利することは嘘だと知っていたからこそ、彼らは日本が神の国であると信じる振りをし続けなければならなかったのである。オグデン（一九九四年）はそれを「第三の主体 the analytic third」と呼んでいる。

Ⅱ　イマギナチオから真の思想への移行

精神分析を行うにあたって精神が人間身体の観念であることと神（自然）の無限知性の一部（第二部定理一一系）であることの両義性は述べておかねばならない。スピノザは「精神の本質を構成する最初のものは、現実に存在する身体の観念にほかならない。そしてこの観念は多くの観念から組織されていて、そのあるものは妥当であり、またあるものは非妥当である」（第三部定理三証明）という。人間精神は外部の物体に影響を受け非十全な観念を持ちつつも神の一部として真理に到達する認識も併せ持っているというのである。そのことをスピノザは「我々が何らかの明瞭判然たる概念を形成しえないようないかなる身体的変状も存しない」（第五部定理四）と表現する。偽なるイマギナチオと真なる第二種の認識の間の溝を飛び越えることは可能なのである。

國分功一郎は『スピノザの方法』（二〇一一年）の中でその過程を「精神が観念を導出していくなかで、その導出を支配している法則そのものに出会い（＝無意識のテンプレート）、それを認識するとともに（＝洞察）、その法則によって精神による観念の導出が制御される（＝エスの在るところに自我を在らしめよ）」と述べている。國分のテキストに（　）の部分を挿入すると、精神分析過程そのものである。まさしく精神分析は第二種の認識による推論の過程と同じなのである。

1　私の経験から

スピノザはイマギナチオから脱出するのに理性と直観によるアイデアを提供する。感情そのものを明瞭・判明に認識すること、そして感情そのものを外的な原因の思想から遠ざけ、真の思想（共通概念と直観）に結びつけることで偽から真へと進めるのである。私はこんな経験をしたので参考までに述べる。

私の経験

ある年の精神分析学会東京大会で一般演題の発表で壇上に上がったとき、会場に恩師の西園先生が現れ、一番前の中央の席に座られた。私は緊張し、原稿を持つ手は震え、膝はがくがくしだした。司会者がセッションの説明をしている間に何とかこの緊張をとらないといけないと焦った。その時「僕がこんなに震えている姿を西園先生は『わしの前で震えている川谷はわしを意識しているからだ。わしを年配者として崇めているのだ』と思っているに違いない。緊張して震えている僕を先生は決してだらしないとは思わない。むしろかわいい奴だと思うはずだ」と考えたら嘘のように緊張がなくなって、私は発表を終えた。

私の咄嗟にとった解決法は、スピノザの「感情の療法」の現代版と言われている論理療法 rational therapy（論理感情療法 rational-emotional therapy ともいわれる）と軌を一にする。論理療法はアルバート・エリス Ellis, A. によって一九五五年に提唱され、日本では一九七五年に輸入された。彼の著書（一九八八年）によると、

人間の欲求や感情は、……不可思議で絶対的な力に基づいているのではない。……それらはむしろ人間の思考と想像に結びついており、コントロールする可能性は十分にあるのだ。……もちろん思考を一〇〇パーセントコントロールすることはできないかもしれないが、思考過程を修正し調節していくことは可能である。それには思考を構成している自分の内的文章を観察、分析して吟味を加え、それを変えていくのである。思考の内容を変えていくことによって、同時に自分の感情を統制し変えていくことができるのである」と述べられ、感情は、出来事の知覚に、何らかの信念（文章記述）が結びついて生じる。したがって、心のなかの文章記述を意識化し、それを変容することによって、感情を制御することが可能だと考える。不健全な感情を生む文章記述は、必ず、非論理的なので、不健全な感情を消滅させるには、その非論理的な文章記述を、論理的な文章記述へと置き換えればよい。

という。たとえば次のような模範例を載せている。

模範例Y

Yはある会議で発言することに不安を感じている。この時、Yの不安は、「発言する順番が回ってくる」という知覚から直接生じるのではない。そのような知覚以外に、「的外れなことを言うのは、実に恐ろしいことだ」という非論理的な文章記述が心の中に存在するからこそ、不安は生じるのである。そこで、代わりに「立ち往生するのは立派なことではないかもしれないが、だからと言って恐ろしいことでもない。的外れなことを言ったからといって、この世の終わりが来るわけではない」という論理的文章記述を作れば、不安感はなくなる。

私のイマギナチオ、教授の前で緊張している姿は恥ずかしい、を私は状況を分析することによって鎮めることができた。それは、理性で感情を頭から押さえつけるのではなく、不安の成り立ちを分析し、それを能動感情へと変化させる試みであった。このように、「人間の本性にかなった能動的な情動、喜びといったポジティブな感情が抑止力になるのである」（浅野、二〇〇六年）。

2　イマギナチオはいかにして消失するのか？

私たちは内的世界（心的現実）と外的世界（外的現実）の二つをもつ。外的世界は五感によって知覚する。外部の世界と衝突すると、その刺激に触発されて内的世界に想像の世界を創りだす。たとえば、睡眠中に大きな音で覚醒すると、「泥棒?」と恐怖を感じるかもしれない。暗闇のなかでは確かめることができないので恐怖心は消えない。そのとき家族がやって来て、家族が突然の音の原因だと知ると先ほどの恐怖心はたちどころに消えてしまう。それとは反対に、不審者の侵入による恐怖も不審者の嘘に騙されて消えることも起こる(第四部定理一備考)。このようにイマギナチオでは真偽の判断は外にあり、「それを排除するより強力な他の表象が現れる」ことによって消失するのである。

精神科臨床に限らず医療機関では患者から「治りますか」、「大丈夫ですか」と問われることが多い。その問いを保証(=より強力な表象)するよりも、患者の**心情の動揺**(アンビバレンス)あるいは**疑惑**を話題にすると、つまり「今、二つの考えが浮かんで動揺しているのですね」と介入すると、保証のときとは一味違った治療関係が生じる。共通概念を基盤にする理性による介入である。

3 共通概念

説明するために、ワンルームマンションに住んでいて、その音の原因を探し出すことができにくい場合を想定しよう。恐怖に曝されて一夜を過ごすのか。このとき恐怖を鎮めるのが第二種の認識の理性(共通概念)である。たとえば、「私は泥棒が侵入したと考えた。しかし泥棒の多くは大金持ちを狙うはずだ。それも空き巣が主流だ。私のような貧乏人が住む部屋に危険を冒してまで泥棒するものだろうか。その可能性は限りなく少ない。私の恐怖は想像がつくり出したものだ。ばかばかしいのでもう寝よう」となるだろう。このように受動から能動への移行の一つとして理性がある。

共通概念は「すべての物に共通であり、そして等しく部分の中にも全体の中にも在るものは、妥当にしか考えられることができない」（第二部定理三八）。哲学界では「現実存在する諸事物がそれにしたがって存在する諸法則を指している」という。理性とはその法則を解明し、十全に認識していく営みのことである。

真夜中、不審な音を聞いて「泥棒」と思ったら、暗闇の中でスマホを頼りに在宅時の泥棒の発生頻度を調べてみよう。警視庁『平成三〇年の犯罪情勢』によると総数六万二、七四五件のうち共同住宅（3階以下）は11・9％の七、四六七件である。一日に二十件ほど発生している計算になる。四階建て以上だとさらに少なくなって一日に七件ほどになる。在宅時の侵入は25％なのでそれぞれ五件と二件以下になる。収入が低い世帯だとまず考えられない数字になる。ここまでくると「私はイマギナチオしていたのだ」と理解し、不安は軽減し眠りにつけるだろう。この理解による喜びが不安を軽減するのである。

なぜ私は泥棒とイマギナチオしたのか。「偶然として観想するのはもっぱら表象力（イマギナチオ）にのみ依存する」（第二部定理四四系一）からである。音と泥棒という表象の間の必然性を推論するのが理性である。「事物を必然として観想することは理性の本性に属する」（第二部定理四四）。まず泥棒の本性をスマホで調べると、いかに自分が音を偶然なものとして観想したかがよく分かる。

共通概念をさらに知るのに映画『男はつらいよ』は有用である。寅さんの立ち居振る舞い（上着の肩掛け、階段を降りる際に膝が開く、など）は観客にプライミング効果で寅さんを「ヤクザ」に仕立てる。しかし葛飾柴又の団子屋に帰ると寅さんは家族の一員（「カタギ」）になる。寅さんと彼の演技に刺激を受ける観客双方に共通する概念がある。寅さんは「ヤクザ」と「カタギ」の境界に住み、あっちに行ったりこっちに行ったりする。そして、所帯を持ってもいいと恋人に迫られると寅さんはとんでもない恐怖に曝され結婚を回避する。その姿は現代の「引きこもり青年」、彼らは社会に出ると「化けの皮が剥がれる」と恐怖におののく、に通じる。すなわち、社会生活を避けている人たちに共通する法則はこの恐怖にある。

お笑いのツボ、観客を泣かせるシーン、すべて共通概念である。売れる芸人は共通概念を手に入れているのである。共通概念を磨くには『エチカ』の定理の証明にある。何度も読んでいる間に共通概念が身につくように『エチカ』は書かれているからである。

4 イマギナチオからの脱出

さて、これから『エチカ』を媒介に精神分析におけるイマギナチオからの脱出に取り組む。「精神は身体のすべての変状あるいは物の表象像を神の観念に関係させることができる」（第五部定理一四）、つまり、人間精神の中にはイマギナチオの部分と神の知性における観念の連鎖の一部分の両方が存在するので、現象の必然性を明らかにしていくと、受動から能動への移行が可能になる。そのことをスピノザは「受動という感情は、我々がそれについて明瞭判然たる観念を形成するや否や受動であることを止める」（第五部定理三）という。明瞭判然たる観念とは触発した外部の原因の観念を含まない観念のことである。自己自身に生じている心の動きを客観的に観察できると、「精神はすべての物を必然的として認識する限り、感情に対してより大なる能力を有し、あるいは感情から働きを受け取ることがより少ない」（第五部定理六）状態に移行する。そのとき私たちは「なるほど」、「そうだったのか」と喜びを体験する。このことは逆転移の利用につながる。「感情そのものを外部の原因の思想から分離して真の思想と結合させるようにすることである」（第五部定理四備考）。ドゥルーズ（一九六八年）の言い方だと共通概念は「相手と自分の双方の身体のあいだにある共通なものについて十全な観念を形成するよう、私たちを促してくれる」のである。

ドゥルーズの考え

スピノザはイマギナチオから理性・直観知への移行はないという。あるのは断絶である。たとえば、熱い鉄板に触れても鉄板の本質を理解することは不可能である。それに対してドゥルーズは移行すると主張する。溝を飛び越えることなのか移行することなのかは脇に置いて、『スピノザと表現の問題』（ドゥルーズ、一九六八年）によると、理性とは共通概念、つまり因果性を明らかにして理解する力である。共通概念とは形式的には私たちの思考力によって説明され、また実質的にはそれらの作用因としての神（自然）の観念を表現する観念であるという。

ドゥルーズは第一種の認識から第二種の認識への実践的移行を明らかにした。鍵を握るのは**喜びの諸感情**である。精神分析の洞察に伴う「ああそうか Ah-Erlebniss」体験である。スピノザは「分かる」ことは自己の変容を伴うという。「善である限りにおける喜びは理性と一致する」（第四部定理個五九証明）ように喜びがよいものである限りそれはイマギナチオから自由になる。その移行とは次のようなプロセスを経る。①私たちは非十全な観念しか持たない。それに対して私たちが最初に持つ十全な観念は「共通概念」である。②この観念はわれわれの理解力あるいは思考力によって説明される。③理解力は精神の活動力である。理性は共通概念を理解する努力である。④共通概念は、われわれがそれをもつことを余儀なくされた非十全な観念の連鎖を断ち切る。

ボーダーライン患者Xの悩み（週1回の一般精神科外来）

Xは派遣で仕事に就いた。別の社員Yが仕事の内容について訊ねてきたので知っている範囲で教えた。しかし、そのあと、それでよかったのかどうか、あるいは、もっと違う教え方があったのではないかと悶々として仕事に集中できなかった。家に帰ってからもそのことが頭から離れなくて、一睡もできなかった、という。

〈あなたの説明にYさんはどう反応していましたか〉ありがとうと言われました。〈Yさんの返事にあなたは喜びを感じましたか〉いいえ。〈それはなぜですか〉あんまり嬉しそうにしていなかったから。〈だから、あなたはYさんの表情から自分の説明が拙かったのだと考えたのかもしれないね。Yさんの理解不足なのかあなたの説明不足なのか確かめようがないので、そう想像してしまったのだね〉そうですね。曖昧なままだと不安です。〈そうだよね。不安や矛盾を抱えることがこれからあなたに求められるかもね〉どういうことですか。〈曖昧なまま、答えを無理に出そうとせずに、しばらくそのままにしておくのも一つの手だと思う〉とコメントして診察を終えた。

スピノザは第五部で「感情の療法」を提出する。「精神はより多くの物を第二種および第三種の認識において認識するに従ってそれだけ悪しき感情から働きを受けることが少ない」（第五部定理三八）と述べて、「理性」や「直観知」に従うことを勧める。**悪しき感情**とは、人間の和合に対立する感情としての憎しみ、および思惟能力を一点に束縛し続けるような感情としての愛着である。「悪しき感情に支配されない間は、私たちは物を理解しようと努力する精神の力（知性）は妨げられない。したがって、その間精神は明晰・判明な観念を形成する能力をもっている」（第五部定理一〇）、とスピノザは言う。

Ⅲ　直観知について

第二種の認識（理性）は精神分析過程そのもので、スピノザは真の精神分析者なのだと思う。それのみかスピノザは第三種の認識（直観知）へと進む。直観知は「神（自然）のいくつかの属性の妥当な観念から物の本質の妥当な認識へ進む」（第五部定理二五証明）のである。

1　直観知とは

なぜスピノザは理性（共通概念）に満足せずに直観知へと足を踏み入れるのか。その理由の一つは、人間は生存している間は受動感情に支配されるからである(第五部定理三四)。精神分析の治療が長いのはワークスルーに長時間を要するからである。たとえ無意識のテンプレートを意識化できても、現実世界に身を置くと受動感情に隷属するのでワークスルーが必要なのである。二つ目の理由は、「物を第三種の認識において認識しようとする努力ないし欲望は、第一種の認識から生じることはできないが、第二種の認識からは生ずることができる」(第五部定理二八)からである。理性が直観知へと誘うのである。直観知に進むのは自然の成り行きなのである。三つ目は、共通概念は受動感情の法則を認識させるが、物の本質を認識させることはないからである。理性によって十全な認識を得るとはいえその対象は限定される。お笑いのツボを知り得たとしても幸福な生活を送れるわけではない。「一たびそれを発見し獲得した上は、不断最高の喜びを永遠に享楽できるような或るもの」を探究した結果が直観知だったのである、と私は理解する。

本質を私たちに認識させるのは第三種の認識である。直観知はイマギナチオのように対象を捉えるわけではない、認識そのものから産出される。そして「我々はこの仕方で物をより多く認識するに従ってそれだけ多く神(=自然)を認識する」のである。精神は永遠の相のもとに認識するすべてのものを、身体の現在の現実的存在を考えることによって認識するのではなくて、身体の本質を永遠の相のもとに考えることによって認識する(第五部定理二九)。永遠性とは神(自然)の本質が必然的存在を含む限りの神の本質そのものである。そして直観から生じるこの「神への知的愛」が「救済」そのものなのである。

2　直観知とハイポニカ論

ハイポニカ論の野澤重雄（一九九二年）の仕事は直観知によるものである。野澤の「結果を観察するのではなく物事の本質を視る」という考えは、結果を生み出す原因に研究のベクトルを向けると、「物事の本質を視る」が働くと言っている。それはスピノザと軌を一にする。彼は「生物と環境は、互いに独立して存在するのではなく、厳密な相関で相互作用によって互いに影響しあい、変化しあい、やがて同調・同化すると考えられる」と述べ、「生命は本質的に無限の可能性をもっている」と主張する。結果だけを観察するのであれば、トマトは一本の苗から三十~四十個の実を結ぶ。ところが、生命の誕生は水から起きたという本質的視点からは、苗を実の数を制限している土壌から水耕栽培に移すと、一本のトマトの苗から一万個以上の実がなるのである。土壌という成育環境が成長を妨げていたのである。それゆえにハイポニカは水耕栽培 hydroponics からドロ dro を除去して命名された。野澤の直観はダーウィニズムを否定し「生物は基本的にどんどん成長する性質をもつ」という結論に至る。白亜紀の恐竜もどんどん大きくなって巨大になった。環境によっては日本人もどんどん背が伸びるのだろう。

3　直観知と精神分析

物の本質を一瞬のうちに認識するのが直観知である。とは言っても、それは理性による地道な治療過程のなかで起きる、ということは押さえておかねばならない。精神分析の世界では、直観はいかがわしい（神秘的）、当てにならないものと排除されてきたが（松木［二〇二一年］によると精神分析において市民権を得たのは一九九〇年以降らしい）、直観の使用を問題にするのはビオンとポスト・ビオン派の精神分析者（オグデン Ogden, T. H.、フェッロ Ferro, A. 等）たちである。ビオン Bion, W. R.（一九六二年）によると精神分析的直観とは「それ自体は現象化せず、人が聞いたり感じたりできないパーソナリティの精神分析的機能の原初的な要素」である。そのためには他者に対して開かれた心の状態、すなわち、もの想い reverie は欠かせないという。

ところで私は、長年この reverie という言葉の使用に違和感を抱いてきた。ビオンのそれは乳児と母親の相互作用をモデルにしている。たとえば耐えがたい苦痛を赤ん坊は泣き叫ぶという行為によって外に出す。それをキャッチする母親がもの思い、つまり白昼夢状態では、苦痛はコンテインされずに、赤ん坊は手足をバタバタしだすに違いない。松木（二〇〇八年）はもの思いのイメージとして「お母さんは、もの想いにふけりつつ、赤ん坊にお乳を与えている」と語っている。しかしこのイメージからは赤ん坊に起きている耐え難い苦痛が感じ取れない。ビオンの reverie はどこかピントがずれている気がしてならない。私の中学三年の春の体験を語ろう。

生後4カ月頃の赤ん坊を両親と私に預けた姉は美容室に出かけた。目が覚めた赤ん坊は泣きだした。赤ん坊をなだめようと三人で代わる代わる抱っこするも泣きやまない。「着物の柄が悪いからだ」という父の意見に従って母は着替えたが、それでも一向に泣きやまない。匙を投げた私たちは赤ん坊を美容室にいる姉に返したらすぐに泣きやんだ。

赤ん坊の号泣に対してreverieする余裕は母親にはない。一方、母親がreverie可能な時には赤ん坊は「死に瀕していない」。スピノザ風に言い換えよう。乳児の言葉にならない不快な体験を母親は二球の衝突の法則と感情の模倣（＝ウィニコットの原初的没頭）によって知覚し、不快を理解し、対応する。しかしイマギナチオは虚偽の源泉ゆえに失敗もする。この失敗と成功の体験と先達の知恵を借りて母親は「お腹が空いたのね」、「痒いのね」とアルファ機能するようになる。reverieとは聞くとも知覚することもできない経験を把握することであり、精神分析的直観によって把握され、アルファ機能によって形、感覚的イメージに変換される。現代ではreverieという言葉は他者に対して開かれた心の状態、思考のない状態を指すのに使われているようだ（松木、二〇〇八年）。

さて、直観とは他者に開かれた心によって忽然と精神分析者の心に出現する、主体のない経験である、ことは分かった。開かれた心の状態を松木（二〇二一年）は分かりやすく「無心」と言い表している。これである。reverieだと詩的ゆえに実際の母子関係から遠くなる。川谷（二〇〇九年）はかつて「頭を空っぽにして」と表現した。ボーダーライン患者の混とんとした治療状況では私たちも右に左にと揺れるので、そこで安定を求めて生活歴、病歴、転移・逆転移で得られた知識にすがろうとする。それをやめて、揺れるままに、初診時のように患者に対峙していると、心から締め出していた種々の患者理解が一挙にまとまった認識へと至るのである（たとえば自傷患者の「一人二役」として）。それは何とも言いようのない感動である。まるで映画のワンシーンを見ているような知的興奮である。

直感の例としてマリーナ・フェヘイラ・ダ・ホーザ・ヒベイロ Riberio, M. F. R.（二〇二二年）の症例報告は興味深い。彼女は患者Antonioと始めて会ったときに「死んだ男の靴」という幻覚的な体験をする。それはビオン（一九六三年）の「選択された事実」かブリトンBritton, R.（一九九八年）の「過剰に価値づけされた考え」かという対話へと発展する。そして彼女は、それが直観となるのは「絶え間なく続く中間休止caesuraの間に生じる」という仮説を立てる。それは西田幾多郎の「純粋経験」と同一で、夢と目覚めている状態の間にある中間休止、つまり注意と非注意との間、の揺れの中で直観は働くのである。物理学者 湯川秀樹の中間子論は入浴中にひらめいたという。

Ⅳ　おわりに

本章ではスピノザの三つの認識を精神分析と関連させて述べてきた。イマギナチオはより強力な表象が与えられないと消えないのと、真なる現実の提示によっても除去されないので、解釈技法には限界があると言えよう。一方、共通概念を基盤とする理性による介入は物事を必然として考えることによって本質に迫ることができる。この過程を経た精神分析の解釈のみがイマギナチオを軽減することになる。最後に、精神分析領域における直観についてビオンとポスト・ビオン派の考えを述べた。精神分析的直観は他者に開かれた心（「無心」）から生じるという。

第3章　スピノザとフロイト

一九三一年六月二十八日、ロタール・ビッケルに宛てたフロイトの手紙

なぜ、フロイトはスピノザを引用しないのかという知人の指摘に対して以下のように手紙で語っている。

スピノザの学説への私の依拠については進んでお認めしましょう。彼の名前をわざわざ直接に引用しなかったのは、私の諸前提を彼自身の研究からではなく彼によって醸し出される雰囲気から引き出したからです。そしてまた、哲学的な正当化一般を行うことは私にとっては重要ではなかったからです。生来私は〔哲学の〕才能に恵まれてはいないので、この禍を転じて福となし、可能な限り加工を施すことなく、先入見を持ち込まず、そして準備なしに、自らにとって新しく立ち現れてくる事実を解き明かす心構えをしたのでした（『スピノザとフロイト』〔河村、二〇二二年〕）。

フロイトとスピノザの先行研究は少なくない。私の手元にはフロイトとの関連に章仕立てで言及しているスピノザの専門書は三冊ある。一九九八年に邦訳された『スピノザ――異端の系譜』（ヨベル、一九八九年）、そして『近世哲学点描――デカルトからスピノザへ』（松田、二〇一一年）、『スピノザとフロイト――「不信仰の同志」の政治思想』（河村、二〇二二年）の三冊である。その内容は、フロイトのスピノザへの言及、リビドーとコナトゥスの類似性、無意識の二人の捉え方、宗教批判の共通性、等である。私が本章で取り上げたいのは、リビドーとコナトゥス、無意識、生と死の欲動に関するスピノザ論の三点である。

I　フロイトとスピノザ

フロイトのリビドーとスピノザのコナトゥスとの類似性をヨベル Yovel, Y.（一九八九年）は次のように述べる。「彼ら両者にとって人間は、何らかの欲望の原理によって構成された、力動的な自然実在である。スピノザはこの欲望を〈コナトゥス〉と呼び、フロイトはそれを彼に〈リビドー〉論において説明する」。相違点はリビドーは物理学から借りてきた「エネルギー」でコナトゥスは生物学的かつ力動的な「力」であるところにある。

1　リビドーとコナトゥスについて

リビドーとは何か。『精神分析事典』から引用しよう。

フロイトによって仮定された性衝動のエネルギー。性衝動は、発達に伴って、性衝動の源泉となる性感帯と、性衝動の対象と目標を順次変えてゆくが、その根底で働いているエネルギーがリビドーである。ユングは、リビドーは心的エネルギー全体を指すものと一元的に考えたが、フロイトは初期にはリビドーを自己保存本能のエネルギーと対立するものとして、後期には死の欲動のエネルギーと対立するものとして、常に二元的に考えた。そしてすべてを破壊しつくし死の本能と対照的に、統一体を生み出しこれを維持しようとする生命的なエロス（プラトン）のエネルギーをリビドーと呼ぶ、と再定義した。

フロイトの「生と死の欲動」という二元論については後に述べるとして、ここではリビドーの二元論について触れる。松田（二〇一一年）は「スピノザと精神分析」の章で「自我本能は性本能から発生する」というフロイトの考えを理由に自我本能と性本能は「対立関係ではなく協調関係に立っている」と主張する。人間は誕生時は性本能のみを持ち「快感原則」に従うが、成長し知性が発達するにつれて「現実原則」に従おうとするに及んで対立関係になるのであって、「現実原則」も知性化された「快感原則」なわけだから、「フロイトの基本的立場は、人間精神の内的原理としてはリビドーないし性本能のみを認める一元論と解されるべきである」と主張する。この構造論的視点は「死の本能」にも適用される重要なポイントなので紹介した。

スピノザの「コナトゥス conatus」

二十世紀後半から二十一世紀初頭にかけて精神医学領域で「レジリアンス」という言葉が脚光を浴びた。レジリアンスとは病気そのものを跳ね返す復元力、回復力を意味し、八木（二〇〇九年）はネオ・ヒポクラティズムの見地から「疾病抵抗性」あるいは「抗病力」と訳した。スピノザ風に言い換えると、生命体が自分の存在を維持するために元の秩序ある状態に戻ろうとする現象である。

レジリアンスはスピノザのコナトゥスと同一であると考えていい。コナトゥスは「おのおのの物は自己の及ぶかぎり自己の有に固執するように努める」（第三部定理六）。外部の原因によって強制されない限り「自己の利益の追求を、すなわち自己の有の維持を放棄しはしない」（第四部定理二〇備考）という。それゆえ個体のあらゆる振る舞いはコナトゥスの発現である。スピノザは自己保存力とも言っている。スピノザはコナトゥスを以下のように使い分ける。精神に現れるときは意志、精神と身体の両方に現れるときには衝動、衝動が意識されると欲望、身体的な衝動に言及する時はコナトゥスと呼ぶ。生物学のホメオスタシスに近い概念だと言われている。

他方でスピノザは、情欲 libido を複雑多様な感情の一つとして捉えている。スピノザは「情欲とは性交に対する欲望および愛である」（第三部定義四八）と定義し、「馬も人間も生殖への情欲に駆られるけれども、馬は馬らしい情欲に駆られ、人間は人間らしい情欲に駆られる」（第三部五七備考）と笑いを誘う。

2　無意識について

上野（二〇〇五年）は「スピノザの世界はあべこべの世界」と評した。その例を提示しよう。

我々はあるものを善と判断するがゆえにそのものへ努力し・意志し・衝動を感じ、欲望するのではなくて、反対に、あるものへ努力し・意志し・衝動を感じ・欲望するがゆえにそのものを善と判断する、ということである（第三部定理九備考）。

チョコレートは「美味しい」から「食べたい」のではなく「食べたい」から「美味しい」と思うのである。このあべこべの世界を最もよく言い表しているのがスピノザの無意識論である。無意識という言葉は使っていないが重要な部分なので引用する。

すべての人間は生まれつき物の原因を知らないこと、およびすべての人間は自己の利益を求めようとする衝動を有しかつこれを意識していること……このことから第一に、人間は自分を自由であると思うということである。実際、彼らは自分の意欲および衝動を意識しているが彼らを衝動ないし意欲に駆る原因は知らないのでそれについては夢にも考えないからである。第二に、人間は万事を目的のために、すなわち彼らの欲求する利益のために行うということである。この結果として、彼らは出来上がったものごとについて常に目的原因のみを知ろうと努め、これを聞けば満足する（第一部付録）。

意識は結果だけを受け取り、結果を生んだ原因については何も知らないということは無意識の存在を示唆している。スピノザの無意識とは、國分（二〇二二年）によれば、「意識されていない精神内の諸原因の連鎖、あるいは原因についての混乱した認識であるといえよう」。混乱した認識とはイマギナチオのことを指す。

フロイトの残した最大の功績の一つは「無意識の発見」である。このことに異論を唱える者はいないだろう。フロイトは『無意識について』（一九〇一年）の冒頭において、

われわれは精神分析の経験から、抑圧の過程の本質は、欲動を代表する表象を捨て去ったり、絶滅したりする点にあるのではなく、そういう表象を意識しないでおく点にあることを知った。

と述べて、無意識の概念を抑圧理論から考究していく。そして、無意識の領域は広く、抑圧されたものは無意識の一部分で、無意識的なものはすべてが抑圧されているとは限らないという。無意識の裾野は広く意識に現れている部分は氷山の一角と譬えられる。さらに精神分析では、無意識の領域には、さまざまな欲動や感情を伴った観念や記憶が抑圧されているという。スピノザを学んだ者にとっては「感情は抑圧される？」と疑念を抱く。スピノザは第三部公理三で、

> 愛・欲望のような思惟の様態、その他すべて感情の名で呼ばれるものは、同じ個体の中に、愛され・望まれなどする物の観念が存しなくては存在しない。これに反して観念は、他の思惟の様態が存しなくとも存在することができる。

と述べて、感情は必ずや観念を伴い、観念は感情を伴わなくても存在する、と言っている。抑圧されるのは感情ではなくて観念なのである。

フロイトは『無意識について』の中で次のように述べる。

> 感ずるということ、すなわち意識にわかるということは、感情の本質に属することである。であるから、感情、感覚、情緒にとっては、無意識の可能性は完全になくなるであろう。しかしわれわれは、精神分析の実践にさいして、無意識の愛、憎しみ、怒りなどについて語ることになれている。

フロイトは無意識の感情を一度は否定するものの臨床の場では「無意識の罪業意識」や「無意識の不安」という逆説すらも避けられないという。その直後に、

> たとえ情緒はけっして無意識ではなく、ただその表象が抑圧されただけであるにしても、われわれはもとの情緒興奮を無意識的情緒と呼ぶ。

と苦し紛れの見解を示す。そして、

無意識の表象は、抑圧されたのちにも、真の像として「無意識」の体系にのこっているが、無意識の情緒にとっては、その体系の中で、実際には発芽しない萌芽の可能性があるだけである。厳密にいうと、無意識の表象と同じ意味では、無意識の情緒なるものは存在しない。

と感情が無意識の中に存することを否定する。「萌芽」とは表象(観念)のことで、表象は抑圧によって無意識のものになるが感情は抑圧できないのである。

スピノザも観念の抑圧は肯定するが感情は抑圧されないと考える。「我々をある行動に決定するすべての欲望は、妥当な観念からも非妥当な観念からも生じうる」(第五部定理四備考)と言う。無意識にあるのは観念のみである。叶わぬ恋に苦しむ青年Xを例に考えてみよう。愛とは、「外的原因の観念を伴った喜び」(第三部定理一三備考)である。それは以下のような式になる。

愛＝喜び＋原因となる対象の観念

第2章で明らかにしたようにスピノザの感情の療法によると、Xに対する叶わない恋による苦悩からの解放は、Xの恋する対象の観念を消去するとよい。フロイトの狼男のケースで考えてみよう。フロイトは狼男の「父親に愛されたい」という無意識的願望を解き明かす。しかし、欲望は自らの衝動を意識しているわけだから「無意識の願望」という表現は正確ではない。フロイトは狼男と父親の関係に言及するが、ここは、願望が受動態になっていることがポイントで、母親に対する嫉妬が絡んでいる、と読み取るべきである。母親の存在に圧倒されるから受動の態度を示すのである。狼男の「父親に愛されたい」という願望は、原因となる母親の観念が抑圧されているので、精神分析的には母親の観念を意識化することが求められる。さすれば、論理的には「父親に愛されたい」と願望することは弱められるはずである。

次に、精神分析者がよく口にする「無意識的罪悪感」を考えてみる。フロイトはこの無意識的罪悪感の概念を、陰性治療反応、つまり治療すればするほどかえって悪化する患者たちの心理を説明するのに用いた。感情は抑圧されないのだから、正確には「私は悪い子」空想と呼ぶべきである。「私は悪い子」空想は自傷患者の多くに見られ、普段の生活では完全主義を心掛けて意識することはない。観念のみが無意識に抑圧されているので、観念を意識に上らせない（刺激しない）日常生活環境では精神（精神装置）はほぼ正常に機能する。一方、現実生活で自己愛的な挫折を経験すると、この「私は悪い子」空想が意識化され罪悪感が発生する。この罪悪感から処罰欲求が生じて自傷行為に至るのである。

以上から抑圧されるのは観念のみで感情は観念の現出に伴って出現するのである。いずれにしてもスピノザもフロイトも無意識を想定する限りにおいて「心的決定論者」である。

3　生と死の欲動

（1）フロイトの死の欲動

フロイトの「死の欲動」は、なぜ人間は苦痛な体験を反復するのか、という問いから生まれた概念である。外傷性神経症（今日の「心的外傷後ストレス障害」）に苦しむ患者はなぜ過去の不快な出来事をフラッシュバックや悪夢として繰り返し体験するのだろうか、とフロイトは疑問を持った。そして、その答えをフロイトは孫の糸巻き遊びに求めた。

フロイトは一歳半になる孫が、糸巻きを放っては「いない fort」と叫び、手繰り寄せては「いた Da」、と遊んでいるのを観察して、それは母親の「消滅」と「再現」とを表す「遊び」だと考えた。この時、なぜ不快な第一の消滅の行為のみ倦むことなく繰り返されるのか、と疑問を抱いたフロイトは、母親不在という受身的体験を能動的に演じることで不安・抑うつを解消してるのだ、と解釈した（『快感原則の彼岸』）。

感動的な解釈だが、なぜフロイトは孫の遊びの「消滅」、つまり「苦痛」の反復、に注目し「再現」は無視するのだろうか。スピノザならきっと「再現」の反復にも注目して、反復強迫を自分の存在を維持しようとするコナトゥスと考えたに違いない。モデール Model, A.（一九九〇年）はフロイトの反復強迫を記憶の質の問題として捉え、「反復強迫は現在と過去の対象との間の知覚的一致を探す衝動である」と述べている。現在の経験は過去の経験を書き換えるのである（事後作用）。フロイトの孫の「消滅」は「再現」を求めているのである。ここでは趣向を変えて神経科学者カール・フリストン Friston, K. の自由エネルギー原理を使って論証する。二十一世紀に入ってカール・フリストンの自由エネルギー原理は神経科学と精神分析、つまり脳と心の懸け橋になってきている。自由エネルギー原理は「生物の知覚や学習、行動は自由エネルギーと呼ばれるコスト関数を最小化するように決まり、その結果生物は外界に適応できる」。フリストンによると、脳は自由エネルギーの増加を首尾よく抑制する機能を持つサブシステムとして登場する。

脳は秩序を求める、すなわち、エントロピーの減少へと向かう。この秩序を破壊する外部の刺激（記憶も含めて）は「驚愕 surprise」という形で主観的に経験され、自由エネルギーの増大として表現される。この「驚愕」を外に出す形で脳は乗り切ろうとする。フロイトが注目した「消滅」の反復は「再現」を希求するためにあるのである。つまり事後性 apres coup 現象には他者が必要なのである。その役割を担うのがウィニコットの「抱えること」でありビオンの「アルファ機能」である。人間は乳児の頃から困ったときには泣いて救いを求めていたのである。臨床的にはＰＴＳＤの患者は「怖い、怖い」と呆然自失の状態から「助けて」と人とのつながりを求めてくる行為へと変化してくる。

要約すると、ＰＴＳＤの悪夢やフラッシュバックは他者との「出会い」を求める自由エネルギー減少の一方法である。脳はエントロピー増大に抗って記憶を表に出して（意識に上らせて）、フロイトの孫は遊びの中に再現して、他者を介して秩序あるものとして復元しようとするのである。スピノザは人間ほど有益なものはないという。以上より、反復強迫は「破壊の欲動」ではなく負のエントロピーを追求する「生の欲動」、つまりコナトゥスの発現なのである。

（2）スピノザの考え

スピノザは「物は一が他を滅ぼしうる限りにおいて相反する本性を有する。言い換えれば、そうした物は同じ主体の中に在ることができない」（第三部定理五）と「死の欲動」を否定する。ところが人間は自殺する。その理由をスピノザは「死」は常に外部からやってくると考える。

あえて言うが、何びとも自己の本性の必然性によって食を拒否したりするものでなく、そうするのは外部の原因に強制されてするのである。……隠れた外部の原因が彼の表象力を狂わせ彼の身体を変化させてその身体が前とは反対な別種の本性を――それについて精神の中に何の観念も存しないような（第三部定理一〇により）そうした本性を――帯びるようにさせることによって自殺する（第四部定理二〇備考）。

外部の原因とは経済・生活問題、健康問題、家庭や学校や職場におけるストレス問題などである。後半の「隠れた原因」とは、快楽を求めてアルコールや薬物に手を出していると、身体は刺激を受け、「身体の存在を否定する」観念が形成されて自殺する者も現れる。また、幼少期のマルトリートメントによって「私は悪い子」空想が形成されて自殺を選ぶ者もいる。摂食障害者は太っている身体を消滅させるために、統合失調症では「死ね」と命ずる幻聴によって命を落とす者もいる。

さて、フロイトは反復強迫の「苦痛」の側面に注目して「死の欲動」を精神分析に導入した。それに対して「救済」の反復強迫に注目するのが私の仮説だった。しかし私の仮説はとんでもない事態を招く。それが臨床的に良いのか悪いのかはともかく、「救済」という反復のみを強調すると現実を否認した幻想 illusion の世界を創り出すのである。救済を求める患者の願いを叶えようとする治療者の私は治療が進むと患者の病理性が見えなくなって、統合失調症も神経症になり、自傷行為でぼろぼろの皮膚はきれいな肌になり、予備校に通っていると言う患者の嘘の報告に私は騙されるのである。若い頃、アルコール依存症の改善率は六割だった。しかし私が転勤で彼らのもとを離れると彼らの一部はすっかり元に戻った。どうやら私とある種の患者はペアになって幻想の世界を作り上げる傾向がある。その臨床例を私は第9章で提示する。

スピノザは反復強迫をどう見ていたのだろうか、その例を示そう。スピノザの症例は「人間を非難し、徳を教えるよりは欠点をとがめ、人間の心を強固にするよりはこれを打ち砕くことしか知らない」父親をもつ青年である。

> 親の叱責を平気で堪えることができない少年もしくは青年が家を捨てて軍隊に走り、家庭の安楽と父の訓戒との代わりに戦争の労苦と暴君の命令とを選び、ただ親に復讐しようとするためにありとあらゆる負担を身に引き受ける（第四部付録第一三項）。

というのがスピノザの解釈である。幼少期から虐待を受けてきた人は、親に歯向かうことができないので、家を出ても、軍隊という過酷で理不尽な上官のもとに身を置いて、復讐心を無意識のうちに自らに向けるのだという。軍隊を選択したことが「苦痛」の反復強迫だとスピノザは考えている。この時点ではスピノザもフロイトも同じである。

しかし、「復讐心とは、我々に対して、憎しみの感情から害悪を加えた人に対して、同じ憎しみ返しの心から、害悪を加えるように我々を駆る欲望である」（第三部諸感情の定義三七）。青年の場合、タイラントな父親が原因になって生まれた「復讐心」は外部に放出されることはない。青年は親に復讐するでもなく上官に反抗するでもない。なぜ？　フロイトなら即座に「処罰欲求」と解釈するところだが、私は被虐待児が復讐心を持つかどうかは攻撃者への同一化（感情の模倣）によって決まると考える。

スピノザの青年を今日の自傷患者に置き換えてみよう。男性の自傷者は医療機関を受診することは稀だが、女性の自傷患者は進んで私たちのもとを訪れる。自傷患者は「救済」を求めることに対してアンビバレントであるが、そのうちに自傷を何度も繰り返し、治療者（私）に叱責（「苦痛」）を求めてくる。このように叱責を求めるのが自傷患者の特徴で、それを私は「一人二役」の劇化と呼んでいる。自傷患者は「叱る」対象に同一化し、かつ、叱られる対象でもある。「叱る－叱られる」関係を心の中に取り入れ、それは無意識のテンプレートとなる。現実の自己愛的挫折に直面するとこの「一人二役」が表に出て自傷行為に及ぶのである。ところが、治療が進展すると「一人二役」が治療関係に転移され、その瞬間に、実際には「叱られない」という経験をすることによって「一人二役」が消滅し治療は成功するのである。要するにスピノザの青年も新たな出会いを求めているのである。そうでないと救われない。青年が軍隊に身を置いた理由は、自傷患者同様、上官に「許されること」を求めているとは言えないだろうか。

（3）分子生物学から見た「死の欲動」

フロイトの死の欲動はエントロピー増大の法則がモデルになっている。ここで、遠回りになるが、現代の分子生物学はこの「死の欲動」論をどのように考えているのか見てみたい。

量子力学者エルヴィン・シュレディンガー Schrödinger, E. の名著『生命とは何か』（一九四四年）には「生物体は負エントロピーを食べて生きている」という名言がある。シュレディンガーは、生命とはエントロピー増大の法則に抗う力である、と大胆に自説を語るも、その力、エントロピーを外に捨てる仕組みについては後の分子生物学者に託した。福岡（二〇一七年）は、「すべての物理現象に押し寄せるエントロピー（乱雑さ）増大の法則に抗って、秩序を維持しうることが生命の特質である」と述べて、この生命活動の絶え間のない合成と分解あるいは酸化と還元という逆の作用の繰り返しを「動的平衡」と呼ぶ。それは細胞膜を介して行われる。

そして福岡は、エントロピーを外に捨てる仕組みについて「先回り」というキーワードを導入する。細胞内の酸化、変性・凝集、老廃物の蓄積というエントロピーの増大に対して、「先回り」して分解を行っているという。生命活動はエントロピー増大に抗うと同時にエントロピーを増大させる、と同時に、先回りして逆の作用を繰り返しているのである。そして、「作る（酸化）と同時に壊す（還元）」という「あいだ」に時間が流れているという。このエントロピー増大と生命活動の真逆の作用は対立概念ではなく動的平衡論として捉えるべきである。

結論的に、エントロピー増大の法則を精神分析概念の「死の欲動」として採用することは論理の飛躍があると言わざるを得ない。故に、生物に死の欲動と生の欲動の二元論を想定することは誤っている。「人がなぜ死ぬのか」というフロイトの問いは「死の欲動」の表れではなくて、多細胞生物が環境の変化に生き残るために、オスとメスをつくり、遺伝子をシャッフルして、環境の急変に対応できるよう、子孫を残す遺伝子の設計図なのである。このことを、フロイトに倣って「鮭の喩え」で説明しよう。鮭は川を下り、餌の豊富な海でエネルギーを蓄えるために三〜五年間過ごし、故郷の川に戻り（孵化には川の方が安全）、産卵・受精して生命活動を突然終える。それはエントロピーに抗う力がなくなったのではなく、子孫に自らの身体の栄養分を与えるために（川は栄養分が少ない）、自らの生命に終わりを告げるのである。誰が？　遺伝子が！　スピノザは「神即自然」という。

第2章で取り上げたハイポニカ論の野澤は著書『生命の発見』（一九九二年）の中で次のように述べている。

> 生が死の対極にあるのではなく、生が生物生命の本質的な現象としてあって、死はその法則性の系に含まれる概念なのです。プラスとマイナスが対になって相殺されるという話ではありません。つまり（地球自然の限定された）エントロピー増大の法則が、じつは（何もないとされる宇宙空間の中にエネルギーや物を生み出す力を説明する）エントロピー減少の法則に含まれるということでもあります。（傍点は原著による）

さらに、「エントロピー増大はエントロピー減少法則の結果として派生する現象に過ぎない」と主張する。言い換えると、私たちが呼吸をする、食事をする、身体を動かす、生きること自体がエントロピーを増大させるのであって生と死が対立しているのではないというのである。

（4）ウィニコットの考え

ウィニコットは生まれつきの羨望やサディズムや憎しみは支持できない、それらは、外的環境との関係において幼児の中で発達する情緒的な成長の兆候である、と否定した。それらは「自分」と「自分でないもの」を区別できる全体的人間として成長するまで待たないといけない。それ以前の幼児の攻撃性は「無慈悲」であると考えた。メラニー・クライン Klein, M. の晩年の仕事をウィニコット（一九六二年）は「心理機制があらわれる時期を、どんどん遡っていく性癖によって損なわれた」と批判した。つまり、「憎しみは達成する能力である」と強調したのである（エイブラムら、二〇一八年）。ウィニコットは分子生物学の考え方と同様、エントロピー増大の法則に抗う力を生命の本質と考えて、人生最早期の攻撃性を活動性や運動性と同義語だと定義している。そして、この本能的な攻撃性は、食欲の一部であり、生の本能の原動力だという（エイブラムら、二〇一八年）。

ウィニコットのクライン死去後の「クラインの貢献に関する私的見解」（一九六二年）を読むと、ウィニコットがクラインと相いれない最大のものが「死の欲動」をめぐる問題であることがわかる。一九二三年、小児科医のウィニコットは「誰かの助力の必要性を感じて」、アーネスト・ジョーンズ Jones, E. を訪ねて、ジェームズ・ストレイチー Strachey, J. を紹介されて訓練分析を受ける（詳しくは『ウィニコットの世界』［妙木編］に譲る）。当時、子どもの夜泣きの研究をしていたウィニコットはストレイチーからクラインに相談するように勧められ、彼女のスーパービジョンを受ける。クラインとの出会いは「豊饒な精神分析の世界が開かれ」、「わたくしの症例に含まれた材料は理論の正しさを繰り返し確かめつづけた」とウィニコットは綴っている。

クラインは英国精神分析協会の飛躍的な成長と発展の起爆剤となったが、クラインの「死の欲動」論は一九四一年から一九四五年にかけて起きた英国精神分析協会における「大論争」に発展した原因の一つである。ウィニコットは「わたくしの見解は彼女のそれと分かれ始めた」という。クラインの貢献を認めつつも、ウィニコットは幼児の破壊性について「遺伝と羨望」という面で袂を分かれたのである。

ウィニコットはクラインの妄想・分裂ポジションと死の欲動論に異を唱え、人間の持つ「攻撃性」という負の部分にも一貫して興味・関心を持ち続けた。精神分析の学徒にとって死の欲動論は避けては通れない問題である。

(5) 臨床に戻って

これまでフロイトの死の欲動論は認めがたいと議論してきたが、臨床の場に戻ると、死の欲動の発現と考えられている陰性治療反応をどう考えるのか、と批判する人もいるだろう。松木(二〇二一年)の解説を引用すると、「(フロイトの)陰性治療反応にまったく新たな動因を持ち出したのは、メラニー・クラインでした。それが死の本能の発現であるとする考えはフロイトと同様ですが、羨望こそが死の本能に起因する破壊欲動の最も原初的な表出形であり、その精神分析関係での現れが陰性治療反応を引き起こす」のである。確かに私の臨床でも経験することなので、重大事項として第4部で論じよう。

Ⅱ　おわりに

スピノザとフロイトの類似性はつとに指摘されている。二人とも「無信仰の同志」であり、徹底して自然主義的決定論に従っている（ヨベル、一九八九年）。本章では、リビドーとコナトゥス、無意識、と死の欲動に関するスピノザとフロイトの類似性と差異について述べてきた。二人のもっとも見逃してはならない差異はフロイトの「死の欲動」にある。フロイトが解明した（無意識的）罪悪感をスピノザは認め自殺の原因になると考える。しかしそれは外部の原因による観念の抑圧であって、「死の欲動」の表れではない。

さいごに、私はフロイトの「生の欲動」と「死の欲動」の二元論に反対の異を唱えた。フロイトの反復強迫は「破壊の欲動」ではなく負のエントロピーを追求する「生の欲動」だと論じた。それを理論づけるのに分子生物学者の福岡伸一、ハイポニカ論の野澤重雄、神経科学者のフリストンの自由エネルギー原理を参考にフロイトの「生の欲動」と「死の欲動」の二元論は認められないと結論付けた。

第2部　『エチカ』を通して精神分析を再考する

第4章　フロイトからハイマンとリトルの転移・逆転移

人間身体および人間身体を刺激されるのを常とするいくつかの外部の物体に共通で特有であるもの、そして等しくこれら各物体の部分の中にも全体の中にも在るもの、そうしたものの観念もまた精神の中において妥当であるであろう（第二部定理三九）。

この帰結として、身体が他の物体と共通のものをより多く有するに従ってその精神は多くのものを妥当に知覚する能力をそれだけ多く有することになる（同系）。

イマギナチオも理性（共通概念）も二球の衝突の法則によって生成される身体の変状の観念である。ところが、イマギナチオが偶然の衝突によるものであるのに対して理性（共通概念）は自他に共通なものに刺激されるところに大きな違いがある。イマギナチオが主観的な認識で虚偽の源泉であるのに対して理性は客観的な認識で妥当である。精神は如何にして共通なものを見出すのか？　スピノザは言う。

私ははっきり言う――精神は物を自然の共通の秩序に従って知覚する場合には、言いかえれば外部から決定されて、すなわち物との偶然的接触に基づいて、このものあるいはかのものを観想する場合には、常に自分自身についても自分の身体についても外部の物体についても妥当な認識を有せず、単に混乱し〈毀損し〉た認識を有するのみである。これに反して内部から決定されて、すなわち多くの物を同時に観想することによって、物の一致点・相違点・反対点を認識する場合にはそうではない。なぜなら精神がこのあるいはかの仕方で内部から決定される場合には、精神は常に物を明瞭判然と観想するからである（第二部定理二九備考）。

私たちは逆転移から「多くの物を観想する」ことによって患者を真に理解することが可能だと言っている。イマギナチオは受動的で主観的な認識であるのに対して理性は能動的で客観的な認識である。第4章は転移・逆転移がテーマである。しかし私は転移には触れないで主に逆転移について述べようと思う。なぜなら、患者と分析者は互いに刺激し合って治療を進めていくので、治療者側の逆転移を語ることで患者側の転移を知ることもできるからである。むしろ転移・逆転移とコンマでつないで、転移と逆転移の二つが一つの物語として創造していく方が精神分析にふさわしい思ったからである。

I　はじめに

スピノザの感情の発生は「二球の衝突の法則」に従う。人間身体は絶えず外部の物体から刺激や影響を受けながら存在している。人間身体が外部の物体と衝突すると、人間身体に変状の痕跡を残す。この身体の変状の観念が精神である。この時、精神は外部の物体と人間身体の本性をともにもつ（第二部定理一六）。そのとき、「我々が外部の物体について有する観念は外部の物体の本性よりも我々の身体の状態をより多く示すことになる」（第二部定理一六系二）ので、セラピストの患者理解はセラピスト自身の本性のバイアスがかかる。同様のことをフロイトも「患者の影響によってセラピストに（無意識的な感受性の上に）起きた感情は、医者自身の人格に関係するもの」だと述べて、それを克服するように訓練分析を受けることを義務付けた。

フロイトは分析者の倫理を問う。それは、当時、フェレンツィ問題が起きていたからである。フロイトは、精神分析を学ぶ者に訓練分析を徹底するように要求するも、逆転移を起こさないようにとは言っていない。それを克服するように要求している。逆転移を克服するとはどういうことなのか。そのためには転移と逆転移が起きるからくりを知らなければならない。

Ⅱ　転移・逆転移について

スピノザは喜び、悲しみ、欲望の三つの基本的感情から種々の感情が派生すると考えた。しかし、「人間身体はその活動能力を増大しあるいは減少するような多くの仕方で刺激されることができるし、またその活動能力を増大もしくは減少もしないような仕方で刺激されることもできる」（第三部要請一）ので、身体活動の増減が生じない、つまり喜びを含まない愛（喜びから派生しない愛）や悲しみを伴わない憎しみ（悲しみから派生しない憎しみ）が生成されても不思議ではない。このような愛や憎しみを江川（二〇一九年）は「記憶と習慣の秩序からなる巨大回路のなかで生起した単なる情緒だ」という。

さらに「感情を伴わぬ観念は存するが観念を伴わぬ感情はない」（第二部公理三）ので私たちは患者の自由連想を聞きながら患者の連想に身を委ねることができる。日常生活では、テレビやインターネットによって全世界で起きている戦争や悲惨なニュースをリアルタイムで見聞きし、「困ったものだ」とつぶやきながらも夕食を美味しく頂いているように。ところが、そのような世界に侵入してくるのが感情である。

転移・逆転移は刺激を与える患者（セラピスト）の本性と刺激を受けるセラピスト（患者）の本性がともに関与する。転移は分析者のイマギナチオに患者の本性が分析者のそれより多く含まれ、逆転移は分析者の本性が患者のそれより多く含まれること、と定義されよう。

フロイトは「ドラの症例」（一九〇五年）で転移を発見した。ドラの突然の治療中断を「患者が過去の重要な人物に対する感情を分析家に転移していたのに、そのことを気づかなかったためだ」と考え、「ドラは記憶や空想のもっとも本質的な部分を治療のなかで再現するかわりに実際に演じたのである」と解釈した。スピノザ風に言い換えるなら、ドラは自由連想によって刺激された身体の変状（記憶も含めて）を言葉にしてフロイトに伝えるのではなく、（無意識的に）行動に移した、と言えよう。スピノザの心身並行論である。フロイトは転移を見逃したと反省するが、フロイト以後の分析家は逆転移に気を配ることで転移を理解しようとした。まずフロイトの逆転移の克服を復習し、それからハイマンとリトルの貢献について述べよう。

1　フロイトの転移・逆転移

フロイトは、『精神分析療法の今後の可能性』（一九一〇年）のなかで逆転移を患者の影響によって医師の無意識的な感受性の上に生ずる心的な現象と定義し、逆転移を克服すべき治療上の抵抗として発表した。

> 技法上のもう一つの革新は、医者自身の人格に関係するものであります。われわれは患者の影響によって、医者の無意識的な感受性の上に生ずるいわゆる『逆転移』の存在に注目していますが、医者は自己自身の内部にあるこの逆転移に注意してこれを克服しなければならないという要求を掲げたいと思っています。……われわれはいかなる精神分析医もただ彼自身のコンプ

レックスや内的抵抗が許容する範囲でのみ分析の仕事を進め得ることに気づいたのであります。精神分析医は、その分析活動を必ず自己分析から始め、患者について様々の経験を積む一方では、絶えず自己分析を深めてゆくようにしていただきたいのであります。そういう風な自己分析を行っても少しも成果の上がらないような人は、自分には患者を分析的に処置する能力がないのだとあっさり諦めるほかはないでありましょう。

フロイトの「われわれはいかなる精神分析医もただ彼自身のコンプレックスや内的抵抗が許容する範囲でのみ分析の仕事を進め得る」ということ、そして「(さらなる)自己分析を深める」努力を推奨する見解に疑義を挟む人はいないだろう。これは妥当な考えである。しかし、前半の「医者は自己自身の内部にあるこの逆転移に注意してこれを克服しなければならない」というフロイトの要求を遂行することは果たして可能なのだろうか。フロイトは、逆転移の発生を放置しておくと、後に治療を壊してしまう危険があり、そうならないように治療抵抗として警鐘を鳴らしたのであるが。

(1) フロイトの逆転移の克服

逆転移は分析作業にとって障害物である。それゆえにフロイトは逆転移を克服するよう分析者に求める。フロイトは『分析医に対する分析治療上の注意』(一九一二年)の中で

分析医は、患者の提供する無意識に対して、自分自身の無意識を受容器官としてさし向け、話

者に対する電話の受話器のような役割を果たさなければならないのである。受話器が音波によって、電線上に生じた電流の振動を、ふたたび音波に変化させるように、分析医の無意識は自分に報告された患者の無意識の派生物から、患者が思い浮かべた事柄を決定している無意識そのものを再構成するのである。しかし、分析に当たって分析医は、自分の無意識をこんな風に重要な道具として役立てる能力を持たねばならないとすると、彼自身も一定の心理的条件を広い範囲にわたって満たすものでなければならない……医者はだいたいにおいて自分は正常な人間だと言い切るだけでは十分ではない、むしろ医者は、自分自分も精神分析的な純化を受けていて、被分析者によって提供されたものを把握するのに妨げとなるような、自己自身のコンプレックスについて十分な知識を持っていることが要求される。……（それは）彼の分析的な知覚における『盲点』に相当するわけである。

と述べている。私には以下のような疑問が湧く。それを各々解決したのちに、フロイトの「逆転移の克服」が可能かどうか答えを出そう。

疑問-i：分析者の無意識は患者の連想から患者の無意識を再構成する

フロイトの「受話器の喩え」は精神分析を学ぶ者には広く知られている。しかしよくよく考えると、摩訶不思議な話である。「我々が外部の物体について有する観念は外部の物体の本性よりも我々の身体の状態をより多く示す」（第二部定理十六系二）ので、分析者の無意識が患者の無意識を正しく再構成することはできない。再構成は理性の働きを経てからである。つまりこういうことである。患者の連想から分析者の精神にイマギナチオが形成されるが、先に説明したようにそれは妥当な認識ではない。この時点では「患者が思い浮かべた事柄を決定している無意識」を正しく理解することは困難である。それゆえに、症例検討会では「頭数だけの意見」（第一部付録）が飛び交い、いったいどれが真実なのかは分析作業を待たないと分からないのである。つまり、患者の無意識を再構成するのは精神分析作業を待たなければならない。

スピノザの視点からフロイトの言わんとすることを言い換えよう。分析医の身体は自分に報告された患者の無意識の派生物（自由連想の内容や口調）から刺激を受け、その身体の変状は分析医に意識化されイマギナチオとなる。そのイマギナチオから患者が思い浮かべた事柄を決定している無意識そのものを理性の作業によって再構成するのである（この作業過程がのちに述べるハイマンの仕事につながる）。

スピノザが虚偽の源泉であるイマギナチオより理性や直観を求めた気持ちがよく分かる。ところで、スピノザの第三種の認識である直観は一瞬の内に患者の無意識を無意識のうちに再構成するので、分析者の無意識が患者の無意識を再構成することは可能である。直観の問題は第2章に譲るが、患者の無意識内容は分析者の推論の過程でキャッチ（捕獲）されるのであって、直観知を除けば、フロイトの「分析者の無意識が患者の無意識を再構成する」のではないのである。

疑問ⅱ：より正しく理解するには自身のコンプレックスを知り尽くすこと

フロイトも「頭数だけの意見」に終わる危険性は重々承知していたので、自己自身のコンプレックスについて十分な知識を持つことを要求したのであろう。外部の物体によって刺激されるのは分析者だけではない、患者も分析者から同様に刺激される。当時の精神分析では、分析者によって影響を受けた患者の心的世界は現実の歪曲である、つまり転移、と考えられ、客観的な立場に立つ分析者の解釈によってそれは正されると理解されてきた。しかしこのことは、分析者の患者理解は分析者の本性をより多く含むので、分析者のイマギナチオは虚偽の源泉になる。それが客観的真理として成立するには、理性による気の遠くなるような治療作業を要するのである。加えて、分析者自身のコンプレックスを知り尽くすことも求められる。

話は脱線するが、セラピスト自身のコンプレックスを知り尽くすためには訓練分析だけでは不十分である。実践と訓練では立場が逆転するので、患者の立場に立たされる訓練生は憐れみの分析の機会が少なくなるからである。この訓練生の憐みの分析にはスーパービジョンや長きにわたる症例検討会が求められる。私は第9章で私個人の憐れみの分析について論じようと思う。

本題に戻って、分析者は自身のコンプレックスを知り尽くすようにフロイトは要請する。ウィニコットは精神分析治療の現実性の水準を重視する。「逆転移」（ウィニコット、一九六〇年）の中で逆転移を「職業的態度を維持するのに苦労するもの」と定義する。自己分析の必要があるけれども、それは彼を神経症から守るためではなく、職業人としての性格の安定性や人格の成熟度を増大させるためであると主張する。患者が会うのはセラピストの職業的態度であるから、この職業的態度は、セラピストと患者の距離が想定されている。自らの心を用いてなす作業が含まれるので、よって、逆転移とは職業的態度を損じ、患者の作り出す分析過程を阻害する神経症的特性である、というのがウィニコットの考えである。分析者の職業的態度を完全に変えさせる二つの型の患者は反社会的性向をもった患者と退行を必要とする患者だという。退行を必要とする患者については長時間セッションの症例を第9章で述べよう。

（2）フロイトとフェレンツィの弁証法

患者に刺激され、それに応じてセラピストに受動感情が生起し、その感情に治療過程が阻まれる、と意識されたとき、セラピストは受動感情にどのように対応していくのか。フロイトの転移性恋愛に関するシャーンドル・フェレンツィ Ferenczi, S. に対する「戒め」から論じよう。

フロイトはフェレンツィの患者と親密になることによって治療効果を上げようとする感情的な技法affective technique、つまりフェレンツィの情緒的な共感を求める治療態度を批判して、情緒的引きこもり emotional withdrawal を強調した。一方、フェレンツィは患者に欠けていたのは、自己の情緒に対して共感を与えてくれる人物の存在の欠如であって、セラピストはそのような共感的な役割を果たす存在になってあげることが治療上のもっとも基本的な課題だと考えた。フェレンツィから言わせると、分析者の鏡のような治療態度はセラピストの逆転移に対する防衛だと考えられたのである。

二人の言い分はどちらも正しいように聞こえるが互いに相容れない。フロイト的治療態度では治療を去る患者が多く、フェレンツィ的治療態度では患者の退行を増強する。フロイトは境界侵犯のフェレンツィを戒めたのであるが、どちらの治療態度をとるにしても、精神分析の実践もセラピストが一線を越えてしまう危険性が潜んでいる。フロイト的治療態度では間違いは起きないとか、フェレンツィ的治療態度だから起きる、という問題ではないような気がする。ギャバード Gabbard, G. O. とレスター Lester, E. P. 共著の『精神分析における境界侵犯――臨床家が守るべき一線』(一九九五年)によると「分析者と患者の性的関与も他のあらゆる症状行為と同じように、複数の要因によって支配されている」という。しかも、性的境界侵犯の被害者数は想像以上に多い。川谷医院を受診した患者の中には、思い出すだけでも、性的境界侵犯の被害者は七人いる。女性患者の相手は、精神科医四名、内科医二名、福祉関係者一名。彼らの中で法的に訴えたのは一人だけだった。七人とは別に娘が主治医から性的誘惑を受けていると父親から相談を受けたこともあった。

フロイトが批判したフェレンツィ的治療態度の危うさはどこにあるのだろうか。フェレンツィの『大人と子どもの間の言葉の混乱――やさしさの言葉と情熱の言葉』(一九三三年)を読んでみる。フェレンツィによると近親姦への誘惑は典型的に以下のように行われるという。

大人と子どもがたがいを愛します。子どもは、おふざけに大人の母親役をしてみたいと考えます。このおふざけは性愛的な表現をとるかもしれませんが、依然としてやさしさの水準にとどまっています。しかし病理的素質のある大人の方はそうではありません。何らかの不運によって、あるいは興奮性の薬物によって平衡と自己統制を障害されているときには特にそうです。子どものおふざけを性的に成熟した人の願望と取り違え、結果もかえりみず我を忘れて性行為に走ってしまいます。

転移性恋愛の性質を、ここまで分かっていて、フェレンツィはなぜ一線を越えたのだろうか。彼は「病理的素質」のせいだという。好色家、それとも、サイコパス？　いずれも分析者としての資格はない。考えられるのは、患者への「愛」ゆえに、あるいは、「情け」によるものなのか。愛について『エチカ』には次のように書かれている。

我々が日々捉われる諸感情は、もっぱら身体の何らかの部分がその他の部分以上に刺激されるのに関係するのであり、したがってそうした感情は一般に過度になり、精神をただ一つの対象の考察に引きとどめて精神が他のことについて思惟しえないようにするのである（第四部定理四四備考）。

なるほど、頭ではわかっているけど心がついていかない、のは過度の愛が良心（超自我）の声を届かなくするからなのである。アルコールも体の一部を他の部位よりも強く刺激するので止められなくなるというのだ。恋は盲目というように愛することは私たちを愚かにする。

それとも、フェレンツィ的治療態度の根底に存在する共感（憐憫）が失敗の最たる原因かもしれない。スピノザは「情け」は過ちを繰り返すと警告している。同様のことを坂本龍馬は「厚情必ずしも人情に非ず、薄情の道忘るる勿れ」と説いた。善かれと思ってやる行為に思いが深すぎると、迷惑千万な行為になる。逆に、心で泣いて突き放すと、冷たいようだが、人は他人を頼らずに自分を生きるものなのである。

性的トラウマは遊び水準の子どもに大人の現実を間違って突きつけるから起こる。フェレンツィは子どもの遊びには気づいていたのに情が深いばかりに自身の分析治療では遊びではなくなったのである。フロイトが薄情を勧めるのは厚情には思わぬ落とし穴があるからなのである。しかし薄情だけでは患者が困る。結論的にフロイトとフェレンツィの弁証法的解決は上記の龍馬の言葉になるのである。厚情か薄情かと割り切ろうとせずに矛盾を抱えることを龍馬は説いたのである。

(3) 逆転移の克服に向けて

スピノザは悲しみの感情が生起したときに、それに打ち克つことができるのは、より強い喜びの感情だけである、という。喜び⇕悲しみ、愛⇕憎しみ、好感⇕反感、希望⇕恐怖、安堵⇕絶望、歓喜⇕落胆、献身⇕敵意、好意⇕憤慨、買いかぶり⇕見くびり、同情⇕妬み、などがそれぞれ対応する感情である。

一方、欲望には反対感情がないので、除去するのが難しい（その例としてスピノザは名誉欲、貪欲、美味欲、飲酒欲、情欲を挙げている）。フロイトとフェレンツィの対立の根っこにはこの欲望がある。分析者に触発された患者は、自身の本性をより多く含むイマギナチオ（転移感情）に支配され、今度は、退行した患者に分析者が触発される。受動の欲望に従ってフェレンツィは感情的な技法を思いついた。患者を救い出すのは愛だと欲望するフェレンツィ。対してフロイトは、フェレンツィの行為は危険極まるものなので、それを戒め、情緒的に引きこもろうとする。しかし引きこもりが受動感情に導かれたものであれば、フェレンツィが批判するように逆転移に対する防衛なのである。ここは理性に導かれた能動的な欲望が決め手になる。

受動的な欲望から能動的な欲望への変換は可能なのか。それは、イマギナチオする分析者に真なる患者理解が可能なのだろうか、という問いにもなる。スピノザは可能だという（第2章「II イマギナチオから真の思想への移行」を参照）。精神は身体の観念であり、したがってその中には何らかの明瞭判然たる概念が含まれているという。その治療的プロセスを妨害するのが**悪しき感情**（第2章を参照）である。一方、「理性から生ずる欲望は過度になる事ができない」（第四部定理六一）ので、「精神はより多くの物を第二種および第三種の認識において認識するに従ってそれだけ悪しき感情から働きを受けることが少ない」（第五部定理三八）と述べて、スピノザは「理性」や「直観」に従うことを勧める。

故に、逆転移の克服とは理性に導かれた欲望がカギを握るのである。それを説いた分析者の代表がハイマンとリトルの二人である。

2　ハイマンの転移・逆転移

患者の話を聞いている分析者のイマギナチオが逆転移だと気づいたら、能動的な欲望に乗って次の一歩へと踏み出せる。その例証をハイマンの『逆転移について』（一九五〇年）を題材に行うことにする。ハイマンは逆転移を分析者が患者に対して経験するすべての感情に及んで使っていることは押さえておかねばならない。いわゆる広い意味での逆転移である。ハイマンにとって逆転移は患者の無意識を探っていく道具であって、逆転移が治療を進展させる道具になるのであれば、その時点で逆転移を克服したことになる。

ハイマンの論文の動機は、「逆転移は単なるトラブルの種でしかない」、「分析者は如何なる情緒的刺激に反応しない」と超然としている姿を理想とする研修生の発言に対して、そうではないと論証することだった。その当時は、分析者が患者の夢を見たら、直ちに治療を交代するか追加の訓練分析を受けるかをしていたのである。論題は、逆転移は分析者の作業において最も重要な道具の一つであるか否か、である。

ハイマンは逆転移感情を患者がするようには発散させず、保持すると同時に積極的に分析していく。基本仮説は「分析者の無意識が患者の無意識を理解する」ことにあるという。より正確には、分析者のイマギナチオを媒介に患者の無意識を理性によって再構成することである。その作業は分析者に起こっている感情を患者の連想や振る舞いへ照らし合わせることである。ハイマンは分析者の逆転移というものは、分析関係において不可欠な部分であるに留まらず、それは患者による創造であり、患者のパーソナリティの一部である、と考える。その際、分析者が自分の感情を患者に伝えることは勧めない、そのような正直さは告白の類であり、患者には重荷になる、とハイマンは主張する。

ハイマン（一九五〇年）の呈示した治療過程

症例は同僚から引き継いだ結婚生活が破綻した四十代の男性。症状は行動優位で特に性的乱脈が目立った。

3週目の分析セッション

ほんの少し前に知り合った女性と結婚するつもりだという患者の発言に分析者ハイマンは自分が不安や心配で反応したことに気づき、いくらか困惑する。分析者に生じた不安の中に通常の行動化を越えた何かが含まれているとハイマンは感じた。というのは、これまでの臨床経験からこの程度の発言に自身が感情的に揺さぶられることはなくなっていたからである。患者の連想に刺激されて分析者のこころの中に生じた不安や心配をハイマンは逆転移と考えている。果たして、そうだろうか？ 彼女は自身の不安の中に患者の本性をより多く感じたというのだから、分析者のイマギナチオの中には患者の本性が分析者のそれより多く含まれている、と言っているのである。ハイマンに生じた不安は転移に対する感情反応と考える方が正確である。それを逆転移とする場合、ハイマンの本性がより多く含まれていなければならない。

ハイマンは分析者自身に生ずる反応すべてを逆転移と考えて広く捉えているので、その文脈で話を進めていく。ハイマンは自身のイマギナチオに通常のものとは違う何かをキャッチした。理性が働いたのである。ハイマンは、その印象を保持しながら、患者の連想に耳を傾けていると、患者はその女性をめぐる連想で彼女を「苦難の旅」と描写した。その後に「苦難の旅」をしてきたからこそ彼は彼女に惹きつけられたということが分かった。次いで彼は夢を語った。

夢：外国産の、傷のひどい、とても良い中古車を手に入れた。修理したかったが、夢の中のもう一人が、慎重であれという理性的な考えから反対した。

ハイマンはその夢の中古車は分析者のことだと気づいた。もう一人の人物は、安全と幸福を目指す患者の自我の部分と防禦してくれる対象としての分析であると理解した。この夢は、分析者が傷ついているのを患者が願っていることを示している。それゆえに、分析者の無意識が応答してくれたのである、とハイマンは考えた。すなわち、

分析者の逆転移というものは、分析関係において不可欠な部分であるに留まらず、それは患者による創造であり、患者のパーソナリティの一部である。

というのである。

スピノザ的に言い換えると、分析者の不安・心配は患者Aと分析者Bの本性（A1とB1）から成り立つ。患者は中古車（二人目の女性分析者）を修理するのにアンビバレントである。苦難の旅を続ける女性（傷ついた分析者）に惹かれる患者とは加虐的な患者の欲望A1のことである。A1に触発されて分析者B1はイマギナチオした（不安になった）と分析者は理解した。

疑問iii：分析者の逆転移は患者の創造たりえるか？

分析者の逆転移は、「我々が外部の物体について有する観念は外部の物体の本性よりも我々の身体の状態をより多く示すことになる」ので、虚偽を含むイマギナチオである。しかし臨床経験を積むことでそのイマギナチオの中に分析者自身の本性が多く含まれていることに気づき、理性による分析作業に道を譲ることが可能であれば創造に成りえる。ハイマンの症例では二人目の分析者に触発された患者は知り合ったばかりの女性と結婚するつもりだと欲望する。その言葉に動揺する分析者のイマギナチオからハイマンは患者の欲望（サディズム）を理解したのである。それゆえに、ハイマンの転移に対する（広い意味の）逆転移は患者のパーソナリティの一部であり創造たりえるのである。厳密な意味では分析者の逆転移を誘発した患者の原因を探求する分析作業の結果、創造たり得るのである。

3　リトルの転移・逆転移

ハイマンと同じころに逆転移に関心を持った分析者がリトルである。彼女は逆転移をポジティブに考える視点を私たちに与えてくれる。本章では『原初なる一を求めて』（神田橋・溝口訳、一九九八年）に収録されている「逆転移とそれに対する患者の反応」を読んでみる。この論文をリトルが発表した頃は「驚くべきことに、逆転移に関しては、今まで、ほとんど書かれてきていません」とリトルは嘆いている。二十一世紀の私たちはハイマンやリトルから学び、もはや逆転移を治療抵抗としてのみ考える者はいない。

この論文でリトルは分析者の患者への同一化と分析者自身の逆転移感情に対するパラノイド的な、

あるいは恐怖症的な態度の二点を特に注目しているので、私もそれに倣って論を進めようと思う。

（1）患者への同一化

リトルは同一化を重視する。分析者は必然的に患者に同一化すると主張し、超自我やイドにも同一化するという。同一化とは、第1章で解説したように感情の模倣のことである。

患者の中の、健康になることへのあらゆる禁止や、病気と依存状態に留まっていたいという願望にも同一化するのです。そして、そうすることで、わたくしたちは、患者の回復を遅らせるかもしれないのです。無意識的に、わたくしたちは、患者の病気を、リビドー的なものにも、攻撃的なものにも、利用するかもしれず、そして患者は、すぐにそのことに応えようとするのです。

当時のリトルの独創性は、今日の私たちには至極当然のことであるが、分析者と患者とのあいだに重心を置いていることである。それをロバート・ラングス Langs, R. は同書のリトルとの対話で「分析状況を二人で造る一つの状況」と説明している。私の臨床経験を例に述べるなら、完全主義者の患者と交流するセラピストは完全でありたい患者の願望に同一化することが普通に起きる。すると患者の病理的な側面をセラピストは目をつむり、患者は非の打ちどころのない自分として意識され、幻想の世界を二人で造ることになる。あるいは、それとは反対に、同一化を拒み、完全主義に疑義を挟む態度に終始するセラピストも現れるだろう。そして治療がある程度長くなると、逆転移や治療抵抗という反復強迫が支配的になるのである。リトルはその例として「終わりなき」分析を挙げている。リトルが活躍した一九五〇年頃の精神分析は以下のような状況だったという。

分析者が患者に同一化するようになるのは致命的なことだとか、共感（同情とは区別されます）と客観性が分析の成功のためには不可欠だ、と言われてきました。しかし、共感の基礎は、同情の基礎がそうであるように、同一化なのです。そして、客観性が、共感と同情を区別するのです。この客観性は、少なくとも部分的には、現実検討という自我機能を用いることでももたらされますし、つまり、時間と距離という因子を導入するのです。

共感と同情の違いは、同情は「他人の幸福を喜びまた反対に他人の不幸を悲しむように人間を動かす限りにおける愛である」（第三部諸感情の定義二四）が、共感は感情の模倣による憐憫の情が基礎になっている。不幸な人を憐れむのは悲しみの感情である。喜びと悲しみの違い以外には何の相違もない。共感と同情を区別するのは客観性とリトルは述べているが、残念なことに、その説明は省かれている。ともかく、共感も同情も分析者に生成される感情に変わりはない。転移が起きている時、患者の分析者との体験は今という現在の体験になる。ここに転移という時間の隔たりが生ずる、とリトルは言う。分析状況では患者は今として体験されるが分析者は過去のことだと知っているのである。こうした時間の隔たりが導入されると患者の「今」に「過去」の時制を与えることが可能になる。今は昔のことだと理解されるのである。

分析者が、患者に同一化する中でも、そうした隔たりを維持できれば、それは、患者にさらなる一歩を可能にするのです。隔たりを再び排除するという一歩であり、隔たりを作る過程が繰り返される必要が生じた時に、次の体験へと進む一歩をです。

リトルは分析者が患者に同一化するときに、転移という一つの体験が、患者には過去が現在で、分析者にとっては現在が過去のものである、という時間と空間という隔たりのなかで逆転移を利用できるという。しかし分析者が患者に取り込まれ現在のこととして体験されると、逆転移を利用することは叶えられず治療の妨げになる。分析者が患者に同一化するということは転移・逆転移に巻き込まれるということであるが、巻き込まれないと患者の病理性も治療関係に展開することはないし、生き直しの治療も進展しないのである。

(2) 転移に対する分析者のパラノイド的、あるいは、恐怖症的態度

リトル（一九八〇年）はハイマンが到達した「逆転移は信号」から出発し「信号以上のもの」を追及したと語っている。リトルは「無意識の逆転移なくして共感も分析そのものも存在しない」という。リトルとハイマンとの違いは、リトルの症例はより重篤で精神病水準の患者たちが治療対象であることが大きい。リトルの患者たちは象徴もメタファーも演繹も推論も使えない人たちであった。リトル

の認識では転移と逆転移は分けられない（スピノザは比率という）もので、「私たちは自分の感情や思考に対してパラノイドあるいは恐怖症的な構えがある」と指摘する。

わたくしの考えでは、分析者の、自分の感情に対するパラノイド的な、あるいは恐怖症的な態度、というこの問題が、逆転移における、最も大きな危険と困難さを形作っているのです。患者との関係の中で生ずる、怒り、不安、愛情などの、あらゆる諸感情に受身になり、なすがままになってしまうのではないか、というまさに現実的な恐怖は、無意識的な回避や否認へと導くのです。そうした感情を、正直に認識することが、分析過程の本質です。

もし分析者がこの逆転移と向き合わずに誤魔化すことがあれば、患者はその分析者の態度に敏感に反応し（同一化し）、自分自身の感情を否認しようとして、その結果、分析は破壊される、とリトルは警鐘を鳴らす。無意識的な逆転移のために分析は長期化し、ときには、早すぎる終結が訪れるという。

リトル以前は逆転移を分析治療の現場で話題にすることは決してなかった。フェレンツィの「相互分析」を除いてリトルはその最初の人だった。逆転移の提示は細部にまで立ち入るのではなく、逆転移が生じている、あるいは関与している、ことを承認するだけでいいという。また、提示する際に、分析者の無意識的逆転移の説明は不可欠であるが、「告白」であってはならない、「自分自身そうした感情を分析する必要があると考えている」と伝えるだけで十分だという。リトル曰く、逆転移は、転移以上に、恐れられたり回避されなければならないものではない。実際、回避できないし、ただ、注目し、ある程度まで統制し、そして用いるものなのである、と。

妄想的かつ恐怖症的逆転移の解消法

リトルは逆転移の提示という技法を推奨したが、それを取り入れるのには熟練と勇気がいるだろう。しかし、ボーダーライン患者の治療においては、意識しようとしまいと、多かれ少なかれ、逆転移を提示していると思う。ボーダーラインの混沌とした治療状況で患者に入院を強く勧めることがある。その判断の基準がイマギナチオなのか十全に熟考されたものなのかは患者の反応も助けになる。ある患者は、自身の問題行動に対する私の解釈が、それは患者にとって理想を追い求めよという命令になり、それに従えきれない葛藤が新たに生まれ、どんどん退行した。ここで私は「水入り」を提案して、仕切り直した経験が何度かある。退院後、祖父、父親、患者の三竦みを理解したのは、リトルの指摘通りだった。

それとは別に、怒り、憎しみの強いボーダーライン患者の外来精神科治療ではパラノイド的恐怖、つまり自分も患者に暴力を振るわれるのではないか、という恐怖を体験することがある。その恐怖に打ち克たないと、主治医は受動の立場に立たされて、治療そのものが成り立たない。この危機をかつて私は、「や《殺》るならや《殺》れ」と腹を括る、ことで乗り越えていた。上記の内容を二〇〇一年の日本精神分析学会第四十七回大会のシンポジウム「攻撃性とその臨床」で発表した折に、司会者西園にフランクル Frankl, V. の「逆説志向 paradoxical intention」と教示された。

リトルは論じていないが、転移・逆転移を理解し対処（解釈）するのは、中間領域を作業の場と考えると、害が少なくて有益である。基本的にイマギナチオは妄想的である。妄想的とは現実検討が機能しない、つまり互いに客観から離れて主観の世界に隷属されている状況である。妄想していることを他者から受け入れられると、現実検討が復活して、妄想に対して疑義を持つようになる。セラピストの場合、自身の逆転移と向き合うことである。

感情を統御し抑制する上の人間の無能力を、私は隷属と呼ぶ。なぜなら、感情に支配される人間は自己の権利のもとにはなくて運命の権利のもとにあり、自らより善きものを見ながらより悪しきものに従うようにしばしば強制されるほど運命の力に左右されるからである（第四部序言）。

患者の妄想的転移とセラピストの妄想的逆転移への対応は互いのイマギナチを受け入れることである（患者の妄想に対する介入は第2章を参照）。ここにリトルのオリジナルがあるのである。

Ⅲ　おわりに

スピノザの感情の発生論「二球の衝突の法則」と「感情の模倣」を精神分析に応用して転移・逆転移を再考した。転移・逆転移は刺激を与える患者（セラピスト）の本性と刺激を受けるセラピスト（患者）の本性がともに関与する。転移は分析者のイマギナチオに患者の本性が分析者のそれより多く含まれ、逆転移は分析者の本性が患者のそれより多く含まれること、と定義される。

最初に私はフロイトの「受話器の喩え」にスピノザの「二球の衝突の法則」を基に修正を加えた。分析者の無意識は患者の無意識を再構成することはない、理性による分析作業の後に再構成されるのである。次にフロイト的治療態度とフェレンツィ的治療態度の弁証法的解決として坂本龍馬の句「厚情必ずしも人情に非ず、薄情の道忘るる勿れ」を紹介した。最後に、逆転移の克服とは理性に導かれた分析作業のことであり、その代表としてハイマンとリトルの貢献についてスピノザの観点から述べた。ハイマンは逆転移を手掛かりに理性を導き手として患者の無意識に到達する方法を、リトルは逆転移はパラノイド的もしくは恐怖症的な側面があり、逆転移の提示という技法を見出した。

第5章　スピノザの転移・逆転移

私はこの部で理性の能力について論ずるであろう。すなわち理性そのものが感情に対して何をなしうるかを示し、次に精神の自由ないし至福とは何であるかを示すであろう。これによって我々は賢者が無知者よりどれだけ有能であるかを見るであろう。しかし知性はいかなる方法、いかなる道程で完成されなければならぬか、さらにまた身体はその機能を正しく果たしうるためにはいかなる技術で養護されなければならぬかはここには関係しない。なぜなら後者は医学に属し、前者は論理学に属するからである。ゆえにここでは、今も言ったように、精神ないしは理性の能力だけについて論ずるであろう。特に、それが感情を抑制し統御するために、感情に対してどれだけ大きなまたどのような種類の権力を有するかを示すであろう。なぜなら、我々が感情に対して絶対的権力を有しないことはすでに前に証明したからである（『エチカ』第五部序言）。

感情に対して絶対的権力を持っていない私たちは感情から自由になれるのか。それを示そうとスピノザは宣言する。とても勇気づけられる。ボーダーライン患者のように自分で自分の世話をできない部分を抱えている人たちにとってスピノザは頼りがいのあるアニキあるいはアネキ、あるいは、じいや、ばあや、セラピストにとってはとても心強い師匠なのである。

I　はじめに

『エチカ』の第五部の前半は感情に対するスピノザの療法である。外部の力（患者の転移）によって生じたセラピストの逆転移の克服のためにスピノザの「感情の療法」を応用するのが本章の目的である。

もし我々が精神の動きあるいは感情を外部の原因の思想から分離して他の思想と結合するならば、外部の原因に対する愛あるいは憎しみ、ならびにそうした感情から生ずる精神の動揺は破壊されるであろう（第五部定理二）。

受動という感情は、我々がそれについて明瞭判然たる観念を形成するや否や、受動であることを止める（第五部定理三）。

定理二はフロイトの逆転移の克服に対する答えである。外部の原因の観念が除去されれば愛あるいは憎しみの形相も同時に除去され、それにしたがって感情ならびにそれから生ずる諸感情は破壊されるのである。問題は感情ではなく観念である。ボーダーライン治療では患者の感情に気を取られて観念をおろそかにしてきたと反省する。スピノザの観念は、「画盤の上の画のように無言のものではない」（第二部定理四三備考）、事物を認識する作用そのものなのである。つまり、セラピストのイマギナチオという逆転移を放置しておくと、患者を誤って認識し続けることになるのである。他の思想とは何を指しているのだろうか。それを知るには「分離して」という箇所がヒントになる。「分離」するとは思惟能力を一点に束縛し続けるような感情から離れるという意味である。つまり、受動を止めて能動になるということである。受動感情は混乱した観念なので、明瞭判然たる観念、つまり外部の原因（患者の転移）の観念を含まない観念が形成されるや否や受動であることを止める、のである。主役は理性である。我々が感情をよりよく認識することが叶えられるなら、それにしたがって感情はそれだけ多く我々の力の中に在り、また精神は感情から働きを受けることがそれだけ少なくなるのである。それをハイマンとリトルはやってのけたのである。

Ⅱ　スピノザの転移・逆転移

逆転移を治療に生かすためにはスピノザの**理性**が鍵を握る。第2章では共通概念を泥棒を用いて説明した。泥棒に共通するのは、空き巣が中心、金持ちで、腕力のない年寄りの家、の三点である。

第二部定理四四は、

事物を偶然としてでなく必然として観想することは理性の本性に属する。

系一　この帰結として、我々が物を過去ならびに未来に関して偶然として観想するのはもっぱら表象力（著者注：イマギナチオのこと）にのみ依存するということになる。

系二　物をある永遠の相のもとに知覚することは理性の本性に属する。

偶然として観想するのはイマギナチオで理性の基礎は共通概念だとスピノザは言う。患者によって刺激された身体の変状には虚偽のイマギナチオと明瞭判然たる概念を形成しうるような変状も存在するので、イマギナチオから理性への可能性が開かれている。理性の場合、身体の変状が、自他にとり共通なものによって刺激される点がイマギナチオと異なる。イマギナチオが主観的な認識である一方、理性は客観的認識になる。それは「多くの物を同時に観想する」（第二部定理二九）ことによって得られるという。たとえば、セラピストが患者に苛立ちを抱いたとする。患者は終了間際に限って内容のあると思われる話をし出すからである。セラピストは時間通りに面接を切り上げたい性格だった。苛立ちはセラピストの本性と患者の本性の両方が含まれている。一つは、なぜ患者はそのような行為を選択するのか。終了間際以前の内容は意味がないのだろうか。二つは、セラピストの時間にうるさい性格を患者は知っているのか。三つは、患者はいつの頃からそのような行為をするようになったのか。四つは、そうだとすると患者に何かが起きているに違いない（転移）。五つ、それはセラピストの何に刺激されたのだろうか、とセラピストの分析は延々と続く。その患者との対話の中で答えは出てくる。

しかし、明瞭判然たる観念だと誰が判断するのか。スピノザはセラピスト主体にはないという。「光が光自身と闇とを顕わすように、真理は真理自身と虚偽との規範である」（第二部定理四三備考）と真理を持ち出す。

まとめると、逆転移を克服するのは**理性（共通概念）**である。すべての物に共通であり、そして等しく部分の中にも全体の中にも在るものは、妥当にしか考えられることができない。身体は外部の対象と衝突し身体は変状する。その身体の変状が意識されると主体が形成され、主体は対象をイマギナチオする。その認識が真であるかどうかを判定するその基準は認識そのものの外にある。一方、共通概念は十全な観念でここには主体は関与しない。

1　欲望としての逆転移

逆転移克服の問題に立ちはだかるのが欲望である。「おのおのの物は偶然によって喜び・悲しみあるいは欲望の原因となりうる」（第三部定理十五）。たとえば、愛と憎しみからそれぞれ所有欲と破壊欲が派生するように。

ゆえに私はここでこの欲望という名称を人間のあらゆる努力、あらゆる本能、あらゆる衝動、あらゆる意志作用と解する。こうしたものは同じ人間にあってもその人間の異なった状態に応じて異なり、また時には相反的でさえあり、この結果人間はそうしたものによってあちこちと引きずり回されて自らどこへ向かうべきかを知らないというようなことになるのである（第三部諸感情の定義一)。

しかも、「欲望は受動という感情から我々の中に生ずる限り実はすべて盲目的である」(第四部定理五八備考)。盲目的と呼ばれる理由は、「身体のすべての部分にでなくその一部分あるいは若干部分にのみ関係する喜びあるいは悲しみから生ずる欲望は人間全体の利益を考慮しない」(第四部定理六〇)からである。スピノザは美味欲、飲酒欲、情欲、貪欲および名誉欲を挙げている(第三部定理五六備考)。臨床的には薬物乱用、飲酒、過食、性交、買い物依存、などの行動化として現れる。欲望の逆転移を制御することは私たちに手立てがあるのだろうか。

諸欲望のなかで治療を妨げる逆転移としての欲望は競争心、名誉欲、情欲がある。スピノザは「快楽を抑制する力は至福それ自身から生ずる」と述べるが、至福は第三種の認識から生ずる神に対する愛から得られる。

至福は徳の報酬ではなくてそれ自身である。そして我々は快楽を抑制するがゆえに至福を享受するのではなくて、反対に、至福を享受するがゆえに快楽を抑制しうるのである(第五部定理四二)。

スピノザの神は自然と同一なので尻込みする必要はない。至福は簡単に入手できるような気分にさせられるが、『エチカ』の最後には、「すべて高貴なものは稀であるとともに困難である」と結ばれ、スピノザ自身が「感情の療法」の頂に至る道は険しいと言っている。これからが根気のいるところである。「受動感情とタッグを組んだ欲望」に対して我々はどのように立ち向かえばいいのだろうか。答えは理性である。第四部定理五八以降は、諸感情の「いかなる点が利益をもたらし、いかなる点が人間に害悪を与えるかを注意することにする」と述べて、理性から導かれた欲望が登場する。

能動的欲望とは

欲望には受動感情なる欲望と能動感情なる欲望の二つがある(第三部定理五八)。愛する対象を所有したい、憎しみの対象を破壊したい、という欲望は自己自身を原因にして起きるので能動感情である。外部のある物によって人間身体の活動能力が増大すると、精神においては喜びの感情として生起する。このある物はその人間にとって喜びの原因となり、それと欲望が作動して、あることをなすように決定されて、所有しようと欲する。逆に、活動能力が減少すると、精神においては悲しみの感情が生起し、ある物を排除しようとする欲望が作動する。欲望とは人間の本質なのである。渡邉ら（二〇二二年）が不登校治療にスピノザの能動と受動を取り入れて実践している不登校の子どもの心情を思い起こすとより分かりやすい。あれこれの原因で悲しみの感情に隷属し学校に行きたくないと欲するのは受動的欲望である。一方、楽しかった級友との休み時間を観想すると、その喜びを味わいたいという能動的な欲望が生まれる。

スピノザの能動と受動は『中動態の世界――意志と責任の考古学』（國分、二〇一七年）のカツアゲ論に詳しい。私はそれを参考に患者には次のように説明している。

あなたに「窓を開けてください」と頼むときと、銃を突き付けて「窓を開けろ」と命令するときとではあなたの自由度は違いますね。前者は断ることもできるのでより自由度は高く能動的です。それに対して、後者は断ることは危険で自由度は低く強制されて窓を開けることになるので受動的です。前者はあなたの力を表現するので能動、一方、後者は銃の力を表現するので受動と言います。

善悪論

第四部定理八によると「善および悪の認識は、我々に意識された限りにおける喜びあるいは悲しみの感情にほかならない」と述べて、通常の道徳論とはかなりの隔たりのある善悪論を展開する。スピノザの善悪論は、第1章で述べたように身体の変状をその基準に置き、かつ、善悪を組み合わせとして考える。第四部定理八証明では、「我々は我々の存在の維持に役立ちあるいは妨げるものを、言いかえれば我々の活動能力を増大しあるいは減少し、促進しあるいは阻害する物を善あるいは悪と呼んでいる」と分かりやすい。つまり、道徳的な善悪から離れて、心身の活動能力を基準にするのだ。たとえば、近所の保育園建設に反対するお年寄りにとって子どもたちの遊び声はうるさいので悪である。公共的に考えればお年寄りのわがままになる。しかしスピノザの善悪論では保育園建設はお年寄りには悪なのである。物音ひとつさせずに遊ばないといけない保育園は子どもたちにとっては悪である。

感情から生ずる欲望は、善および悪の心の認識から生ずる欲望よりも強烈であることができ、したがってそれを抑制しあるいは圧倒しうるであろう。なぜなら、外部の原因の力は我々の能力を無限に凌駕するから（第四部定理十五）。

スピノザは感情を抑制できない人間の無能力を隷属と呼ぶ。感情に支配される人は善いものを知りながら悪を選んでしまう。悪とは自らの存在を維持しようとするコナトゥスを阻むものである。とすると、コナトゥスは争いのもとになるのではないか？　すべての人間が自らの存在を維持しようとするのは自己中心的にならないか？　言いかえると、トマス・ホッブス Hobbes, T. の「万人の万人に対する戦い」に陥るのではないか。ここにも共通概念（理性）が登場する。

真に有徳的に働くとは、我々においては、理性の導きに従って行動し、生活し、自己の有を維持する（この三つは同じことを意味する）こと、しかもそれを自己の利益に求める原理に基づいてすること、にほかならない（第四部定理二四）。

スピノザの徳は能力と同一のものである。「人間について言われる徳とは、人間が自己の本性の法則のみによって理解されるようなあることをなす能力を有する限りにおいて、人間の本質ないし本性そのもののことである」（第四部定義八）。徳とは一定の道徳規範を守ることにあるのではなく理性を働かせることにある。理性を働かせさまざまな事象を認識する限りにおいて、人間はその能動性を保持できるからである。人間は自然の一部であり、その多様な運動にさらされる受動的な存在である。それゆえにスピノザは理性の導きによって能動的になることを勧めるのである。

欲望を善悪の観点から見ると、欲望が他の受動感情と結びつくと悪である。スピノザはそれを「身体のすべての部分にでなくその一部分あるいは若干部分にのみ関係する喜びあるいは悲しみから生ずる欲望は人間全体の利益を顧慮しない」（第四部定理六〇）という。たとえば、やけ酒、やけ食い、そして過食・嘔吐がすぐに思いつく。スピノザは以下のような救いの手を差し伸べる。「理性から生ずる欲望によって我々は直接に善に就き、間接に悪を逃れる」（第四部定理六三系）。

病人は自分の嫌いなものを死に対する恐れのゆえに食べる。これに反して健康者は食物を楽しみ、そして死を恐れて死を直接に避けようと欲する場合よりもいっそうよく生を享受する。同様に、憎しみや怒りなどからではなく公共の安寧を愛するために罪人に死を宣告する裁判官は、理性のみによって導かれる者である（第四部定理六三備考）。

欲望としての逆転移

以上のことから、理性によって逆転移に隷属せずに治療を全うすることが可能になる道が提示された。最高の欲望は、セラピスト自身ならびに患者に関する一切の事象を妥当に理解するようにセラピストを駆る欲望なのである。妥当に認識される緒感情から、二つの**勇気 animositas** と**寛仁 generositas** が生成されるとスピノザは言う。

勇気とは各人が単に理性の指図に従って自己の有を維持しようと努める欲望であると私は解する。これに対して寛仁とは各人が単に理性の指図に従って他の人間を援助しかつこれと交わりを結ぼうと努める欲望であると解する。かくのごとく私は、行為者の利益のみを意図する行為を勇気に帰し、他人の利益をも意図する行為を寛仁に帰する。ゆえに節制、禁酒、危難の際の沈着などは勇気の種類であり、これに反して礼譲、温和などは寛仁の種類である（第三部定理五九備考）。（傍点は原著による）

スピノザは理性から自己の存在を維持しようとする欲望と他者を援助しようとする欲望が生まれると言っている。欲望は定義上意識されているので無意識の欲望という言い方はしない。受動感情に目をそらさずに向き合うと、妥当に認識しようとする欲望が私たちに生じ治療は成功するのである。なんと心強い言葉なのだろう。

ゆえに自己の感情および衝動を自由に対する愛のみによって統御しようとする者は、できるだけ徳および徳の原因を認識し、徳の真の認識から生ずる歓喜をもって心を充たすように努力するであろう。だが彼は人間の欠点を観想して人間を罵倒したり偽りの自由の外観を喜んだりするようなことは決してしないであろう。そしてこれらのことを注意深く観察し（なぜならそれは困難なことではないから）かつそれについて修練を積む者は、確かに短期間のうちに自己の活動を大部分理性の命令に従って導くことができるようになるであろう（第五部定理一〇備考）。

2 愛と憎しみについて

愛と憎しみは『エチカ』の第三部定理十三から登場して定理五九まで延々と続く。精神分析を営む私にとってはハイライト部分である。文庫本とはいえ、ページ数にして二二一から二八六頁の量である。

愛とは外部の原因の観念を伴った喜びにほかならないし、また憎しみとは外部の原因の観念を伴った悲しみにほかならない。なおまた、愛する者は必然的に、その愛する対象を現実に所有しかつ維持しようと努め、これに反して憎む者はその憎む対象を遠ざけかつ滅ぼそうと努めることを我々は知る（第三部定理十三備考）。

「我々は外部の諸原因から多くの仕方で動かされること、また我々は旋風に翻弄される海浪のごとく自らの行末や運命を知らずに動揺する」（定理五九備考）ので私たちは感情の発生（逆転移）について熟知せねばならない。重要な個所を抜き書きしてみよう。感情の模倣と名誉欲はそれぞれ第1章と第8章で取り上げた（欲望については次に述べる）ので、ここでは省略する

（1）アンビバレンスの発生

「もし精神がかつて同時に二つの感情に刺激されたとしたら、精神はあとでその中の一つに刺激される場合、他の一つにも刺激されるであろう」（定理十四）。ボーダーライン患者のATスプリット治療

で主治医は家族から患者の横暴を訴えられることがある。その時主治医は――「他人に悪をなした人に対する憎しみを憤慨と呼ぶ」（定理二二備考）――患者に対して憎しみを抱くことがある。あるいは患者の悪を暴く家族を排除したくなる。患者への憐みは憎しみに転じてアンビバレンスが発症する。「自分の愛するものが破壊されることを表象する人は悲しみを感ずるであろう」（定理十九）。また、患者自身を原因としてアンビバレンスも発生する。「人間身体は本性を異にするきわめて多くの個体から組織されており、したがって人間身体は同一物体からきわめて多くの異なった仕方で刺激されることができる」（定理十七備考）ので、同一対象が多くのかつ相反する感情の原因となりうる。「二つの相反する感情から生ずるこの精神状態は心情の揺れと呼ばれる」（定理十七備考）。できることなら、自然の経過の流れで、アンビバレンスは発生した方が治療は成功する。故に、家族相談は主治医が行ない、セラピストと患者の関係を主治医は守ることを要請される。

（2）「プライドが高い」と言って非難する逆転移

ボーダーライン患者と接していると、必然的に、患者の高慢な態度に遭遇する。それは患者の誇大自己が賦活されたときで治療を成功に導く契機になる重要な転換期である。それなのに、患者を「プライドが高い」と非難して、自身の逆転移から目をそらす人が多い。「高慢とは人間が自分自身について正当以上に感ずることから生ずる喜び」（定理二六備考）なので、患者の高慢な態度に対して患者を悲しませようとする逆転移が発生するのである。誇大自己、名誉欲に取りつかれている患者への対応は第8章で論じよう。

（3）「愛し返し」を求める逆転移

私たちは「我々は我々と同類のものを愛する場合、できるだけそのものが我々を愛し返すように努める」（定理三三）ので、熟練者はそうではないと願うが、患者の非難を有効に利用できないのである。「我々の愛するものが我々に対してより大なる感情に刺激されていると我々が表象するに従って、我々はそれだけ大なる名誉〔誇り〕を感ずるであろう」（定理三四）からである。

（4）愛と嫉妬という逆転移

愛することは私たちを愚かにする。患者とセラピストは二者関係であるが、患者がセラピーで恋人を話題にするときに問題が発生するかもしれない。スピノザは、嫉妬は一般に女に対する愛の場合に見られると述べているけれど、「愛する女が他人に身を任せることを表象する人は、自分の衝動が阻害されるゆえに悲しむばかりでなく、また愛するものの表象像を他人の恥部および分泌物を結合せざるをえないがゆえに愛するものを厭うであろう」（定理三五備考）。そして女からしっぺ返しを受けることになるので、スピノザは通常の愛は成就しないと断言する。頭ではわかっていても境界侵犯の歯止めにはならないのが悲しいかな私たちの性かもしれない。

（5）「憎しみ返し」の逆転移

「自分が他人から憎まれていると表象し、しかも自分は憎まれる何の原因もその人に与えなかったと信ずる者は、その人を憎み返すであろう」（定理四〇）。その原因に思い当たるなら恥辱に刺激されるとスピノザは言う。しかし治療関係でも憎しみ返しは保持され極力避けられる。あるいは、「自分の愛する人が自分に対して憎しみを感じていると表象する者は、同時に憎しみと愛とに捉われるであろう」（定理四〇系一）。

ウィニコットは「逆転移のなかの憎しみについて」（一九四九年）の中で無意識的な憎しみを母親、そして分析者にも想定する。第1章でも述べたように、憎しみが無意識の領域に抑圧されているわけではない。フロイトに倣えば、憎しみの萌芽が抑圧されているのである。正確には憎しみの外部の対象の観念が無意識にある。「多くの母親は子どもを憎むことなんてない」と反論するだろう。しかしウィニコットは母親が最初から憎む理由を十八個列挙する。ウィニコットは戦時中疎開した子どもたちを治療した経験や実際に引き取って育てた経験から、「幼児が母親を憎む前に、母親は幼児を憎むのだ」という。

昔が今にある患者は私たちの前で怒りを買うようなことを幾度となく試みる。それは、患者は自らの憎しみにまだ気づいていないからだとウィニコットは言う。母親の、そして分析者の憎しみを知って、赤ん坊、そして患者は自らの憎しみに気づく、というのがウィニコットの逆説である。つまり憎まれていることに到達して初めて愛されていることを信じられる、とウィニコットは述べているのである。こういう人をビックリさせる書き方はウィニコットの癖と思って先に進もう。

反抗期の子どもたちと親との間の長い闘いにはこうした愛と憎しみが入り混じっている。しかし幼児との間に憎しみが起きるのだろうか？　このウィニコットの見解をそっくりそのまま受け入れる母親は少ないだろう。何かが省かれているような気がするので、スピノザの知恵を借りて読み直してみよう。「どんな感情も、それより強力でかつそれとは反対の感情によってでなくては抑制されえないものである」（第四部定理三七備考二）。つまり、母親は憎む前に子どもを愛しているのであって、子どもから憎しみを抱くように試みられても、憎しみは愛には克てないと言っているのだ。

（6）贈り物は受け取る

患者の贈り物は受け取るべきではない、と精神療法の教科書には述べられている。それに対して成田（二〇〇七年）は、

儀礼的な場合もあろう。原則的には、治療者は正当な報酬を得ているからそれ以外に患者から品物、金銭を受け取る意志のないことをはっきりさせるべきである。しかし、あまり頑なにこの原則に固執して患者の行為を拒絶するのは、ときには患者を傷つけることもある。常識の範囲で判断するしかなかろう。

と述べている。儀礼的な場合でも、患者の怒りを買うのを恐れて、贈り物を受け取る行為であってはならない（第四部定理六三）。それは理性に導かれていないからである。スピノザは「無知の人々の間に生活する自由な人はできるだけ彼らの親切を避けようとつとめる」（第四部定理七〇）と述べて、無知な人間であっても彼らも人間であるので、いつかは彼らに人間的援助を受けるかもしれないので、「できるだけ」と付け加えたという。そして親切を避けるにあたっては、

親切を避けるにあたっても、我々が彼らを軽蔑するかに見えぬように、あるいは我々が貪欲のゆえに報酬を恐れるかに見えぬように、慎重にしなくてはならぬ。すなわち彼らの憎しみを逃れようとしてかえって彼らを憤らせるようなことがあってはならぬ。ゆえに親切を避けるにあたっては、何が利益であるか何が端正であるかを考慮しなければならぬ（同備考）。

と締め括る。端正とは「理性の導きに従って生活する人々が称賛するようなこと」を呼ぶ（第四部定理三七備考一）。

私は贈り物を戴いた後で、治療経過中に、その意味が分かった時に「あの贈り物にはそういう意味があったのだね」と理解を言葉にするようにしている。というのは、「愛に基づいて、あるいは名誉を期待して、ある人に親切をなした人は、その親切が感謝をもって受け取られないことを見るなら悲しみを感ずるであろう」（第三部定理四二）から。子どもの頃、お寺にお布施をしに母親に連れられたことがある。住職は「そこに置いて」とそっけなかった。お布施は住職にするのではなくお釈迦様にするわけだから、それでよかったのだと知ったのは後々のことだった。

（7）患者の話に連想が浮かばないとき

精神療法中に患者の連想に「何も浮かばない」ことがある。それは精神が悲しみに刺激されているからだとスピノザは言う。「精神が悲しみを感ずる限り、精神の認識能力すなわちその活動能力は減少されあるいは阻害される」(定理五九証明)。悲しみに刺激されるとセラピストの精神は活動を停止する。健康・病も原因の一つかもしれない。セラピストの悲しみは精神および身体に起因するのである。

3 精神療法に共感は必要か?

第4章でフロイトとフェレンツィの対立の弁証法的解決として坂本龍馬の「厚情は必ずしも人情に非ず、薄情の道忘るる勿れ」という警句を紹介した。不幸な人に手を差し伸べる憐憫の情は人間の本性だが、しかし、それは時に過ちを招く。精神療法に欠かせないセラピストの共感はこの憐みを土台に成り立っているので、龍馬もスピノザも共感に警鐘を鳴らすのである。なぜなのか? スピノザは第四部定理五〇で以下のように述べる。

憐憫は理性の導きに従って生活する人間においてはそれ自体では悪でありかつ無用である。
証明 なぜなら憐憫は悲しみである。したがってそれ自体では悪である。ところで憐憫から生ずる善、すなわち我々が憐憫を感ずる人間をその不幸から救おうと努めることに関して言えば、我々は単に理性の指図のみによってこれを成そうと欲する、また我々は善であると我々の確知することを単に理性の指図のみによってなしうる。

スピノザは、憐れみに動かされると後に後悔するようなことをしばしばしでかすし、何一つ善いことをしないばかりか容易に偽りの涙に欺かれる、と警告する。よって、できるだけ憐れみに動かされないよう「理性」による手助けを勧める。憐みは外部の物体による刺激によって発生する受動感情に過ぎないからである。

憐みは感情の模倣のよい例である。感情のこの模倣が悲しみに関する場合には憐憫と呼ばれ（第三部定理二七備考）。定理から以下の系が導かれる。

系三　我々は我々の憐れむものをできるだけその不幸から脱せしめようと努めるであろう。

備考　あるものを憐れむことから生ずる、そのものに親切をしてやろうとするこの意志ないし衝動は慈悲心と呼ばれる。したがってこれは憐憫から生ずる欲望にほかならない。

ところで、スピノザの憐れみは人と人をつなげる人間の本性（紐帯）である。たとえば、うつ病者と接していると、憐みを感じて手助けをしたくなる。家族はもちろんのこと私たち精神科医も「（感情の模倣によって取り入れた）抑うつ」に押しつぶされそうになる。その時、私たちは自身に生じた抑うつから解放されたいという欲望が生まれる。そのために、私たちを悲しくさせた張本人である患者に「元気出せよ」と励ましたくなるし、実際にそうしてしまう。励まされた患者は自身の悲しみを否定されて、ますます心を閉ざすか、あるいはさらに悲しみを増幅させて「辛い」と嘆く。その姿を見て私たちの憐みは憎しみに転ずるのである。新渡戸稲造も同じようなことを発している。

施せし情けは人のためならず、おのがこころの慰めと知れ、我れ人にかけし恵みは忘れても、ひとの恩をば長く忘れるな。

この警句は前半と後半に分かれていて、前半部分は不幸な人を見て悲しくなった自分を慰めるために情けを施すのだという。後半部分は恩の押し売りはやめなさいと言っている。言外に憐みは憎しみに転じやすいと言っているのである。

自己心理学の「共感」と感情の模倣

スピノザは、憐みは人と人とを強く結びつけるけれど、受動である限り無用だと主張する。一方、コフート Kohut, H. は「共感」を精神分析の基本に置く。コフートは「共感」の概念を探求してアメリカ精神分析（自我心理学）にパラダイム・シフトを起こした。当時のアメリカの状況（混乱）は『ポスト・コフートの精神分析システム理論』（富樫編、二〇一三年）に詳しい。コフートの「共感」の概念には「認識」の次元と「体験」の次元の二つがあるという。

私たち日本人にとってスピノザの「憐み」は第1章でも詳細に述べたようにお馴染みの現象である。もらい泣きはセラピストに欠かせない資質である。しかし古典的精神分析では理性による作業を重視するために感情の模倣によって生じる感情は置き去りにされてきたのだろう。それをもう一度、臨床に復活させようとしたのがコフートである。小難しいことはやめて、人間の本性である「憐み」のような、患者と分析者との間に生成される「共感」に訴えたのだと想像する。あるパーソナリティ障害の患者は次のような話をしてくれた。

小学生の頃、私はクラスのみんなと自分とは違う生き物だと思っていた。人間社会では生きていけない存在だと思っていた。たとえば誰かと話しているとき、先手を打って「私のことをあなたは〇〇と思っているでしょう」と告げていた。私の言葉が的を射ているので、相手は私から身を引いた。私には喜怒哀楽は必要なかった。

彼女は級友の前では分析者のように振る舞っていたという。患者のエピソードを差し挟んだのは、自我心理学から離れる以前のコフートを想像したからである。彼女がクラスメイトに一体感(つながり)を求めるよりも、解釈することにより喜びを覚えた理由は、一体感に彼女は脅威を感じたからである。人間は悲しみも喜びも分かち合うからこそ生き生きと生きているのであって、悲しいことに彼女はそれが叶わなかったのである。コフートも同様の部分を多少とも持ち合わせていたのではないかとイマギナチオしたのである。

スピノザの「共感」の基礎は感情の模倣によって生成される憐みである。それに対してコフートの「共感」は、自己心理学を築き上げてからも、二球の衝突の法則（＝イマギナチオ）を基礎とする。「コフートは精神分析家の仕事は、共感を通して患者の主観的世界を観察することだと述べたのである」(富樫編、二〇一三年)。スピノザとコフートの「共感」は根元が異なっていることは押さえておかねばならない。しかし、根元は違っていても、感情は認識の様式の一つなので、二人の「共感」はともに「データ収集の道具」として使える。ただ、コフートのイマギナチオによる共感には必ず本人の主観性が含まれるので虚偽の源泉になる。分析者の認識が真であるかどうかは認識の外にあるので、コフートの指摘するように、患者本人に聞いてみないと分からない。

他方、後期のコフートが探求した「体験としての共感」とは「人どうしの強い情緒的結びつき」だという（富樫編、二〇一三年）。患者を妥当に理解するように駆り立てる欲望は理性から導かれる「寛仁」である。スピノザの「寛仁」は他人を援助しかつ他人と友情を結ぼうとする欲望である。コフートが最終的に求めたのは「寛仁」だったのである。

Ⅲ　おわりに

スピノザは理性を重視する。フロイトから始まった逆転移の克服は理性に加えて欲望がそのカギを握っていると述べてきた。スピノザの欲望としての逆転移の取り扱いは今日の精神分析に勝るとも劣らない。分析者の中に彼自身ならびに彼の認識の対象となりうる一切の事象を妥当に理解するように彼を駆る欲望が生まれる。精神療法に必要なのは理性に導かれた欲望、すなわち、**寛仁**なのである。また、患者（セラピスト）の存在はセラピスト（患者）自身の精神の活動を促進することも妨害することもある。感情に導かれると対立し、憎しみ合う。一方で、理性に導かれている人間は和合（相互一致）する。逆転移（転移）は患者（セラピスト）を通してセラピスト（患者）自身を成長させてくれる。スピノザは、他者の存在はなくてはならないものである、と暗に示しているのである。

第3部　『エチカ』を通してウィニコットを読む

第6章　ウィニコットを読む

精神の受動状態と言われる感情は、ある混乱した観念――精神がそれによって自己の身体あるいはその一部分について、以前より大なるあるいは以前より小なる存在力を肯定するような、また精神がそれの現在によって他のものよりいっそう多く思惟するように決定されるような、ある混乱した観念である（第三部感情の総括的定義）。

繰り返すが、スピノザの感情は「我々の身体の活動能力を増大しあるいは減少し、促進しあるいは阻害する身体の変状（刺激状態）、また同時にそうした変状の観念である」（第三部定義三）。身体の「活動能力」は感情の総括的定義の中では「存在力」と言い換えられ、清水（一九七八年）は「生命力」のようなものを意味するという。以前よりと言うのは、現在と過去を単に比較するという意味ではなく、「むしろ感情の形相を構成する観念が身体について以前より大なるあるいは以前より小なる実在性を実際に含むようなあるものを肯定するという意味」のことだという。第2章で述べたように、イマギナチオを巡ってはスピノザとウィニコットとは袂を分かれるが、生き生きと存在することを肯定する感情論は二人に共通するところである。

Ⅰ　はじめに

二〇一九年に日本ウィニコット協会が設立された。本協会のホームページの会長挨拶の中で館直彦会長はウィニコットの文章は読者を対話に誘う語り口に特徴があると指摘している。ウィニコットとの対話は多くの人にとって刺激的かつ楽しいものになるだろうと想像するが、一方で、ウィニコットの文章は分かりにくい、という意見もしばしば耳にする。私もそれに与する一人である。たとえば、『原初の情緒発達』（一九四五年）でウィニコットは「分析家の愛における破壊的要素」と述べて、その説明は省く。愛が原因で苦が生じるのは経験から知っている。しかし、過去に愛の定義に破壊的要素を述べた人は知らない。愛が厄介なのは、幸せな二者関係に第三部定理三二がやって来るからである。「ただ一人しか所有しえぬようなものをある人が享受するのを我々が表象するなら、我々はその人にそのものを所有させないように努めるだろう」。「嫉妬」である。

また、「移行対象と移行現象」（一九七一年）では、移行対象を創造したものか提供されたものかを問わないことを禁じるが、誰がどのような理由でそれを禁ずるのか、その説明が少ない。それよりもいっそう分かりにくいのが、後に詳しく取り上げる「対象の使用と同一化を通して関係すること」（一九六八年）の中に登場する呪文のような謎めいた文章である。対話にならないのである。

さらに分かりにくいのは「心とその精神－身体との関係」（一九四九年）である。幸い、オグデン

（二〇一三年）の論文"Like the belly of a bird breathing : on Winnicott's 'Mind and its Relation to the Psyche-Soma'"（「呼吸する鳥の腹部のように――ウィニコットの『心とその精神－身体との関係』について」）が発表されて、以前よりは理解できるようにはなった。

ウィニコットの文章は「詩」的な表現や日常語が多く、原文を声にして読むのがいいと言われる。英語に弱く、かつ、「詩」的な才能に恵まれない私にとってウィニコットは手ごわい相手であり、当時からウィニコットは私には説明不足で不親切な分析家に思えてならなかった。

ウィニコットを読むのにスピノザの『エチカ』が役に立つと気づいたのはつい最近のことである。『エチカ』を読むにつれ、私はウィニコットの言いたいことが、以前よりも理解できるようになった。つまり、対話ができるようになったのである。ウィニコットが説明していない箇所をスピノザが優しく語りかけてくる経験をここで述べることは、ウィニコットを正しく理解し、それを臨床により活かせる臨床家が増えることにつながるだろう。ウィニコット理解に欠かせないスピノザの予備知識は第1部で詳しく述べているので、さっそくウィニコットの『心とその精神－身体との関係』（一九四九年）から読むことにする。

Ⅱ　ウィニコットを読む

本書は「スピノザの精神分析」というタイトルなのになぜウィニコットを論じるのか、疑問に思う人もいるだろう。序章でも述べたように、最初はスピノザの『エチカ』を頼りにウィニコットを読み直し、それを発表していった。そのうちにウィニコットとスピノザは底流ではつながっていて、治療の観点から、真理を探求するスピノザと患者とともに存在するウィニコットとに袂を分かつことが分かった。

1 「心とその精神－身体との関係」（一九四九年）について

本論文を読むきっかけは、オグデン（二〇二三年）の「呼吸する鳥の腹部のように――ウィニコットの『心とその精神－身体との関係』について」の論文に触発されたことが大きい。若い頃、何度か読んでみたが、途中で挫折した苦い経験を持つ論文である。ウィニコットは、ジョーンズの「私は心が一つの統一体として現実に存在しているものとは考えない」に同意するも、臨床の実践の場では「患者自身によってどこかに局在化された一つの統一体としての心と出会う」という。この逆説を起点にウィニコットの「精神－身体の一機能としての心」の探究が始まる。

精神－身体の一機能としての心

ウィニコットは精神－身体 psyche-soma という概念を提唱し、心 mind と体 body とも違う、体にも脳にも存在しない、実際にはどこにも存在しない経験の集合として捉える。早期の発達諸段階が満足いく形で通過する場合、「心とは、精神－身体が機能していること」だという。異常な場合に、「心がその偽りの統一体、偽りの局在化を形成しつつある」（傍点は原著による）のが観察される。この考えが後に「偽りの自己」へと概念化されるのである。

スピノザの精神と身体との関係は心身並行論と言われ「精神と身体とは同一物であってそれが時には思惟の属性のもとで、時には延長の属性のもとで考えられるまでなのである」（第三部定理二備考）。スピノザの身体 corpus は目、耳、鼻などの本性を異にする多くの個体から組織される。ウィニコットの体と同一である。と同時に、「人間精神は身体が受ける刺激（変状）の観念によってのみ人間身体自身を認識し、またそれの存在することを知る」（第二部定理一九）。たとえば、私たちはふだん首のことは意識していない。蚊に刺されて痒みが生じた時、あるいは、何らかの刺激によって首のことを意識した時（スピノザの「観念の観念」）にのみ首を認識しその存在を知る。身体の変状を介して間接的に首を認識（自己知）するのである。ゆえに、精神とは「身体の観念あるいは認識にほかならない」（第二部定理一九）と言われる。スピノザの精神と身体は同一物で観念とその対象の関係にあることを押さえて置こう。

一方、ウィニコットの精神と身体を見てみよう。

> そこで我々の発達途上の個体が、その始まりから開始する様子について考察してみよう。ここに一つの体があり、精神と身体は、人がどの方向からそれを眺めるのかによってしか区別されることはない。人は発達中の身体または発達中の精神の、どちらかを見ることができるのである。私はここで、精神 psyche という言葉は、身体的な部分、感情、機能を想像的に練り上げることを、つまり身体的に生き生きしていることの想像的な醸成を意味するもの。（傍点は原著による）

この文章の前半部はスピノザの考え方に通じる。問題は精神の説明である。「身体的な部分」とは、スピノザの定義に照らし合わせると、身体を構成する個物（体の一部）の身体変状によって形成される身体の観念のことでいいだろう。次に「感情」とは身体変状による身体の活動能力の増減のことである。嬉しいときに身も心も軽いと言い表すように心身の活動能力の増減を意味する。この身体的に生き生きとした経験がウィニコットの身体 soma であり身体機能のことなのだろう。スピノザの身体の活動能力（生命力）に相当する。「悲しみ」は精神と身体の活動能力を減少し阻害する身体の変状（刺激状態）と定義される。この「悲しみ」の極度の状態がウィニコットの「心が死んでいる」状態のことだと言える。

最後の「想像的に練り上げること」の部分の読解が難しい。スピノザの表現では、精神は外部との衝突によって身体に生じる変状の観念を持つと同時に対象を認識する主体（自己）が生まれる。主体の認識は非十全なイマギナチオ（想像知）であるが、そのとき精神は身体の活動能力の増減（喜びと悲しみ）を経験するし、経験しないこともある。練り上げる主語は省略されているところはスピノザ的である。刺激を受けた結果認識する主体が登場するのである——蚊に刺されて「首が痒い」と認識する主体が意識されるように。健全な乳幼児の発達の場合、「身体的に生き生きしていることとの創造的な醸成」とは、外部との衝突によって活動能力の増減を経験しながらイマギナチオしていく主体（自己）が形成（意識）されることと理解できる。イマギナチオは連結・分断を繰り返し記憶として保存されることによって自然と「練り上げられる」のだろう。すなわち、精神 - 身体とは自己のことなのである。後にこの考えは一九六〇年に「本当の自己」と「偽りの自己」として概念化される。ウィニコットは、さらに精神－身体の発達について次のように記述する。

成長している人の精神と身体の側面は、相互の関わり合いの過程に、徐々に巻き込まれるようになる。この精神と身体の相互の関わり合いが、個体の発達の早期を形づくる。後の段階で、その境界や内側と外側を伴う生きている体が、想像的な自己の中核を形成しているものとして、いい、いい、いい、いい、その個体には感じられる。

スピノザの心身並行論では「身体が精神を思惟するように決定することはできないし、また精神が身体を運動ないし静止に、あるいは他のあること（もしそうしたものがあるならば）をするように決定することもできない」（第三部定理二）ので、精神と身体との間にはいかなる因果関係も成立しないばかりか相互の関わり合いもない。ウィニコットの精神psycheと身体somaの関係も、体が外部の物体によって触発されて形成される生き生きとした経験（観念）のことなので、相互に関わり合うことはできないのである。なぜウィニコットは「相互の関わり合い」と述べるのだろうか。オグデンはこの部分はスルーしている。

後半部はスピノザの衝突の法則で理解できる。境界や内側と外側をもつ生きている体が外部の物体と衝突によって生じた身体の観念（イマギナチオ）、感情、また同時に、対象を認識する自己が形成され、それは個人にとって想像上の自己の核となるのである。

スピノザの分かりにくさをオグデン（二〇二三年）は次のように解釈する。

> 私たちは今、心的なもの the mental と身体的なもの the physical を指すのに使われる用語に次々と遭遇している。たとえば、前者については、精神、心、精神－身体、精神活動、思考、理解、存在の連続性、存在し続けること、という用語があり、後者については、身体、肉体的なもの、生きている体、身体的に生き生きとしていること、という用語がある。これらはウィニコットによってある程度整理されるが、読者はかなりの不確実性を許容しなければならない。

なので途中で何度も投げ出したくなるのである。大雑把に精神－身体は自己を表わし、精神は存在し続けること、身体は生き生きとしていること、と押さえて置こう。

心の理論

ウィニコットは、（私たちは後の彼の論文を知っているので）割とわかりやすい理論を展開している。ウィニコットが早期の精神－身体の発達においてもっとも重視するのは「存在の連続性の経験」である。それを可能にするのは完全な環境である。後にそれは原初の母性的没頭——出生前後からの母親の同一化のこと——と呼ばれ、赤ん坊は絶対的依存の時期にある。「早期の精神－身体は、存在することの連続性が妨げられない限りにおいて、一定の道筋に沿って歩を進めるのである」（傍点は原著による）。そのためには完全な環境が積極的に適応することだという。この適応に失敗すると、精神－身体がそれに反応せざるを得なくなるような侵害になるのである。存在することの連続性はスピノザの用語ではコナトゥス（欲望）によって達成される。「欲望は人間が自己の有に固執しようと努める努力である」（第四部定理一八証明）限りにおいて欲望はコナトゥスである。コナトゥスは生物学的にはホメオスタシスに相当する。

そして、絶対的依存の時期から相対的依存へと移る。

良い環境へのニードは、初めは絶対的なものであるが、急速に相対的なものとなる。普通のよい母親とは、ほど良い good enough ものである。もし彼女がほど良いならば、幼児は心的な活動 mental activity によって彼女の足りないところを許容することができるようになる（傍点は原著による）。

ウィニコットを少しでもかじった人にとっては特に説明は要らないだろう。重要なところは「心的 mental」の意味にある。母親側に養育の失敗、特に移り気なふるまい、があった時に幼児の「心的に機能することの過剰な活動」が引き起こされる、という。ウィニコットの「心」とは何だろう。私は先に首の喩えを使ってスピノザの「観念の観念」に言及したが、のどが渇くと「水を飲みたい」と思うように、欲望を意識している。スピノザでは「人間精神が自己のコナトゥスを意識しているという点」が重要になる。スピノザの欲望は意識された衝動のことである。ウィニコットに戻って、環境が幼児に適応するのとは逆に、幼児の方が環境に適応せざるを得ない状況下では、幼児は自己を常に意識し外界にアンテナを張り続けなければ生きていけない。ウィニコットの「心」とは、スピノザは積極的に「意識」を定義していないが、スピノザの意識の超覚醒状態に相当すると考えられる。

臨床的には実際の母親への依存と、迎合 compliance を基盤にした偽りの個人的な成長と並行して進行することがある。この状況で、心と精神‐身体の間の対立が促進されるという。

ほどよい母親の下では幼児は心をオープンにして世界と交流するのに対して——つまり幼児は無心になって遊べる——ウィニコットの病んだ子どもたちは世界が危険なために常に母親を意識し汲々としているというのである。その結果、心は死んでいる、つまり存在していないのである。

臨床的例証

症例は四十七歳の女性。「精神分析的設定内での退行」を通して患者は出生外傷の最悪の部分が再演される——本症例は後に「精神分析設定内での退行のメタサイコロジカルで臨床的な側面」（ウィニコット、一九五四年）でも言及される——。深い退行において出生外傷が10回ないしはそれ以上追体験される。過去の意識の消失は、死として受け入れられて、初めて患者の自己に同化することができるようになる。次に、意識におけるギャップ、つまり存在の連続性のギャップが治療の中で切実に求められるようになる。というのは、患者はその事実を否認してきたからである。自分に起きた連続性のギャップをウィニコットと共に追体験しようという生き直し（欲望）の現れであると解釈される。「患者のこれまでの人生を通じて積極的に否認されてきたが、今や切実に求められるものとなった」のである。意識喪失を引き起こそうという試みの一つが乱暴に頭を殴打するという行動化だった。と同時に彼女は続けてきた日記を止めてしまうのだった。「日記は彼女の心的装置の投影であり、彼女の本当の自己を描き出すものではなかった」からである。

このほんのわずかの作業の結果として、心も心的に機能することも存在していないような時期が一時的に導かれた。彼女の体の呼吸がすべてであるというような時期が、一時的に訪れなくてはならなかった。このようにして患者が知らないでいる、という状態を受け入れることができるようになったが、それは、彼女が身構えるのをやめ、相手に委ね、何も知らないでいる時に、私が彼女を抱えてやり、私自身の呼吸によって連続性を保っていたからである。しかし、もし彼女が死んでいるなら、たとえ私が彼女を抱えて私自身の連続性を保ったとしても、何の役にも立たなかっただろう。彼女が（鳥のように）呼吸している時に、お腹が動く様子を見て聞くことができ、それ故彼女は生きているのだと知ることができたために、私の側も効果を上げることができたのである。

今や彼女は、生まれて初めて精神を、彼女自身の統一体を、そして一つの息づいている身体を持ち、そのうえ、呼吸やその他の生理的な機能に即した空想の始まりを持つことができたのである。

ウィニコットは「彼女には、生き生きとしている場所ならどこにでも精神を位置づける用意があるもの」と考えたのである。それが精神－身体の機能なのである。参考にしたオグデンの文章はうっとりするくらい美しいので、私は第9章で「何も連想が浮かばない」症例を提示する予定である。連想が浮かばない彼女は、セラピストが合いの手を打つと連想はできるが、それは買い物依存や仕事で有能な働きをすることと同じ見せかけの活気であることが理解され、次第に沈黙が「(感情が)死んでいる」と同一であることが明らかになったケースである。本論文は、そのセラピー中に読み、ウィニコットとスピノザの差異について考えさせられた。

2 「移行対象と移行現象」について

スピノザの第一種の認識イマギナチオを通してウィニコットの一九七一年版の「移行対象と移行現象」を読んでみよう。(以下は、日本ウィニコット協会のホームページのエッセイに投稿した文章を加筆補修したものである)

イマギナチオは外的世界との衝突に由来する第一種の認識である。スピノザは「(物との)衝突による身体の変状〔刺激状態〕は物の形状を再現しないけれども我々はこれを物の表象像と呼ぶ」と規定し、我々の感覚的な表象や記号、そして意見をイマギナチオと名付けた。イマギナチオは、(主観的には)真であるが(客観的には)偽でもある、という世界である。

「偽であるが真でもある」イマギナチオ論はウィニコットの移行現象の概念と同じである。幼児はお腹が空くと泣く。すると母親は乳房を幼児に差し出す。そして幼児は乳房からお乳を飲む。このこと全体が幼児に自分が乳房を創造したことを信じさせる、とウィニコットはいう。幼児はいつから口に含む乳房を自分が創造したと信じるようになるのか確認の仕様がないが、ウィニコットはそのようにイマギナチオ（もしくは直観）したのだ。スピノザ風に述べると、幼児は外部対象の乳房と衝突し、それに触発されて内的世界に乳房を表象する（の観念を形成する）のである。表象するのはいつ頃から？

なぜ幼児は乳房を創造したと信じるのか。スピノザの説明はこうである。乳房を認識すると、認識主体が形成されると同時に、この認識過程は意識されないので、つまり意識は結果だけを受け取るので、幼児は乳房を想像したと勘違いするからである。そして「彼の表象を動揺させる原因が少しも存在しない」ので、我々から見たら真ではないが、幼児は乳房を創造したと認識（錯覚）するのである。それをウィニコットはイリュージョン（幻想、錯覚）と呼ぶ。

そして次に、このイリュージョンの領域に移行対象という具体的なものが持ち込まれる。ウィニコットはそれを幼児が創造したものなのかそれとも外的現実から提示されたものかを問うことを禁止する。しかしここでもウィニコットはそのわけを語らない。ただ単に「私たちと赤ちゃんの間での『合意事項』」と述べて「このような問いは立てられるべきではない」と強調する。この禁止から想像するに、当時、幼児のイマギナチオを破壊して喜ぶような人がいたのだろうか。たとえば、ままごと遊びで泥の塊を団子として提供されたときに「泥だ！」と叫ぶ人がいたのだろうか。それはままごと遊びの決まり事、言い換えると、暗黙のうちに合意が結ばれているので、恭しく団子としていただくふりをしなければならないものなのだ。そうしないと物語も遊びも成立しない。

あるいは、幼児にとって移行対象を創造したと想像することは真である（「個々の知覚はすでに信念である」）ので、妄想患者の「妄想」を否定することは反治療的であるのと同じように、問うことを禁止するのかもしれない。妄想患者は、外的世界に触発されて形成されたイマギナチオを信じ、現実の外的世界を否認する。フロイト（一九一一年）は、シュレーバー症例の妄想形成を「現実を否認し傷ついた自己愛を修復する思考過程が妄想である」と解釈した。我々は妄想を否定せずに「不思議だね」と中立的に聞く。これがウィニコットのイマギナチオを尊重する「合意事項」である。

ところで、幼児同士では、泥のお団子を差し出されたときに、大人同様「泥でありお団子である」ことを意識しているのだろうか。それとも、幼児は意識せずにそれをやっているのだろうか。ウィニコットに質問したいところである。もはや我々大人は、幼児のように遊べないので、ウィニコットは「合意事項」と解釈したのだろうか。この疑問に対する私の解釈は後に述べよう。

こうして、幼児は中間領域で遊びながらいろいろなことを経験し成長していく。そして遊ぶことを通して幼児は、ルール（合意）のないゲームは楽しくないことを知る。制約があるから幼児は自由を満喫するというウィニコットのパラドックスを経験するのである。ウィニコットは客観的に知覚されたもの（A）と主観的に思い懐かれたもの（A'）とのあいだに「内的現実と外的現実の両方が寄与している**体験することの**中間領域」を想定し、「これは疑義を突き付けられることがない領域である」と直観する。月が手に届く距離にあるという信念は、月が地球から三十八万キロメートルも離れていることを教えられても、消失しない。それゆえに、「偽であるが真でもある」現実世界と内的世界の両方が成立するのである。経験が教えてくれるように、ある子どもが狩人になり別の子どもがライオンになって狩人の攻撃をライオンが受けるごっこ遊びは、この現実世界と内的世界の両立を互いが守らないとごっこ遊びにならない。

こうして、ウィニコットが「この中間領域に遊び、嘘、宗教、そして文化が生まれる」と言うことが理解される。言わば、我々人間は現実世界では虚偽でも心のなかでは永遠に（真なるものとして）偽なる表象を持ち続けるのである。さらにスピノザは、ないものをあるものとして想像する際に実際に存在していないものを受け入れるのであれば、「（精神はイマギナチオを）自己の本性の欠点とは認めず、かえって長所と認めたことであろう」（第二部定理一七備考）と述べる。その精神は炭坑節にも受け継がれる。大の大人たちが「あんまり煙突が高いので、さぞやお月さん、煙たかろう」と浮かれ踊っているあいだは月が三十八万キロメートルも離れていることは忘れている。映画も、しばらくのあいだ現実世界から遠ざかって、虚偽の世界を楽しむのである。嘘と妄想の違いは、現実世界を否認するかどうかに関わっていて、我々の臨床に現れる遊べない患者は、このイマギナチオと現実とのあいだを行き来できないばかりか共有することもできない人たちである。ここにウィニコットの治療論が姿を現す。

移行 transitional と客観性について

ここで私は「移行」や「過渡」と訳される"transitional"という言葉、つまりウィニコットの移行段階は大人になっても続くのだろうかという疑問がある。ウィニコットは"transitional"を「違いと類似性を受け入れるようになる過程」、つまり「現実検討」という主観から客観へと到達する道のことだと言う。客観的見地に立てるようになるのはメタ認知能力を獲得する十歳前後まで待たないといけない。節分の鬼や秋田県のナマハゲを怖がるのはメタ認知能力の育っていない子どもの特徴でもある。逆に十歳になると、ままごと遊びも楽しくないし、ナマハゲも怖くない。この十歳前後は短期記憶からエピソード記憶への移行の時期と重なって因果性に注意が向くようになる。イマギナチオは死ぬまで形成され続けるので、よって私は、〝錯覚の段階 illusional stage〟、〝移行の段階 transitional stage〟、そして〝客観性に至る段階 stage leading to objectivity〟の三段階を想定したい。十歳以前の移行段階では客観的に物事を観察し因果性を分析する理性的思考（メタ認知）はまだ備わってはいない。イマギナチオの段階でウィニコットは思索の道を終え、スピノザはさらに客観に至る道（＝理性、直観）を探求し「すべて高貴なものは稀であるとともに困難である」と述べて『エチカ』を終える。

この十歳前後のメタ認知能力の獲得は、先述した疑問に答えてくれる。幼児同士のままごと遊びでは、**スプリッティング機制**が働き無意識に遊びは繰り返される（偽は偽、真は真、それぞれが正しい）が、十歳を過ぎると「偽」と「真」を意識しながら参加するので、もはや幼児のようにままごと遊びを楽しめない。つまり、「偽（お団子は泥である）」と「真（泥の団子は食べられない）」の両方を知りうる時代への移行段階なのである。私事で恐縮するが、私は十歳過ぎに不思議な体験をしたので、参考までにメタ認知の例として述べる。

小学四年生の頃、東宝の映画『キングコング対ゴジラ』でゴジラとキングコングが富士山麓で戦う写真入りの記事を雑誌で読んだ。読んでいるとき、巨大な二体の怪獣が日本の地で大暴れするので、私の住む地域までもが破壊されるのではないかと怖くなった。と同時に、覚醒して、「これは映画のなかの話だ」ということに気づいている自分の二人がいた。私は錯覚と脱錯覚のあいだをフラフラしていた。

幸いにも私たちは、ウィニコットの同論文で呈示される症例からメタ認知について学ぶことができる。この症例は、我々の日々の臨床で遭遇する「外的または共有された現実と、真の夢とのあいだの領域のどこに位置しているかについて」例証するものである、とウィニコットは言う。

3 ウィニコットの「錯覚と破壊」について

私はウィニコットの分かりづらさの一つに彼の説明を省く書き方にも原因があると考え、スピノザの『エチカ』を頼りに「移行対象と移行現象」のハイライト部分を読み直した。スピノザの「(主観的には)真であるが(客観的には)偽である」イマギナチオ論はウィニコットの中間領域と同一であること、ウィニコットが移行対象を幼児が創造したものなのかそれとも外的現実から提示されたものかを問うことを禁止する理由はスピノザの「共有信念」で説明できると述べた。

これから取り組むのは、人間の持つ負の側面である攻撃性に関する論文を読み直す。題材として、「原初の情緒発達」(一九四五年)、「逆転移のなかの憎しみについて」(一九四九年)、そして「対象の使用と同一化を通して関係すること」(一九六八年)の三本を選んだ。特に三本目の「対象の使用」の論文では呪文のような文章が登場するが、それをスピノザの知恵を借りて解き明かしたい。

まず、最初にウィニコットの攻撃性から始めることにする。

（1）ウィニコットの攻撃性理論

優れた治療者とは観察力に恵まれ（関与しながらの観察）、患者と融合体験できる（同一化）人である。ウィニコットは両方――同時に体験することはできないが――の素質を持つ。「同一化」という用語は母子関係を重視するウィニコットの鍵概念であり、幼児（患者）が母親（分析家）に、母親（分析家）が幼児（患者）に、相互に同一化する過程で子育て（分析治療）は進む。しかしウィニコットは、「同一化」については明らかにしないどころか議論の対象にさえしない。我々は模倣する動物である。同一化は逆転移の問題も孕んでいるのに、なぜウィニコットは議論しないのだろうか。ウィニコットには中年男性の患者を若い女性のように感じた自身の「狂気」に関する感動的な報告があるが、この症例ほど同一化と逆転移の絡みを論じるのに最適なケースはない。ウィニコットはスピノザのように第二種、第三種の認識への道には興味を示さない。ウィニコットにとって大切なことは「リアル」であり、真偽の問題には関心が薄いと言わざるを得ない。逆転移問題は、投げ込まれたものなのか、分析家自身のパーソナリティによる反応なのか、それともスピノザのイマギナチオなのか、あるいは真なる同一化なのか、論じる価値はあると思うのだが。

二〇二一年四月に行われたウィニコット協会の『ウィニコット没後50年記念行事「ウィニコット再入門」』で私は以下の三本の論文を『エチカ』を頼りに読み直した。（加筆・補修したものをここに掲載する）

（2）「原初の情緒発達」（一九四五年）と「逆転移のなかの憎しみについて」（一九四九年）

ウィニコットの攻撃性を考えるうえで重要な論文の一部を読むことにする。「原初の情緒発達」

（一九四五年）の中に「愛における破壊的要素」と記載されている一部分を抜き出してみよう。

抑うつ的な患者が、分析者に要求しているのは次のような理解なのである。つまり、その分析者の仕事とはある程度まで彼自身（その分析者）の抑うつに対処する分析者の努力なのであり、あるいはこう言ってよければ、彼自身（分析者）の愛における破壊的要素から生ずる罪悪感や悲哀感に対処する努力なのだ、という理解なのである。

感情の模倣によって患者に同一化した分析者は患者に成り代わって、抑うつに対処しなければならない。しかし、その時に実はとんでもない危機が迫っている。その危機とは、「彼自身（分析者）の愛における破壊的要素」の襲来である、とウィニコットは警告する。

私は経験から愛が憎しみの原因になることは知っているが、愛自体に破壊的要素があるのだろうか。スピノザの定義では「愛とは外部の原因の観念を伴った喜びである」。喜びとは「人間がより小なる完全性からより大なる完全性へ移行することである」。愛は憎しみに対立するものとして定義され、愛における破壊的要素については『エチカ』のどこにも書かれていない。しかしウィニコットの述べた破壊的要素の手掛かりがないわけではない。第5章で論じたように、うつで苦しむ患者を前にすると、治療者も感情の模倣によって、うつを体験するので、つい患者を励まし、それに応じきれない患者に強く憎しみを抱いてしまう。

だから、ウィニコットはわざわざ「彼自身（分析者）の愛における破壊的要素」と断りを入れて、「憎しみ」から派生する罪悪感や悲嘆と取り組めと要求するのである。すなわち、「うつ」や「憎しみ」は患者に投げ返さずに自分の心の中で処理せよと主張する。臨床的には、うつの人は共感を求めてはいないばかりか、罰を受けることを求めているのであって、手を差し伸べてもらうのは迷惑千万な行為でもある。それで精神科医の「共感」はことごとく拒否されて、同一化を阻まれて、精神科医は後に後悔するようなことをしばしばしてしまうのである。愛における破壊性とはこの共感から生ずる「憎しみ」のことなのだ。

憐れみに動かされて手を差し伸べると後に後悔するようなことをしばしばしでかすし、何一つ善いことをしないばかりか容易に偽りの涙に欺かれるので、できるだけ憐れみに動かされないように努めよとスピノザは言う。スピノザの憐れみは「共感」と言ってもいい。ところが、「共感」は悲しみの感情故に「憎しみ」を容易に発生させる。そのためにウィニコットは「愛の破壊性」と言ったのである。共感は人間関係の紐帯にもなるが、時には毒にもなる。志賀直哉も、憐みに動かされて行う利他的行為のなかには罪悪感が潜在するというテーマで、『小僧の神様』を書いている（第1章参照）。

精神科医はうつの患者を励まさないように訓練されているので憐れみに動かされることは少ない。ただ、先に述べたように、人間の本性としてうつの患者と接すると、「憎しみ」から派生した罪悪感や悲嘆を抱え込んでしまうのは致し方ない。憎しみは健康に悪いので、どこかに捨てざるを得ない。もしくは、ウィニコットが述べるように取り組む「努力」が必要になる。どうやって取り組むのか？　共感に動かされないようにするしかないのか？　『ウィニコットとの対話』（二〇一六年）という本のなかで著者カー Kahr, B. は、架空の世界のことなのだが、ウィニコットに「そうしますと、私たちはこのような無意識の憎しみとどう向き合うべきでしょうか？　どのようにして、それを意識することができますか？」と問う。ウィニコットは直接患者に話すのではなく、同僚やスーパーヴァイザーと話すべきだと答える。分析家が患者から刺激を受け、一定の形態や性質を帯びる（変状）。すると自分の存在を維持しようとする力（コナトゥス）が欲望として「あることをなすよう」に働きかける。つまり、患者との関係で分析家が働きかけをプレッシャーとして感じるなら逆転移を意識できるのである。この働きかけ（欲望）をモニタリングすることによって分析家は無意識の憎しみに取り組めるのではないだろうか。スピノザは理性によって手を差し伸べよと言う。ウィニコットの上げ足を取るようだが、第2章で論じたように無意識の感情はないので、無意識の憎しみはスタッフに語ることはできない。憎しみについて語っているときに憎しみに駆り立てる何かに気づくというのが正確である。

さらにウィニコットは憎しみについて「逆転移のなかの憎しみ」（一九四九年）のなかで次のように語っている。『ウィニコットとの対話』を参考にすると、ウィニコットは「患者さんを愛しています。患者さんは苦しんで、私たちのところへやって来ます。……でも、私たちは、悪い部分、重荷となる部分、貧困な部分、私たちをトイレのように扱う部分などを憎むようになることだってあります」と述べる。そしてウィニコットは無意識的な憎しみを母親、そして分析家にも想定する。

古い親子関係の鎧を着た患者が我々の前にやって来て、その鎧を脱ぎ捨てる際に、つまり転移状況の中で、患者は怒りを買うようなことを幾度となく試みる。それは、患者は自らの憎しみにまだ気づいていないからだとウィニコットは言う。母親の、そして分析家の憎しみを知って、赤ん坊、そして患者は自らの憎しみに気づく、というのがウィニコットの主張である。つまり憎まれていることに到達して初めて愛されていることを信じられる、と主張する。

(3)「対象の使用と同一化を通して関係すること」(一九六八年)

この論文のタイトルは、対象と関係することから対象の使用へと時間が流れる。そして、この二つの時期の中間にもう一つの段階がある。主体が対象と関係するから、(対象が外的になるにつれて)主体が対象を破壊する。そして対象が主体による破壊を生き残る、というのが本論文の論旨である。スピノザは幼児の世界については少ししか語っていないが、浅野(二〇〇六年)によるとスピノザには「二人」の幼児がいる。一人は、あらゆる組織化から自由で、規範や法という概念から最も遠いところにいる自由な存在としての幼児。もう一人は、幼児時代は無力と隷属の状態、極度に外部の原因に依存し、どうしても喜びよりも悲しみの方を多く抱いてしまう愚かな存在としての幼児である。それだけに幼児の精神は、非十全で自らの生成因としての力を表現しないイマギナチオの世界で生きている。それゆえに、スピノザの幼児は成熟するということは適応ではなく、他者との間でまさしく十全な観念を形作りしながら、そこに成立する能動的な力を表現していくことになる。本論から逸れるが、適応よりも能動的に生きることを重要視するスピノザの視点はウィニコットの幼児のセラピーを理解するのに有益である。

さて、本題に戻ろう。私には呪文のように聞こえるウィニコットの文章はこうである。

主体は対象に、「私はあなたを破壊した」と言い、対象はそこにいてコミュニケーションを受け取る。これから、主体はこう言う。「こんにちは、対象！」「私はあなたを破壊した」「私はあなたを愛している」「あなたは私の破壊を生き残ったから、私にとって価値があるんだ」「私はあなたを愛しているあいだ、ずっとあなたを（無意識的）空想のなかで破壊している」と。ここに、その個人にとっての空想が始まる。いまや主体は、生き残った対象を使用することができる。

①躓きの第一歩：破壊性って何？

破壊したら対象はなくなるので使用できないのではないかと反論する人にウィニコットは「アームチェアから降りろ」と言う。それで私も降りて、子どもの頃に経験したことと、ボーダーライン患者の臨床経験を重ねてみた。しかし、自分の体験は記憶として遡れるのは三歳以降なので役に立たない。ボーダーライン患者の治療から得た知見を乳幼児に観察可能な現実として扱うこともできない。オグデン（一九八六年）は、「ウィニコットが言おうとすることを推論すれば、乳児が内的対象の万能性を放棄することこそ、決定的な信頼の営みをひきおこす、ということである」と述べて、内的対象を放棄することを「破壊する」と直観する。外的対象とのやり取りの中で現実の母親が信頼に値すれば、内的対象を手放せる準備が整うというのである。

②「衝突」、「破壊」、そして「攻撃性」

破壊する原動力は「攻撃性」である。ウィニコットは、赤ん坊の攻撃性を活動性・自発性（身振り）のことだという。胎内にいるときに母親のおなかを蹴ったりする身体の動きがその始まりである。それを環境側は攻撃と呼ぶかもしれないが、赤ん坊はそのことを知らない。母と子のあいだに衝突がないと、破壊も攻撃も現れない。破壊と攻撃は衝突を前提とする、というのが私の主張である。衝突という言葉が強烈すぎるのであれば接触でもよい。

③スピノザを通して見たウィニコットの「破壊性」の正体

準備は整ったので、上記のウィニコットの謎のような、呪文と言ってもいい、文章を解き明かす作業に移ろう。

赤ん坊は生まれ落ちてから、他者と共有する外的現実世界と内的世界の二つの世界を生きる。赤ん坊は現実世界の大部分において母親と衝突する。赤ん坊はお腹が空くと泣く。すると母親はお乳を上げて、赤ん坊はそれを飲む。次に、オムツが濡れて赤ん坊は不快で泣く。赤ん坊は母親の世話を受けて喜ぶ。不快と快の体験が母子間で繰り返され、その度に、二人の衝突に対応して赤ん坊の身体に表象像が形成されていく。この表象の観念は、外的対象と自分の身体との衝突の観念であり、外的世界の現実の構造の観念ではない。身体の観念は精神として意識され、赤ん坊の内的世界には母親の表象像が新たに形成される。つまりこういうことだ。乳房Aは、主に口唇による認識によって内的対象A'を形成する。しかしそれも、乳児の成長とともに、乳房Aは口唇と視覚・触覚による認識により内的対象A''が形成される。

ここから、

主体は対象に、「私はあなたを破壊した」と言い、対象はそこにいてコミュニケーションを受け取る。

が来る。

発達とともに眼前の母親と衝突する体験にも差異（乳房から顔を持ち言葉を喋る母親）が現れ、そのイマギナチオは旧い内的対象（旧い表象像）を破壊することになる。それゆえに「私はあなたを破壊した」と赤ん坊は言い、新しい内的対象はそこにいてコミュニケーションを受け取る。新旧の内的対象との体験の過程をウィニコットは、多分に赤ん坊にはこのように経験されるに違いないと信じて上記のように表現したのだろう。この内的対象の新旧の交代劇をウィニコットは「破壊と再創造」と呼ぶ。この破壊の過程は意識されないので赤ん坊は自分が対象を破壊したと認識するのである。

ここでウィニコットは、赤ん坊は主観的対象（投影素材）を破壊するのではない、と念を押す。破壊するのはあくまでも内的対象なのである。そして、「対象が客観的に知覚されて自律性をもち『共有された』現実に属している限りにおいて、破壊性が現われて中心的特徴となる。これは少なくとも私にとって、私の命題の難しい部分である」と結ぶ。外部と接触する限りにおいて、つまり外と内の中間領域で破壊は繰り返されるとウィニコットは言っているのである。ウィニコットはスピノザを知っていたのだろうか？　ウィニコットの書き方はとてもスピノザ的である。それとも二人は時空を違えて同じ頂に到達していたのだろうか。

赤ん坊は発達とともに新しい外部の母親と衝突して、それに対応するイマギナチオによって旧い母親対象は破壊されて、「対象を破壊した」という意識が生まれ、新たに内的対象とコミュニケートするのである。ウィニコットは「私が言うところの対象の破壊には**怒りがない**」と、怒りがないことを強調する理由がここにある。ウィニコット（一九六八年）にとって「破壊」には健康な破壊と病的な破壊がある。健康な破壊は無意識のもので空想の内にあるが、病的な破壊はパーソナリティの中に統合されず、現実に行動化される。

内的世界はイマギナチオの世界でそれはモノの本性を表示せずただイマギナチオの状態を示す。現実の対象（母親）との衝突によって生み出された内的対象と眼前の母親対象は同一ではない。最初期の母親の内的対象は次第に現実の母親対象と少しずつ一致していくに違いない。それで「ずっとあなたを（無意識的）**空想のなか**で破壊している」と言うのである。それは、赤ん坊にとっては破壊だが、我々の目には赤ん坊は「脱錯覚」すると映る。よって破壊は脱錯覚と言ってもよい。

④「対象が生き残る」について

ところが、ウィニコットは現実世界に目を向けてこう言う。「対象が生き残る」とは「対象は赤ん坊の破壊に仕返しをしない」ことだと。つまり、内的世界の出来事である赤ん坊の破壊に対して、現実世界の母親は「仕返しをしてはならない」と二つの世界にまたがる話へと移る。二元論の頭で考えると内から外へ、外から内へと何が何だか分からなくなる。ここはウィニコットの中間領域とスピノザの共有信念における話だと考えるとよい。おそらくウィニコットはこう言っているのだ。赤ん坊は脱錯覚の驚愕を「泣く」「むずがる」などという行為を通して外に表すのだろう、と。

先に述べたように、幼児時代は無力と隷属の状態で極度に外部の原因に依存している。もし環境がほどよいものでなければ、幼児の「攻撃性」の表出は受け止めてもらえない。そこでは破壊という脱錯覚は「破綻」として体験されるだろう。すると破壊は永遠に訪れる機会を失い、別の言い方をするなら、破壊に伴う心痛の表現として攻撃性が使われることもなく成長していくことになる。そして、幼児は自らの生まれつきの攻撃性を扱う機会を持てないまま成長し、人間の和合に対立する感情としての憎しみ、および思惟能力を一点に束縛し続けるような感情としての愛着というスピノザの「悪しき感情」を育てていくのである。もちろん、悪しき感情はオモテに出ないようにウラに隠されたままである。それをウィニコットは迎合的な偽りの自己と呼ぶ。ここで幼児が破壊に伴う驚愕を攻撃性として現実の母親にぶつけ、母親が幼児のそれに対して報復せずに受け止めることができるのであれば、スピノザはそれを憎しみ返しをしないという、幼児は攻撃性をパーソナリティに組み込むことが可能になるだろう。

(4)「対象の使用」について

ウィニコットの文章を難しくしている一つが「使用」という日常用語の使い方である。人間関係における「使用」という言葉から、私の場合、「使う人」と「使われる人」の主従の関係が思い浮かぶ。「使用人」というイメージを払しょくすることができない。ウィニコットは「私の言う『使用する』という言葉は、〈搾取的〉利用という意味ではない」と断りを入れ、攻撃と対象の生き残りによって、幼児は対象恒常性を獲得し、対象を使用できるようになるという。

このことから、先に引用したスピノザの「二人の幼児」が登場する。極度に親に依存し、無力と隷属の状態から、あらゆる組織化から自由で、規範や法という概念から最も遠いところにいる自由な存在としての幼児への移行である。「立っている者は親でも使え」という諺は、忙しい時は手の空いている者なら、たとえ目上の人でも、誰を使ってもいいという意味である。ウィニコットの「対象の使用」もそうしたドライな日常用語の用い方なのであろう。

國分（二〇一七年）は、中動態の視点から、「使うためには、使う主体にならねばならない」と説く。スピノザの世界では外部の対象を知覚する時に主体は形成される。ウィニコットの「主体」も外的世界の作用とは独立に存在するのではなく、外的対象との関係（衝突）の結果、意識として受け取る限りの身体および精神の観念である。それゆえに、対象を使用するにあたって「対象の生き残り」が必要だし、その結果、「(我々は）使用するなかでのみ、自己を経験し、自己を（自己と世界の）使用者として構成する」のである。

臨床素材 aspects of fantas

ウィニコット（一九七一年）で追加されたこの臨床例は"aspects of fantas"と名づけられている。fantas はオグデン（二〇二一年）によるとウィニコットの新造語であり、読者に**あいだの経験**――創作された言葉と通常使われている言葉とのあいだの空間――を直ちに提示するものであるという。この臨床例から十歳前後の移行対象と移行現象の現れ方を見てみよう。

ウィニコットの呈示する症例は通常「スキゾイド」といわれるさまざまな症状をもつ数人の子ども

のいる知的な女性。ウィニコットはシゾイドという言葉を人生最早期（絶対的依存の段階）の環境の養育失敗にその原因を置く。一見すると健康に見えるが、本人は考えようがない unthinkable 記憶に苦しみ、その治療は古典的精神分析技法では終わりをみない。このようなケースにはウィニコットは本当の自己を探求するための依存への退行が必要だという。

本症例は内容の豊富さから館（二〇一三年）も指摘するように長時間セッションのケースと思われる。セッションは夢の報告から始まる。そして、関係の否定的側面に遭遇した時の子どものこころの様子を語り合い、対象の死（dead Mother）へと話は進む。そして、彼女の子ども時代の十一歳の頃、彼女は戦争のせいで地方に疎開された話へと移る。彼女は疎開先で世話をしてくれる人たちを「どんな呼び方もしないようにした」。この両親の不在に対する彼女のとるパターンは、分離に対処するためのさまざまなテクニックを語ったのちに、転移のなかで「ただひとつリアルなものは隙間」というポジションとして再現され、二歳の頃の母親の不在に作り上げられていたことが明らかになった。そのとき母親は彼女に次のように語った。四マイルも離れたところに母親はいたにもかかわらず「私たちがいなかったあいだずっと、あなたの泣いている声が『聞こえた』わよ」と。二歳になる彼女は、そのとき、「私のお母さんが嘘を言ったなんてことがあるかしら？」と思ったが、彼女にとって母親は嘘をつくなど信じがたいことだったので、彼女はどう対処していいものか困惑したのだった。彼女の人生は彼女の言によると「私がもっているものといえば、すべて、私がもっていないものです」そのことをウィニコットは「〝ない〟こと the negative のみが、〝ある〟こと the positive なのである」と言い換える。

母親の不在に対する弁解を嘘と見抜くのは十歳過ぎのことであって、二歳の幼児では嘘をそのまま信じてしまう（妄想に近い）。そして不在の母親対象はスプリット・オフする。客観的には母親は不在なのに主観の世界は眼前の母親の話をイマギナチオするからである。嘘を見破るには、二歳の彼女の表象を動揺させる原因が存在する必要がある。それには因果性を明らかにできる理性が欠かせない。嘘を見破る能力は二歳の幼児にはないと言わざるを得ない。母親の不在に耐える限界を越えた二歳の彼女にとって、母親が死んだという偽なる（内的には真である）観念に安んじているわけなのであって、その中間領域に「嘘」が形成され「隙間」が、妄想患者同様、リアルに感じられるのである。地方に疎開された十一歳の頃の体験が、二歳の頃の体験を呼び起こし、記憶を書き換えたのだと思われる。

今ここで私が試みた真偽を問う分析作業は治療プロセスを台無しにする行為であることは重々承知している。なぜなら、移行対象とは母親の「嘘」で母親の献身と信頼性を象徴しているからである。「移行対象そのものはリアルであったにしても、移行対象が表しているものはリアルではなかった」ということである。ウィニコットの治療は、主観と客観を行ったり来たりしながら、客観性をより多く身につけるものではなくて、客観と主観の領域に「あいだ」を形成し、分析家とそれをしばらくのあいだ共有し遊ぶことにある。それを依存への退行という治療環境が保証する。ウィニコット（一九五四年）は「依存自体には危険はない」と言う。危険性は分析家が動揺する患者を抱えきれない状況が発生することにある。それゆえにウィニコットは治療にはマネージメントにより重点を置くべきだと主張するのである。

リアルであること、つまり生き生きと生きることを重視するウィニコットには「〝ない〟ことのみが、〝ある〟ことなのである」という禅問答のような文言によく遭遇する。ウィニコットの分析治療に求めているものは、我々日本人には馴染み深い般若心経の「空」と「無」の違いについて考えると分かりやすい。「空」とは何もないことではなく、宮坂（二〇〇四年）によると、インドでは、コップに水がないことを「コップには水の無がある」と表現するという。「空」とは「スペース」と考えてよいのだ。すると、ウィニコットが〝ない〟ことを the negative、〝ある〟ことを the positive という言葉で言い表す意味が理解できる。ないところはあるはずのものが入るスペースと考えると、中間領域のスペースが想定されていることが分かる。それが症例に名づけられた「fantas」なのである。

Ⅲ　おわりに

ウィニコットの書かれたものの分かりづらさは、ウィニコットの説明を省く書き方にも原因がある。私にとってウィニコットが省略した部分を説明してくれるのがスピノザの『エチカ』だった。『エチカ』を頼りにウィニコットを再読してみると、新たな発見やウィニコットをより深く理解できるようになり、それを記録に残すことは意義があると考えた。

ウィニコットを理解するにはスピノザのイマギナチオ論と感情の模倣論が重要である。偽ではあるが真でもあるイマギナチオの世界を捨てて理性や直観の道を探求するスピノザと違って、ウィニコットはイマギナチオの世界にとどまり共有する現実世界と内的世界とのあいだに生成する中間領域でリアルを感じること、本当の自己を探求することの治療的狙いがある。

私は最初に「移行対象と移行現象」を読み直した。ウィニコットはなぜ移行対象が外から提示されたものなのかそれとも赤ん坊が創造したものなのかを問うことを禁止するのか。ウィニコットは我々と幼児との「合意事項」だと述べるけれど、イマギナチオは外的には「偽」であるが内的には「真」であることの両立（共有）を守るためなのである。さらに、幼児同士の遊ぶことと幼児と大人の遊ぶことの違いは、前者ではスプリッティング機制によって遊びが成立し、後者ではもはや同レベルの遊びは成立しないという私見を述べた。

この幼児と大人の認識の違いから、ウィニコットの移行段階に客観的に物事を観察し因果性を分析する理性的思考（メタ認知）の始まりである十歳前後の段階を想定し、子どもの心の発達段階に錯覚の段階⇒移行の段階⇒客観性に至る段階の三つを想定した。そのことをウィニコットの臨床素材を用いて論じた。

後半はウィニコットの「破壊論」の読み直しである。最初に「原初の情緒体験」では、ウィニコットの言う「愛における破壊的要素」とは、愛自体に破壊的要素があるのではなく、感情の模倣による憐憫（「共感」）から憎しみが派生することを明らかにした。次に、「逆転移のなかの憎しみについて」では、分析家が患者から刺激を受け、一定の形態や性質を帯びると、自分の存在を維持しようとする力（コナトゥス）が欲望として「あることをなすよう」に働きかける。その働きかけを分析家がプレッシャーとして感じるなら逆転移を意識できること、この働きかけ（欲望）をもとに無意識の憎しみに取り組める、というスピノザの知恵を紹介した。

さいごに、「対象の使用と同一化を通して関わること」では、幼児の神経系発達につれ、幼児と外的対象との衝突のたびに内的対象は表象Aから表象A'へと移り変わる。私はその交代劇（脱錯覚）を「破壊」と解釈した。さらに、謎めいた文章をウィニコットが書くのは、子どもにとってはそのように体験されるからであると理解した。

注1：赤ん坊、幼児、子どもの使い分けは、生まれて間もない乳幼児は赤ん坊、一歳からを五、六歳までを幼児、それ以降は子どもと表記した。

第4部　ボーダーライン論

第7章　ボーダーライン論1

一般生活において通常見られるもののすべてが空虚で無価値であることを経験によって教えられ、また私にとって恐れの原因であり対象であったもののすべてが、それ自体では善でも悪でもなく、ただ心がそれによって動かされた限りにおいてのみ善あるいは悪をふくむことを知ったとき、私はついに決心した。我々のあずかり得る真の善で、他のすべてを捨ててただそれによってのみ心が動かされるような或るものが存在しないかどうか、いやむしろ、一たびそれを発見し獲得した上は、不断最高の喜びを永遠に享楽できるような或るものが存在しないかどうかを探究してみようと(『知性改善論』第1段)。

知性改善論の第1段を読んだとき、パーソナリティ障害治療のヒントを見つけた。スピノザは世俗的な善、つまり富、名誉、快楽の三つは一時的にしか幸福をもたらさない、むしろ空しいだけだという。そうであるのに私たちは目の前の世俗的な善を追い求め、永遠に幸福になれないのである。ことにBPD（境界性パーソナリティ障害）患者はこの世俗的な善に振り回される。この難問にスピノザは果敢にチャレンジし、人間の幸福は、事物の真なる認識による全自然との合一にある、そのために、知性を改善、純化して真なる認識、さらには真なる観念に至るための方法論はないかと哲学する。この知性改善論の試みが結晶化されたのが『エチカ』である。

I　境界性 Borderline（ボーダーライン）という用語について

ボーダーライン（境界性）という医学用語が使われるようになったのはアメリカで精神分析が盛んになった一九三〇年頃のことである。第二次世界大戦前のナチスのユダヤ人迫害にあって多くの著名な精神分析家がアメリカに亡命、移住してきたことによってアメリカの精神分析は発展した。一九五〇年代のアメリカの大学医学部精神科教授の約8割を精神分析家が占め、多くの人々が分析治療を受けた。ところが、神経症の患者に精神分析治療を施していると、治療が難しく、なかには状態が悪化して妄想状態を呈する患者が現れる、という報告がなされた。しかも、彼らを通常の対面法に戻すとその妄想状態が消失する。こうした神経症と精神病の境界という意味で彼らは Borderline ボーダーラインと呼ばれた。

その後、ボーダーラインの研究は進み、ロールシャッハ・テストのような無構造の心理テストでは精神病的な反応が見られるものの、構造化された心理検査では健常者と同じような反応を示すこともわかってきた。状況によって示す反応が違ってくるのである。さらには、精神分析の発展とともに、アイデンティティ拡散（エリクソン）、偽りの自己（ウィニコット）、規定欠損（バリント）といった概念が提出されるに従って、ボーダーラインをパーソナリティ発達の問題として見る流れが定着してきたのである。

そして今日のボーダーライン論に大きな影響を与えたのは、一九七〇年代のカーンバーグKernberg, O.によって提唱されたパーソナリティ構造論である。この段階に至って、ボーダーラインは、①精神病との境界、②うつ病との境界、③パーソナリティ構造としての「境界（ボーダーライン）」という流れが明らかになり、一九八〇年に登場したアメリカ精神医学会のＤＳＭ－Ⅲによって境界性人格障害という用語が精神分析家だけではなく広く精神科臨床で使用されるようになった。当時はBorderline Personality Disorderという診断名に「**境界性人格障害**」という訳語を当てていた。しかしこの人格障害という訳語が「人格に倫理的な欠陥があるような」響きを与えるために大変評判が悪く二〇〇四年の「ＤＳＭ－Ⅳ－ＴＲ」から「**境界性パーソナリティ障害**」と改訂された。

Ⅱ　ボーダーライン治療の工夫

一九八〇年にＤＳＭ－Ⅲが出版されてボーダーラインは境界性パーソナリティ障害と失調型パーソナリティ障害にされた。精神科臨床の場は主に前者によって引っ掻き回されていた。深夜、当直医を困らせるのはボーダーライン患者を中心とする思春期青年期の患者だった。行動化が激しい患者を目の当たりにした。外来のカルテ保管所から自身のカルテを盗む、欲望のためには一線を越える、女性患者もいた。

当時、日本ではひきこもり青年の家庭内暴力が社会問題になり、摂食障害や自傷行為の若者が増えた。ドイツ精神医学を中心とする既存の精神医学では彼らを診断することができなかった。それに答えたのがDSM-Ⅲのパーソナリティ障害の概念だったのである。病棟から教室に戻ると先輩たちの話から「スプリッティング」という言葉をいつしか覚えた。カーンバーグとマスターソンMasterson, J. は時の人だった。彼らの本は、それぞれ翻訳され、前田重治監訳『対象関係論とその臨床』（一九七六年）と成田善弘・笠原嘉訳『青年期境界例の治療』（一九七二年）として出版されていた。

境界性パーソナリティ障害（以下、BPD）の臨床と研究は主に精神分析を専門にしている精神科医が担っていたが、精神分析のトレーニングを積んだ精神科医は少なく、患者の多くはクリニックや精神科病院の非精神分析的な精神科医のもとで治療を受けていた。その臨床的溝を埋め合わせるために、二〇〇二年四月から「治療ガイドライン作成」のための厚生労働省の班研究（通称：牛島班）が始まり、その成果は牛島定信編『境界性パーソナリティ障害〈日本版治療ガイドライン〉』（金剛出版、二〇〇八年）にまとめられている。

私も長い間BPDの治療を手掛けきて、より副作用の少ない、かつ、彼らのパーソナリティの社会化を促すには、以下の四点のさらなる理解が欠かせないということに至った。①BPDの中核症状である見捨てられ不安、②防衛機制のスプリッティング、③自傷行為を中心とする自己破壊的行動、④パーソナリティの社会化の四点である。この四点から『エチカ』をもとにボーダーラインを再考するのが本章の目的である。本章では、しばらく『エチカ』からは離れることになるが、スプリッティングと自己破壊的行動化について、次章ではパーソナリティの社会化とボーダーラインの自己愛の扱い方をスピノザの名誉欲を手掛かりに述べよう。

1　スプリッティングについて

スプリッティングを臨床的に意識するようになったのは約三十年前の福岡大学病院での病棟医長の経験からである。当時、長い入院予約を待ってやっと入院できたかと思うと一週間も経たないうちに退院を要求してくるBPD患者が少なくなかった。治療者が退院を引き止めようとすればするほど、患者は感情的になって、ついには行動に訴えて離院し退院していった。なかには私に決定を求める患者もいた。話を聞くと外来で生活破綻したという現実は否認（拒否 disavowal）され、「退院したい」と訴えるだけだった。それで退院要求を受け入れると、夕方には「退院するのを止めます」と思いとどまった。性急に退院したがった理由を聞くと、患者は病棟での集団生活がいかにストレスであるかを語るのであった。たとえば、隣の患者が自分のことをどう思っているのか、嫌っているのではないか、それを考えると夜も眠れないと訴えた。退院要求を拒むと現実生活の苦しさはスプリット・オフされ「大丈夫です」と言い、それを受け入れると、退院後の生活に思いを寄せ退院を思いとどまることを知った。

この経験は精神科クリニックでのBPD患者の外来治療に役立った。それは「矛盾（対立思考）を抱える」、別の言い方をするなら「曖昧さを抱える」治療態度へと発展した。第2章で述べたように、退院要求はイマギナチオによるもので、それは妄想患者と同様、否定しない過程が欠かせない。しかしそう簡単にはいかない患者もいる。重度のBPD患者は「働けますか」とその判断を私に丸投げする。働けると言えば、その試みは失敗に終わり患者は傷つく。働けないと言えば「なぜなのか」と問われ患者を否定する病理を説明せざるを得なくなる、つまり恨みを買うことになる。私は働けるかどうかの「イエスかノー」の対立思考のドツボに嵌るのである。それを患者に返しても埒が明らかないし、一度、患者の対立思考を私が引き受ける過程が欠かせないことを経験によって知った。

さて、スプリッティングはよく知られた概念だが、その意味は一般的に想定されているほど自明のものではない。ブラスBlass, R. B.（二〇一五年）は、スプリッティングの四つの異なる概念を示している。①解離としてのスプリッティング：トラウマに直面した際の、ある程度意識的に利用可能な、パーソナリティ全体のスプリット・オフを意味する乖離。不安を生じさせる現実から意識を切り離すスプリッティング。②否認（拒否 disavowal）としてのスプリッティング：現実が抑圧によって内部の抑制が生じることを避けようとする努力という意味での disavowal(拒否)。否認とは対照的に disavowal に現実は知覚されている。トラウマよりもより現実性に焦点が当てられている。残りの二つのスプリッティングはフロイトが投影と取り入れについての考えを洗練させていた時期に遡る。幼児にとって対象が快感の源泉である限りにおいては取り入れ、他方では、自身の中に在る不快の原因となる悪いものを排出する。この良い悪いに対象を分けることには二種類あり、③表象としてのスプリッティング：自我の弱さや環境因による対象表象のスプリッティングに焦点を当てたもの（代表はカーンバーグ）、④心のスプリッティング：私たちの死の本能の破壊からくる良いなしですますことを目的とした、主に破壊的な行為によってこころそのものをスプリッティングするもの（代表はクライン）である。

これらの四つの概念は全て、もともとはフロイトによって述べられており、さらにその後の分析者の研究によって発展しているので、フロイトからはじめてクライン、ビオン、そしてカーンバーグ、ウィニコットのスプリッティングについて述べることにする。

（1）フロイトのスプリッティング

フロイトの分裂 splitting の使い方には、ラストマン Lustman, J.（一九七七年）によると以下の四つがある。

①乖離現象における意識のスプリッティング（一八九五年）

フロイト（一八九五年）は『ヒステリー研究』で「心的外傷の回想は、患者の正常な記憶の中にではなくて、催眠状態にある患者の記憶の中で発見されうる」と述べた。それは二重意識と呼ばれ、あらゆるヒステリーにきわめて顕著な意識のスプリッティングが存在している。この乖離の傾向、それをフロイトは「類催眠状態」という名のもとに総括し、異常な意識状態の出現を招く傾向こそが、このヒステリーの根本現象なのであると考えた。

一方フェレンツィ（一九三三年）は、乖離的なスプリッティングは子どもの早すぎるセクシャライゼイションに結びついたトラウマが主要な病的源泉であると考えた。このスプリッティングは、通常、その人の一部分がトラウマを受ける前の幸福な状態へ退行することを必然的に伴う。そして、別の部分は即座に、知的能力も含めて〝成熟した大人のすべての情緒とすべての可能な特質を伴った〟成熟な人格へと発達するという。

②同一化過程のスプリッティング（一九一七年、一九二三年）

フロイトは『悲哀とメランコリー』（一九一七年）で、メランコリー患者はなぜ自分を責めるのかという問いから、責めている対象とは「患者が愛しているか、かつて愛していたか、あるいは愛さねばならぬ他の人」のことであることを明らかにした。すなわち、自我の一部に自己愛的に取り入れた愛情対象があることを解明した。ゆえに、メランコリー患者では「自我の一部がかの部分と対立し、それを批判的に評価し、いわば対象とみなしていることがわかる」。対象喪失は自我の喪失に変わり、自我とその愛する者との葛藤は自己批判と自我――同一視によって変った――との間の分裂 cleavage となるのである。

次に、フロイトは『自我とエス』（一九二三年）で解離性同一症の発生過程についてスプリッティングを同一化過程の障害の防衛結果として理解した。「自我の対象同一化が優勢になり、あまりに多くなり、強くなりすぎて、互いに不調和になると病的な結果が明らかに現れる。個々の同一化が、抵抗によって互いに隔絶することによって、自我の分裂が生じる可能性がある。そして、おそらく個々の同一化が交代しながら、意識全体をひき裂くことが、いわゆる多重人格の場合の秘密であろう。たとえそれほどにならなくても、自我の分裂をもたらすのは種々の同一化間の葛藤の問題が起こるのである」と結んでいる。

③精神病者にみられる正常な傍観者

『精神分析概説』（一九三八年）において「精神の分裂」が取り上げられる。フロイトは、回復後の精神病者の「幻覚的錯乱状態のような外界現実から非常に隔った状態においてさえも、一人の正常な人間が彼らのこころの片隅に潜み隠れていて、あたかも事件に加わらない観察者のように、病気の亡霊が通り過ぎてゆくに任せていた」という報告例を述べている。現実を考慮に入れる正常な状態と本能の影響のもとに自我を現実から離反させる態度のスプリッティングである。

④フェチシズムに見られる自我の分裂

フロイトは遺稿『防衛過程における自我の分裂』（一九四〇年［一九三八年］）において本能要求と現実の干渉の間の葛藤に対して自我を分裂させることによって、互いに相対立する反応を可能にする自我のスプリッティングについて述べた。現実を認識し承認する自我＝女性にはペニスがないこと（したがって自分も去勢され、ペニスを失う可能性があることの承認）と、この事実を否定し、何か他のもの（女性の身体の他の部分がペニスの象徴）にペニスの役割を与える。それがフェチシズムの対象となる。すなわち、ペニスの欠落の事実を承認する考え（現実的自我）と否認する考え（欲動的自我）とのスプリッティングである。スプリッティングを併存することによって去勢恐怖を防衛し、同性愛やより重篤な性的障害に陥ることを免れているという。

《フロイト以後》

（2）クライン（一九四六年、一九五二年）

クラインは臨床で得られたスプリッティングを説明するために生得的な破壊性、つまり死の本能を想定して概念化した。迫害不安を説明するのに死の本能を採用したのである。クラインによると、対象そのものをスプリットすることは、心［精神］（自我）をスプリットすることであり、単に表象（心の範囲内に属する外部の対象と、一つの対象としての自分自身のイメージ）をスプリットすることではない。

私が解説したプロセスは、乳幼児の空想生活に密接に結びついている。そして、スプリッティングのメカニズムを刺激する不安もまた、空想的な性質である。乳幼児が対象と自分自身をスプリットするのは、空想においてだが、それが実際、お互いから切り離されている感情や関係（後には思考の過程）へとつながるため、この空想の影響は非常に現実的なものである（クライン、一九四六年）。

クラインは「妄想分裂ポジション」の概念を提唱した。その起源は出生直後から四カ月頃の乳児と母親との原始的な対象関係にある。その頃の乳児の心理的課題は死の本能から生成された危険を処理することであるとクラインは言う。この危険処理の主要な様式がスプリッティングである。オグデン

（一九八六年）はそのことを「乳児は自己と対象の愛の向けられる側面と恐怖の向けられる側面とのあいだに不連続 splitting が確立されなければ、安全に乳を吸うことができず、死んでしまうかもしれない」と分かりやすく説明している。

第3章で私は死の本能を否定したが、精神分析の世界では肯定派が少なくない、もしくは、対話を避ける人たちが多い。乳幼児の四つの本能「吸う」、「泣く」、「しがみつく」、「笑う」は観察可能であるのに、つまり生の本能は表に現れるのに、なぜ死の本能は観察されないのだろうか。

スターン（一九八五年）は、乳児の発達は欲動をもとにしたファンタジーによって導かれるのではない、生物学的にプログラムされた能力・機能の展開に沿った乳児の発達に大きく影響されるとクラインを批判した。乳児の病理は、現実に即した出来事の帰結であり、空想や願望の結果ではない、とスターンは主張する。

（3）フェアバーン Fairbairn, W. R. D.（一九五二年）

フロイトは対象を欲動の対象として定義し、自我はこの欲動に対するコントロールの機能を果たすと考えた。フェアバーンは、これに対して、自我を主観的意識における自己、ないしは全人間的人格としての「パーソン自我」として想定し、むしろこのような自我は「対象希求的」であると主張し、この意味での自我と対象とのかかわりを、最も一義的な対象関係とみなした（小此木、一九八五年）。外的対象としての母親と乳児の関係の存在を前提としている点で、クラインと決定的な違いがある。早期口愛期における良い対象と悪い対象への分化がさらに進み、この過程で内在化された悪い対象像は、外的対象としての母親との環境が不良の場合にはさらにスプリッティングを引き起こしていく。

（4）ビオン（一九五七年）

統合失調症のパーソナリティの精神病部分と非精神病部分のスプリッティングを提唱した。その源泉は、精神病的な乳幼児のサディスティックな攻撃という空想に求めた。メルツアー Meltzer, D. はこのことを『クライン派の発展』（世良・黒河内訳、金剛出版、二〇一五年）で分かりやすく説明しているので以下に引用する。

ビオンの神話では、飢えか何かで苦しむ赤ん坊には、出生後すぐに乳房という概念を十分に生じさせる現実化にかなう乳房という前概念があります。したがって赤ん坊の苦しみは、不在の乳房というひとつの対象として経験され、赤ん坊はそれを主に泣き叫ぶといったさまざまな方法で、死にゆく恐怖としての不在の乳房を含むパーソナリティの苦しむ部分と一緒に排出します。もし母親が、赤ん坊の投影同一化をコミュニケーションの手段であるとして、コンテインしようとする心配りによって苦しみを受け入れることができるなら、母親のもの想いの機能は彼女自身のα－機能で履行され、赤ん坊の苦しみが投影された部分を取り去り、そして不在の乳房を在る乳房に置き換えるとともに、乳児が投影していた乳児自身の部分を乳児に戻すことができるのです。これはk－結合であり、これによって赤ん坊は乳房を内的対象として取り入れ、その助けによってα－機能が赤ん坊のこころで作動しはじめることができます。

精神病の研究は、ビオンにクラインの概念を越えた他の可能性を指し示しました。赤ん坊が、欲求不満や苦悩を緩和するよりも、むしろ回避する目的のために考えなくなるように、誤解するように、嘘や幻覚を作り出すように手助けする対象を赤ん坊が確立するための操作活動が引き起こされるかもしれません。

とても分かりやすいが、乳幼児の心の世界を統合失調症の心の世界と同じく扱うことに躊躇する。当時はそう思考する時代だったのだろう。外界の物体の衝突で身体の変状が元に戻らなくなった病者と脳神経系の発達過程の乳幼児の外界の物体による身体の変状は違うのでないかと思うのである。ビオンは後に、外的対象の重要性を説き、乳児は死に瀕しているという恐怖で充たされたパーソナリティの部分を母親に投影し、母親が受け取って世話（修正）すると、死の本能にはこだわらない姿勢を見せている。

（5）カーンバーグ（一九七六年）

スプリッティングという用語を人口に膾炙したのはカーンバーグである。カーンバーグはボーダーライン患者の精神療法中に、二つの自我状態が交互に現れ、しかもそれらは互いに否認するという現象を観察し、これを端緒にして、対象関係論と自我心理学を統合する試みを通して、対象関係の内在化と自我発生とを関連付けたパーソナリティ理論を提出した（北田、一九七四年）。カーンバーグの境界性パーソナリティ構造（表1）に示すように、ボーダーラインではスプリッティングが中心的防衛

表1　カーンバーグの境界パーソナリティ構造（BPO）

	同一性 identity	防衛機制 defense mechanism	現実検討能力 reality testing
神経症性 neurotic	統合された同一性を持つ	抑圧中心とした高次の防衛機制	保たれている
境界性 borderline	同一性拡散	splitting を基礎とした未熟な防衛機制が働く	保たれている
精神病性 psychotic	上記と同じ	上記と同じ	障害されている

機制であり、それが患者の自我の脆弱性の原因と主張し、体質的要因として口唇期攻撃性の過多、攻撃性を中和する能力の欠如、不安耐性の欠如の三つを挙げた。そして、クラインを引用しながら、〝良い〟内的対象関係を攻撃的な〝悪い〟内的対象関係から守るときにスプリッティングが作動する、と考えた。カーンバーグは表象としてのスプリッティングを考えているところがクラインと異なる。表象のスプリッティングとは、一つの対象が二つの別個のイメージの表象として見なされる状態（もしくは過程）を指すのである。

対象イメージのスプリッティングは病棟では良いスタッフと悪いスタッフとしてしばしば経験される。スプリッティングはすべて〝悪い〟部分から〝良い〟自己と〝良い〟対象、そして〝良い〟外的対象を保護するような、必要不可欠なメカニズムとして維持される。

それに対してスターン（一九八五年）は以下のように反論する。〝良い〟体験と〝悪い〟体験は、①大人のボーダーライン患者で見られる〝良い〟の内在化と〝悪い〟の外在化ないしは投影として現れるスプリッティング現象は疑いの余地はない、と肯定するが、②その結果を被観察乳児に観察可能な現実として扱えないと主張する。乳児の情動と認知は平行して機能するので現実を歪曲することはないのである。さらに〝良い〟と〝悪い〟は、標準、意図、ないしは道徳性を仄めかしているので、それは中核的関わりのレベルではできないという。自分に対する悪意はおろか、何らかの意図を持つものとして他者を心に抱き始めるのは、乳児が間主観的関わりのレベル（七～九カ月）に達してからであって、それは象徴機能と関連する言語的関わりの時期である。

（6）コフート（一九七一年）

コフート（一九七一年）は、自己愛パーソナリティの内的構造について自己の垂直分裂と水平分裂について論じ、自己愛パーソナリティ障害の患者を二群に分けた。誇大自己の拒絶体験と誇大自己の追求である。前者は、意識されるのは低い自己評価、羞恥傾向、心気症や自発性の欠如などである。心の深い水準で太古的な誇大自己を抑圧している。この心の慢性的な構造の変化が水平分裂である。この構造によって自己愛エネルギーは涸渇化する。後者は、自惚れが強く、尊大で、度を越した自己主張をする人たちである。誇大性や顕示性は意識化されているが、修正されていない誇大自己は垂直分裂によって心の現実的な区域から排除・否認されている。治療では垂直分裂の解除（鏡転移）から水平分裂の解除（理想化転移）へと行われるとした。

（7）自己の分裂現象

ドイッチ Deutsch, H. の〝かのようなパーソナリティ as-if personality〟（一九四二年）は、嘘や偽りの同一化という人間存在の深層にかかわる現象を浮き彫りにしている。「見せかけの適応」という対人関係の特徴を抽出し、その背後にある内的対象関係とパーソナリティ構造の発達的病理を明らかにしている。ウィニコットの『偽りの自己』と『本当の自己』（一九六〇年）は、ウィニコットは〝かのようなパーソナリティ〟に主体性を持った本当の自己を対峙させるかたちで偽りの自己を発展させた、点にある。ウィニコットはクラインのスプリッティングを批判し（自己と対象は未分化で一つのまとまりとしては存在しない）、二つの自己が insulation（隔絶）、isolation（分立）された状態だと言い換えた。

（8）BPD治療におけるスプリッティングについて

スプリッティングについて精神分析的概念の説明に追われたが、これから臨床的によく現れるスプリッティング場面を述べることにする。

①直接的介入に対する治療的工夫

「先生デートしてください」、「先生を信じていいですか？」、「入院させてください」等と、イエスかノーのどちらかの回答を求めてくる患者の対人交流をウィニコットは直接的介入と呼んだ。患者はデートを申し込むまでにあれやこれやと空想しているわけではない（成田、二〇〇七年）。直接的介入の場面が現れたら、矛盾を抱える絶好のチャンスだと考え、スプリッティングに風穴を開ける作業を続ける。その結果、患者は矛盾に気づき不可能なことに懸命になっていることを理解するのである。治療では、スプリット・オフされたものを呼び戻して、矛盾や曖昧さを割り切ろうとせずに、心の中に抱える能力を育てることに焦点を置くのである。

「白か黒か」「右か左か」「良いか悪いか」という患者に私は「二人の自分がいるようですね」と介入する。するとほとんどの患者が「どうしたらいいですか」と訊ねてくる。そのときに、「これまでどうしてきましたか」と聞くと、患者は「割り切ってきました」と答える。それに対して治療者は「割り切らずに二人の自分を抱えてみてはどうですか」と矛盾を抱えることの大切さを伝えることができる。

②「どうしたらいいですか？」と訊ねるBPD患者A

Aは働くことになった会社の愚痴を言って、「私はどうしたらいいですか？」と質問してきた。

私：先週の無気力に対するあなたの質問に対する私のアドバイスを試してみましたか。
患者：いいえ。
私：これが、あなたが私に求めていることだと思います。
患者：というと？
私：私の前ではどうしたらいいかとすがる一方でそれを排除する。
患者：そう言われるとそうですね。

私：依存しているようで依存していないし、独立しているようだけど、いざとなると頼ってしまう、そんな二人のあなたがいるみたいですね。

このスプリッティングの扱い方は、森田正馬の著書『神経質の本体と療法』（一九六〇年）の中にも見つけた。森田療法の原理は「思想の矛盾」にある。森田は「一般に私たちの主観と客観、感情と知識、理解と体得とは、しばしば非常に矛盾し、一致しないことがある。けっしてこれを同一視して考えるべきものではない。この区別を明らかにしないために、私のいわゆる思想の矛盾が起こるのである」と述べている。ところが、矛盾として意識できないのがスプリッティングである。森田神経質の患者がボーダーライン化することもあるわけで森田の症例は参考になった。精神療法中にノートを持ち込み、私の一言一句をメモしている森田神経質の患者がいた。それである時「ノートを読み返すこともあるのですか」と尋ねたところ、彼は間を置かずに「ありません」と答えたのである。一般に森田療法では患者の質問に対して「どうするに及ばない」と不問に付すのであるが、それでは済まない患者もいる。森田の治療関係を解釈する部分を紹介しよう。

患者：（父親への相対立する感情）この矛盾は、どうしたら消えるでしょうか。
森田：恋しいから怨むのです。……言葉に拘泥するから、矛盾に見えるのです。
患者：私は父には苦しい頼り方をしています。その他に、先生だけに頼っています。
森田：もし神も私も、君の思うとおりにならなかった時は、直ちにこれを排斥するであろう。

森田の見事なスプリッティングの扱い方である。「どうしたらいいですか」という患者の質問は多いのでさらに症例を述べよう。

③症例　ＢＰＤの二十代女性Ｂ

就職したある日の診察。患者は「人に嫌われたくない、好かれたい」という。会社でもよい自分でないと不安になるという。

私：会社ではどのような自分でありたいの？
患者：自分の意見や意志をもって行動できるようになりたいですね。
私：それだと、人とぶつかる可能性もあるよね。
患者：そうですね。人とぶつかるのは嫌です。
私：自分の考えや意志を通すと対立するし、人に好かれようと、衝突しないように自分を出さないようにすると、自分がなくなるね。そんな矛盾する二人の自分がいるのね。
患者：そうなんです。どうしたらよいですか。
私：あなたの中に「自己主張せよ」と迫る自分と、「それは無理です」と周りに迎合する自分がいて疲れるのね。
患者：本当にそうなんです。だから私は会社から帰るとどっと疲れが出てカップ麺で済ませています。以前は料理好きだったのに。でもいつも自己主張できない。

私：自己主張できないと社会人としては未熟者なので「自己主張せよ」と迫られるのね。

患者：それは本当にしつこい。

私：こうありたい自分＝自己主張と本来の自分＝迎合の戦いだね。

患者：どうしたらいいんですか。

私：私にもそれは解けないね。矛盾だから。

患者：そうですよね。

④症例　BPDの二十代女性C

失恋後にボーダーライン化した患者で、男性依存、ネット依存、家庭内暴力、自傷行為、一過性の精神病エピソードを呈して当院を受診した。

母親とのあいだで暴力沙汰になるのは、出会い系サイトに嵌って男性と会う、○○と結婚するという彼女を禁止する母親との間で暴力が起きた。母親は「それなら先生に聞いて」と私に丸投げした。それで彼女は私に「ネットをしていいですか」と求めてきた。出会い系サイトの危険性を説明すると、「じゃ、男性と付き合ってはいけないというのですか」と短絡的に反応する。それで私は「開いていいよと言うとあなたが困ることになるのでは。いけないというと私が困る」とスプリッティングに直面化させた。そのうえで「心が支えを求めているのですね」と解釈して彼女は立ち直るきっかけを得た。

⑤「偽りの自己」の症例

次は、ウィニコットの「偽りの自己」の症例である。

症例　BPDの三十代女性D

過食・嘔吐と自殺願望を治したいといって紹介されて受診してきた。自分がない、いつも空しいという。幼少のころから手のかからないよい子で自己主張しない子どもだった。大学を卒業して就職した頃からうつと不眠が始まり、精神科で治療を受けるようになった。さらに過食・嘔吐も始まった。仕事も長続きしない。何をやっても空しく、過食、ギャンブル、借金、リストカットが止まらなくなって精神科を転々として川谷医院を紹介されてきた。

初診時の診察はとてもうまくいったと私は感じた。打てば響くような面接で私の質問にも彼女はテキパキと応じた。しかし、空虚で樹海で死にたいという主訴とはかなりギャップのある面接だった。診察が終わって、次回の予約日を確認して立ち上がろうとした際に、彼女は「治りますか」と訊ねてきた。私は「治らないと思います。今日のような面接を続けているあいだは」と返事した。「どうして」という彼女に「あなたの困っていることと面接の態度にギャップを感じたから」と答えると、彼女は「そんなことを言われたのは初めてです」と述べて帰った。治療は2年ほどで終結した。面接では対人関係に焦点が当てられた。すなわち相手にとって物わかりのいい自分を演じることで触れ合いを少なくする（私が彼女のことを心配しない）という防衛について何度も話し合った。情緒的に触れ合わない、ぶつかり合わない、ことは自分を守る側面もあるが、そのために自分が感じられないという矛盾に直面させた。

2 自己破壊的行動——自傷行為を中心に

かつて、行動化と言えばボーダーライン、ボーダーラインと言えば行動化、とよく言われた。その行動化は自己破壊的である。自己破壊的行動化とは、自殺の脅し、薬物の多量服用、自傷行為、性的乱脈、無謀運転、けんかや暴力、などである。

スプリッティング機制が動員されるのは心理的に危機に陥ったときである。見捨てられ不安、空しさ、現実の拒絶体験、などの心理的原因によって感情の爆発、意識をリセットするための大量服薬、悪い自己を身体に投影させて傷つける自傷行為、などの自己破壊的な行動へと駆り立てられる。治療者は患者の行動のみを受け取り、それを治療という名の価値観で裁こうとする。その延長線上に患者の行動化を取り上げようものなら、「先生は私のことを悪い人間と思っている」と捉えて、患者は激怒するか後に自傷行為に走る。ここはスピノザ的に、裁くのではなく、彼らの行動を彼らにとっては必然性のあるものだと受けとめる姿勢が求められる。患者は自分の犯した問題行動を裁かれないと分かると、行動を制御するさいに役に立たなかった超自我（良心）や理性が働きだして、時にはうなだれ、あるいは反省する場として治療者を利用する。

(1) 自己破壊的行動化

マスターソンはボーダーライン患者の治療技法のひとつとして入院治療におけるリミット・セッティングを概念化した。彼は行動化がコントロールされない限り治療の進展は望めないといってリミット・セッティングや直面化を推奨した。ところがその取り上げ方が日本では間違って輸入されて、つまり見捨てられ不安の直面化の技法が行動化に対する懲罰法に変更されて、臨床現場に大きな混乱を引き起こした。たとえば、大量服薬に対しては「あなたが再び大量服薬するのであれば治療はできない」と告げるやり方に変化したし、病棟内での問題行動に対しても「同じ行動を続けるようであれば入院治療は続けられない」と言って治療打ち切りというペナルティを与えようとしたのである。行動化の背後にある、あるいは行動化に走らせる、見捨てられ不安に目を向けさせる努力を惜しみ、杓子定規に問題行動に懲罰を与えるやり方が蔓延したのである。

こうした医療スタッフの対応にボーダーライン患者は自分の行動を周囲の理不尽な要求や状況に対する反応であると正当化して、問題視されることに復讐心を燃やした。スピノザは「復讐心とは我々に対して、憎しみの感情から害悪を加えた人に対して、同じ憎しみ返しの心から、害悪を加えるように我々を駆る欲望」(第三部諸感情の定義三七)と定義する。リミット・セッティングという外部の力で強制され、従えないと「治療は引き受けられない」と批判・排除されるのであれば、この強制は彼にとっては憎しみの感情を生み、周囲に復讐する行動へと駆り立て、行動化はますます広がるだけである。リミット・セッティングや直面化が奏効するのはそれがチーム医療のなかで行われ、あるいはカーンバーグやマスターソンというカリスマ分析家に治療されているというステータスがあるからである。カリスマ性もない、医療チームも持っていないクリニックで仕事をする私たちの場合、攻撃的な行動化にどう対応すべきか。大量服薬を繰り返す患者の家族に「よくならんですな。別の先生も考えないといかんですな」とゴミ扱いされながら患者に報復せず（腹も立てず）、憎しみ返しをせずに生き残らなければならない。

（2）衝動的行動化に対する「スピノザの方法」

精神科クリニックには衝動をコントロールできないでトラブルを繰り返す患者やDV加害者の受診は後を絶たない。ここでは、攻撃性が自己や他者に向けられる衝動的行動化に関する私の治療的対応について詳しく述べたい。

彼らの衝動的行動化の対応の基本は感情の爆発を我々臨床家は何度も述べるように「裁かない」という一点が重要になる。フロイトはスピノザ同様「心的決定論」者である。私たちは「自分の行動を意識しているが自分をそれへと決定する原因は知らぬゆえに自分を自由だと信じている」（第三部定理二備考）のである。そして私たちが自分を自由だと思っているのは「自分の抱く意欲および衝動を意識しているが彼らを衝動ないし意欲に駆る原因は知らないのでそれについては少しも夢にも考えないからである」（第一部付録）とスピノザは人間の自由意志を否定する。

感情の爆発で受診する患者の大半はその暴言・暴力の被害者や家族の勧めによる者が多いが、彼らも治療意欲はないわけではない。それゆえに、彼らの対応の基本は「スピノザの方法」にある（詳しくは第2章参照）。「スピノザの方法」を臨床に活かすのであれば、人間には自由意志がないというテーゼは欠かせない。つまり、患者の行動化はあれこれの原因が組み合わさって結果として表現されている、という視点をもつことになる。よって行動化の責任を一方的に患者に担わせるのではなく、裁かないという姿勢が欠かせないのである。

スピノザの方法、つまり精神分析的思考を頼りに面接を続けていくと、患者のなかに「衝動的に爆発する自分」と「それをいけないことだと知りつつも失敗を繰り返して途方に暮れている自分」のスプリッティングが解消されて二人の自分を同時に意識することができるようになる。もしここで、患者の行動を裁くと、否認とスプリッティングの機制が動員されて、患者は洞察の道から遠ざかってしまう。医療機関を受診するというのは前者の自分を何とかしたいという表れでもある。治療者が裁かない人だと分かり始めると、患者はそれを確かめたくなって自身のとった行動を「私は悪くないですよね」と質問してくる。そのとき私は「私はあなたを裁くポジションにはいません」と答えるようにしている。「裁かない」とは言っても、患者のなかにはそうだとは信じない者もいる。それを確認するかのように何度も行動化を繰り返す。そのような患者に「意識的には裁かないとは思うが、内心はどこかで疑っている自分の二人がいる」ことを明らかにする。

かつて社会問題化した親に暴力を振るう引きこもり青年、ボーダーライン患者、そして昨今のDV加害者、間欠性爆発症、小児の素行症や反抗挑発症、いずれも精神科に姿を現わしたら治療対象になる。その時彼らとどのような姿勢で治療に取り組むとよいのか。その答えは、先に紹介したスピノザやフロイトの「心的決定論」にあるのではないかと私は考えている。

（3）自傷行為について

自傷と解離は互いに互いを成立させる関係にある。臨床的にはペアで現れることが多く、自傷の痛みは解離によって無感覚になり、苦痛な解離症状は自傷行為によって軽減される。この痛みの感覚麻痺が解離現象である。傷つける瞬間に意識の変容が起きるといわれ、現実生活における自己愛的傷つきを想起したときの不快な感情や苦痛をかき消す行為が自傷行為になる。そして、自傷・解離と深く関わっているのが先行する外傷体験である。

自傷行為に関する数多くの論文を狩猟すると、ガンダーソン Gunderson, G. J.（二〇〇一年）の要約が臨床的である。ガンダーソンは自傷行為の動機について、①心理的苦痛に打克つために身体的苦痛を与える、②「悪い」自分を罰する、③感情をコントロールする、④他者を支配する、⑤怒りを表わす、⑥無感覚に打ち克つ、という六項目を挙げている。本論では心的外傷と自傷・解離の関係に新しい視点を紹介し、自傷行為に対する精神科治療について私見を述べようと思う。

①「一人二役」としての自傷行為

私の自傷患者の「一人二役」というアイデアは叱る母親と叱られる子どもの関係に見られる攻撃者への同一化が元になっている。叱られる子どもが叱る母親に同一化するかどうかがカギを握っている。叱られて泣き出す子ども（もっぱら幼児）、叱る母親に歯向かっていく子どもや赦しを請う子ども（学童期）、そして叱る母親に同一化して自分の頭を叩きだす子ども（三歳以前）がいる。叱る母親に同一化し自分自身に怒りを向ける関係性の取入れが「一人二役」の原版になる。自傷患者の悪い自己を身体に投影し傷つける行為は、この「一人二役」の劇化なのである。それが転移状況では治療者に患者を叱るようなプレッシャーを与える。

「一人二役」がどのような心理過程を経て患者のこころの中に取り入れられるのだろうか。参考になるのはラドーの『メランコリーの問題』（一九二八年）である。この論文でラドーは、ひとつの対象を愛する対象と悪い対象に二分して自我に取り入れる「二重の取り入れ（体内化）」を発表した。この頃、ベルリン精神分析研究所にやってきていたクラインとラドーはよく論争したという。新説（子どもの精神分析）を唱えるクラインに対してラドーは保守派に回った。二人の衝突は、「対立物の相互浸透」による弁証法的発展の結果、ラドーの「二重の取り入れ」とクラインの対象と自己のスプリッティングのアイデアを生みだしたのだろう。

ラドーによると、メランコリー発症過程には幼児期の超自我形成過程の反復が再現される、という。超自我形成過程のモデルは、子どもが悪いことをしたら、両親の怒りを買い、子どもは赦しを得たいがために罰を受け入れ、赦しを請う。幼児期のこの過程は、成長してからも自動的に再生されるようになる。愛を望むとき、両親の処罰が無意識的に再生される。このような無意識的な修復の試みを動機づけているのは、両親に見放されるというような謂れのない自己愛的傷つきではないかとラドーは推察した。こうした両親の処罰の能動的な再生は、もはや両親に対して行われるのではなく、無意識的に超自我に委託され実行に移される。また、この「罪、償い、赦し」という自己処罰は乳児期の反復でもある。自傷行為を転移・逆転移関係のなかで理解するうえで貴重な考えだと思う。

フロイト（一九一七年）は一つの母親対象と考えたのに対して、ラドーは「対象の二重の表象の取り入れ」を考えた。ここには愛する母親（良い母親）と怒る母親（悪い母親）の表象のスプリッティングがある。超自我形成は、フロイトはエディプスコンプレックスの解消後と考えたが、ラドーはエディプス期以前の母子関係に注目した。愛する対象は超自我に取り入れ、悪い対象は自我に取り入れられるとラドーは考えた。のちに攻撃者への同一化という考えはアンナ・フロイト Freud, A. が防衛機制のひとつに取り上げたが、最初に提出したのはフェレンツィとラドーの師弟である。フェレンツィの攻撃者への同一化の概念は性被害者の治療から得られたもので、自傷患者に見る攻撃者への同一化とは力動的に大きな違いがあることは書き留めておきたい。前者は愛が、後者は憎しみが暴力として表現されているからである。子どもを叱りつける母親の感情を子どもは模倣し、つまり子どもは母親に同一化し、母親の叱責の対象である自分自身に怒りをぶつけるのである。こうして叱る自分と叱られる自分の一組が取り入れられるのである。

②繰り返される自傷行為

繰り返される自傷行為によって腕がぼろ雑巾状態になっても患者は止めようとはしない。それは、過食・嘔吐やギャンブル依存と同じように、「分かっちゃいるけど止められない」状態でツボに嵌った状態と言える。フロイトはこのような反復構造を同じように持つものとして、外傷性神経症の悪夢やフラッシュバック、子どもの遊び、そして幼い頃の重要な対象との関係を再現する転移現象の三つを挙げた。

③反復強迫という視点

ここで子どもが繰り返し喜んでする「遊び」を思い描いてみよう。乳幼児は突然の母親不在を、ショックを受けない程度に体験できると、そこに「いないいないばあ」の原型を見出し、それを繰り返して遊ぶようになる。その後、子どもと母親は互いに反応し合って、「いないいないばあ」を遊ぶようになる。そしてよちよち歩きの一歳半になると、子どもたちは玩具を対象に「いない」と「いた」で遊ぶようになり、その後に、子どもたちは子どもたち同士で「かくれんぼ」をするようになる。

乳幼児が母親の不在に気づくのは、赤ん坊が乳首を吸う、噛む、喃語を喋る、物を掴む、物を放る、つかまり立ちから歩きだす、といった一連の発達行動の一過程であって、これらの乳幼児の行動（繰り返しという練習）に母親がうまく反応することで遊びになる。それとは逆に、母親の対応が拙いと、子どもは遊びを知らない子どもに成長するかもしれない。母親が幼児の行動にペアリングしないと遊びへと発展せず、後の病的な行動の基礎になるのである。第1章で詳しく述べたように、名誉欲然り、感情の模倣には他者を必要とするのである。このペアリングのよい例としてエイブラム（一九九六年）は、ウィニコットの攻撃性に関する理論について、「外部環境は幼児が自らの生まれつきの攻撃性を扱う方法に影響を与える。よい環境において、攻撃性は作業や遊びに関連する役に立つエネルギーとして個々のパーソナリティのうちに統合されるが、一方で剥奪された環境においては暴力や破壊を生み出すことになる」と述べている。

以上のことから私たち臨床家は、赤ん坊と母親のペアリングの失敗によって自傷行為のひな型（「私は悪い子」）が形成され、患者と治療者のペアリングによって自傷行為という破壊的行動をより洗練された行動、たとえば反抗や自己主張へと変化させるアイデアを得る。

④自傷行為の強迫的視点

繰り返される自傷行為は、「切りたい衝動にかられる」、「理由もなく切りたくなる」と患者がこぼすように衝動コントロールの失敗という側面がある。さらに患者の話を詳しく聞くと、多くの患者が身体を傷つけて「すっきりする」と説明する。「切るとスーッとして楽になる」「痛みが気持ちいい」と述べて、何がこころの負担になっているかは語ることはできない。なぜ、スッキリすると言うのだろうか？　それは自傷行為が、確認強迫の際の安堵感と同じように、強迫行為だからである。

自傷患者は何を確認しているのだろうか？　ある患者は、「無性に切りたくなって、血が見たい、腕に傷がないと落ち着かない、そんなことばかり考えてしまいます。……こうなったのは全て私のせいだって分かっています。小学校の時、いじめなんかに負けてしまう程の弱い心だったことが全ての原因だと思っています。……助けを求めずに手首を切るという汚い手段でしか自分を表現できなかったこと、すごく悔しいです」と語った。

血が流れるのを見るとホッとするのは、そこに過去の外傷体験を確認するからである。フロイトの孫のように、過去の受身的な外傷体験を能動的に演じるのである。自傷行為は、自分が駄目な人間である、と烙印を押す確認行為というのである。すなわち、過去にそう心に刻みつけられた事実があって、それを後に確認するというのだろうか。

過去とはいつのことなのか？　彼らの「声にならない声」に耳を傾けていると、治療の進展とともに、幼少期からのトラウマの再現であることが次第に分かってくる。それも、一歳半から三、四歳のあいだの養育者とのトラウマの再現である。フロイトはそれを「過去の一片として追想する代わりに、現在の体験として反復するように余儀なくされる」と説明した。四歳以前では幼児健忘のために記憶がないからである。今日の脳科学によると長期記憶は大脳皮質連合野に蓄えられるが四歳以前の子どもはこの連合野の発達が未熟なために長期記憶される内容は極めて少ない。よって、虐待が物語として記憶されるのはエディプス期以降の体験と考えてよい。ヴァン・デア・コーク van der Kolk, B.（二〇一四年）によると、四歳以降のことになるが、外傷スペクトラムの時期が早期であればあるほど自己に攻撃を向けやすい、という。

⑤繰り返される自傷行為の精神療法

繰り返される自傷行為は、「私は悪い子」という観念の確認強迫である、という結論に至った。その空想とは三、四歳以前の声にならない環境側のペアリング失敗による外傷体験によって刻印された自己イメージである。それが現実の自己愛の傷つきを防衛する確認強迫として反復されるのである。よって、治療では臨床家と患者との間で「ペアリングのし直し（生きなおし）」の治療過程を必要とする、と言い換えることができよう。

一人二役という視点——心的外傷と対象関係

最後に、精神療法的アプローチについて述べよう。自傷行為は確認強迫の一種であり、幼少期のトラウマの痕跡である「声にならない声」の再現、すなわち自傷行為は切る人と切られる人が同一人物という「一人二役」のなかで再演される。この一人二役は、切る人と切られる人の「融合を断ち、その両者を分け隔てて触れ合わないようにしておく心的操作」であるスプリッティング機制が動員されているので、先ずこのスプリッティングに風穴を開ける必要がある（詳細は、私の論文［章末参照］に譲る）。

臨床的には自傷を行うときに、残酷で冷たい「切る」自分、現実生活で思い通りにできない駄目な「切られる」自分、そして二人の葛藤状況に「切ってしまえ」と「そそのかす」自分の三人がいることを押さえておく。精神療法は、この「一人二役」が患者と治療者間に転移されて、それを扱うことによって、否定的で敵意に満ちた自己否定する自分に代わって、「そそのかす」自分を追いやり、傷つきを癒してくれる温かく見守る自分を育てることになる。以下に具体的な扱い方について述べよう。

患者から自傷行為の事実を報告されたときに「どのように困っているのですか？」と訊ねることから理解と援助は始まる。彼らの現実生活の困難さを理解しようという姿勢が基本的になる。ところが、自傷行為が何度も繰り返されると、傷つけられているのは患者の身体であるはずなのに、あたかも治療者自身が責められているかのような気分にさせられ、治療者のこころの中に「なぜ切ったの」と患者を批判する気持ちが起きてくる。

ここに「切る人」は治療者で「切られる人」は患者という構図が完成される。一人二役が治療関係に転移された瞬間である。そのときに「辛いことでもあったの」と転移逆転移のマトリックスを外すように、叱る治療者から理解・共感する治療者へと変化すると患者には驚きの体験になる。と同時に、患者は身体を傷つけたことで治療者から叱られると思っていたことが語られる。患者は現実生活の中で傷つくことは「自分が悪い」、「自分のこころが弱いせい」と思っているので、一人のときは「一人二役」で自身の身体に弱い自分を投影し傷つけ、誰かと一緒のときは「叱る・叱られる」関係を発展させる。

と言っても、そう簡単に事がうまく運ばないのが臨床である。腕に「自傷」の跡を見たときの治療者の失望感と敗北感は耐えがたい。これに耐え、一人二役の片割れを担うことなく、患者と最初に会った時の情報ゼロの状態に戻り、独りよがりから脱出する機会を設けなければならない。

すると、患者は自傷行為に至った心理状況を言葉にできるようになる。その時、たまたま母親と衝突して反応的に切ったと知って、治療者は自分の治療の失敗でなかったと胸をなで下ろし、失望感と敗北感は軽減するかもしれない。その局面で診察を終えたい気持ちは十分すぎるほど分かるけれど、もう一歩先に進んで、「自傷行為は治療者である私の居ないところでの行為であるが、間接的に自分に向けられたものかもしれない」と思い直してみる。このように、主観と客観を往ったり来たりの治療過程で現実生活と転移現象の重なる部分に類似性を発見できると、治療はぐっと進展し、「一人二役」の劇化を解釈することが可能になるのである。

3 ボーダーライン治療における憎しみの問題

ボーダーライン治療の難しいところは、患者および治療スタッフに生じる憎しみの扱いにある。ボーダーライン患者の憎しみの発生は第一に見捨てられ不安、第二に自己愛の傷つき、第三にそれぞれの因果性の図式（無意識のテンプレート）に起因する。しかも受動感情（イマギナチオ）を偽と認識する理性（現実検討識）の力が弱いので憎しみにブレーキをかけることもできない。一方、患者に憎しみを向けられた治療者側は彼らを遠ざけ、もしくは、治療を拒否することさえ起きる。憎しみ返しである。そして両者は憎しみに引きずり回され、治療はカオス状況に陥る。この憎しみの問題にスピノザは素晴らしいアイデアを提供する。

医療現場では憐みが治療の要になる。ところがボーダーライン患者はその憐れみに通常とは違った二つの反応を示す。一つは、女王様気分になり医療者を奴隷のように扱う態度。二つは、憐れみに反抗的に反応する。困っている人々に援助の手を差し伸べるのは人間の本性である。ところが、一転して、彼らは味方であるはずの医療者に憎しみをぶつけてくる。なぜなのか。第三部定理三二が待ち構えているからである。「ただ一人だけしか所有しえぬようなものをある人が享受するのを我々が表象するなら、我々はその人にそのものを所有させないように努めるであろう」。羨望 envy の発生である。そのためにボーダーライン患者は憐みに対して、感謝の念をもつどころか、憎しみをもって反応するのである。医療の場の基本的対人関係に生じる羨望は厄介である。

その憎しみは許しがたい感情を医療スタッフに引き起こし彼らの治療を拒否する事態へと至る。ときにはスタッフ間に溝が生じてスタッフ間で憎しみが蔓延することもある。クライン派の分析家の主張の如く、憎しみの小さいうちに芽を摘めばよいのか。事はそんなに単純ではない。スピノザの述べるように「（誤った観念を）排除するより強力な他の表象が現れないと消失しない」（第四部定理一備考）からである。「憎しみは愛によって征服されなければならない」（第三部定理七三備考）ので、愛は憎しみを凌駕するものでなければならない。

昭和のプロレスのように、彼らの憎しみに耐えに耐え抜いて直面化させるのが日本的であり私の一押しである。彼らの憎しみとどのように向き合えばいいのか。私の臨床例を先に述べて、若干の考察を加えながらこの章を終わることにする。

症例W

Wは初診時二十代の女性で長い病歴を持つ。私との治療も十年近い。ある時期、Wは私に転院したいので紹介状を書いてほしいと言った。その彼女がX精神病院の入院を経て、再度、私の経営するクリニックでの治療を継続したいと希望してきたときに、看護師をはじめ医療スタッフは以下のような要望書（原文のまま）を私に提出した。つまり、Wの治療を引き受けるには私がその要望書をWに突き付けて同意を得ることが大前提なのだった。

◎来院の際は単独ではなく、付き添いの方と一緒に来てほしい（例えばヘルパー）。

・処置室は体調不良時にのみ使用。基本的に待合室で待機する。
・大きな声を出したり、暴言を言ったりするのはやめてほしい。
・他の患者が怖がるようなことはやめてほしい。他の患者が恐怖・怒り・不快です。
・上記のことをされてカウンターでずっと暴言などを言い続けられると、外来が回らなくなり、困ります。
・相手をしてくれるまで大声で名前を呼びつづける、相手をすることが出来なければうろうろしたり、暴れたりする⇒常に誰か側について居なければならず、外来業務にとても支障あり。

・書類の間違いに対して謝罪をしたけれど、「いっつもお前が間違える」などとずっと大きな声で叫ばれて、こちらが悪いとはいえ、すごく不快な気分になりました（その他、多数の苦情あり）。

Wは被虐待児で、それも私の長い精神科医歴でもはじめて聞くおぞましい過去を持っていた。そのため彼女のパーソナリティ構造は魔術的な女王様の部分と自分で自分の世話をできない幼児の部分とにスプリッティングしていた。彼女は一人では生きていけなかった。しかしその憎悪ゆえに家族と共に生活することもできない。そのため彼女は知的障害の診断を書いてもらって福祉の支援を受け、誰かが彼女の側にいるような生活環境を築いていた。

週2回の通院日以外は福祉関係者が身の回りの世話を一人にならないように側についた。それが叶わない時間帯はSNSで誰かと繋がり、過度に陽気な自分や周りが肝をつぶすような役を演じ、ときに批判や拒絶にあって行動化に走り、警察のお世話になることも度々だった。自己破壊的な行動化のオンパレードだった。ゴールデンウィーク、盆・正月などのクリニックの長期休みには精神病院に入院した。医療スタッフは彼女の下僕として存在し主治医である私は彼女の願いを現実化する魔法の杖でもあった。その願いが叶えられないと行動化を起こし、その結果、上記のような要望書を医療スタッフに書かせるに至ったのである。Wは私たちを一人の人間として扱うことはできなかった（第6章のウィニコットの対象の破壊を参照）。

自ら転院を希望した理由は、私の診療時間の短縮、緊急入院を引き受けてくれた病院から入院を断られたこと、かつ、訪問看護センターを持つ二十四時間体制でサポートしてくれるクリニックを見つけたこと、そのクリニックに私に代わるパーソナリティ障害の専門家がいること、などだった。しかし自ら希望した転院は見捨てられ不安を刺激し待合室で便失禁し糞便を壁に塗り付けるなどの退行を引き起こした。

Wは退院してきた。私の前ではおしゃぶりを口にくわえうつろな表情を呈した。彼女は入院生活の苦しみを語った。約束を守れないなら退院、緊急の要求には応じられない、などの入院時の担当医への不満をひとしきり聞いて、私はWにスタッフの要望書を以下のように説明した。

看護婦さんや事務の方たちはあなたの治療を引き受けるにあたって、私にこのような要望書を手渡しました。それを今から読みますね。……（要望書を読む）……。あなたが自分で自分の世話をできないことは分かっているけれど、ずっとそばについてあげることは人員的に叶えてやれない。不満かもしれないけれどわかってください。

彼女はその要望書に同意した。行動化のところで述べたマスターソンの限界設定の間違った取り入れ、つまり「これこれができないと治療は引き受けられない」といった提案に対して、当医院のスタッフの限界設定はスタッフの仕事に支障を来さないことが最低限の守るべき点だと示しているところである。懲罰ではなく要望であるところが大きく異なる。少なくともWに屈辱を与えることはなかった。

憎しみは憎しみ返しによって増大され、また反対に愛によって除去されることができる（第三部定理四三）

確かに憎しみの感情をぶつけられると憎しみ返ししたくなるのが人情の常であろう。他方で、憎悪の権化のようなWに対してスタッフは憎しみ返しをしなかったのはなぜだろうか。私がWの治療を十年間近く担当できたのは、彼女の「純な心」に接してきたからである。純な心とは森田の言葉であるが、ここでは「あらゆる組織化から自由で、規範や法という概念からは最も遠いところにある」（浅野、二〇〇六年）、乳幼児の心のことである。赤ん坊が環境に求めるものを与えられないと泣き叫び、与えられると満足して喜ぶ姿に私は喜びを感じたのである。私の下を離れようとして見捨てられ不安に圧倒されておしゃぶりをくわえ、壁に糞便を塗り付ける行為は乳幼児そのものだった。謝罪するのは私の方だと思った。それを退行現象と捉えるか、あるいは、困った患者と考えるかの違いがあるだけである。しかし、Wを直接世話するのはスタッフだった。私のWへの愛とは別のものがあったはずにちがいない。それは、

あるものを憐れむことから生ずる、そのものに親切をしてやろうとするこの意志ないし衝動は慈悲心と呼ばれる。したがってこれは憐憫から生ずる欲望にほかならない（第三部定理二七備

考)。

愛と慈悲心、そして第5章で論じた寛仁がWに対する憎しみ返しを思いとどまらせたのだろう。その愛と慈悲心がWのイマギナチオ(因果性の図式)を破壊するには、弓矢は大きく引かないと遠くへ飛ばないように、その極限の事態が自然発生的に起きるまで待たねばならない。悪の限りを尽くしてスタッフの慈悲心に触れて、はじめてWにパーソナリティの変化がもたらされるのである。ボーダーライン患者のパーソナリティの成熟は、じつにこの極限状態の際の生き直しの体験にあるのである。スピノザとウィニコットはそのことを教えてくれたと思う。

Ⅲ　おわりに

ボーダーライン患者の精神療法の基本はスプリッティングの操作に慣れること、自己破壊的行動化の力動に精通すること、患者の憎しみは愛によって征服させなければならないことを述べてきた。最初に、スプリッティングの歴史的変遷からスプリッティングの操作について説明した。次に、自己破壊的行動化の自傷行為についてページを割いて私見を述べた。自傷行為が止められないのは、それが反復強迫であり、過去の外傷体験の痕跡を「一人二役」のなかで再現し確認する強迫行為であるからである。幼少期から続く外傷体験を生き延びるために子どもたちは、「私は悪い子」という無意識のテンプレートの中で生き続け、思春期に突入すると、現実生活で傷つくたびに自傷行為を繰り返すようになる。精神療法は、幼少期の母親とのペアリングの失敗という外傷体験を、「切る人」と「切られる人」が同じという「一人二役」が治療者との間で展開するときに、ペアリングが可能となり、自傷行為に終止符を打つことが可能になる、というアイデアを紹介した。さらに、ボーダーライン治療でもっとも難しい患者の憎しみに対する医療者側の治療的対応としてスピノザの知、すなわち愛と慈悲心について症例をもとに説明した。見捨てられ不安と羨望に起因する憎しみに引きずり回されているボーダーライン患者の治療は、つまるところ、憎しみを凌駕する絶えることのない愛と寛仁、そして慈悲心だとスピノザは教えてくれる。

※本項は以下の三本の論文を中心に加筆・修正している。

①「II．心的外傷およびストレス関連障害と解離性障害」『外来精神科診療シリーズ パートII 精神疾患ごとの治療上の工夫―メンタルクリニックでの主要な精神疾患への対応［2］』（原田誠一編、中山書店、二〇一六年）

②「第6講「分析技法の基本概念――行動化」『現代精神分析基礎講座 第2巻 フロイトの精神分析』（古賀靖彦編、金剛出版、二〇二二年）

③「第13講「トラウマ」」『現代精神分析基礎講座 第5巻 治療論と疾病論』（古賀靖彦編、金剛出版、二〇二一年）

第8章　ボーダーライン論2

ゆえに私はここでこの欲望という名称を人間のあらゆる努力、あらゆる本能、あらゆる衝動、あらゆる意志作用と解する。こうしたものは同じ人間にあってもその人間の異なった状態に応じて異なり、また時には相反的でさえあり、この結果人間はそうしたものによってあちこちと引きずりまわされて自らどこへ向かうべきかを知らないというようなことにもなるのである（第三部諸感情の定義一：欲望）。

人間を不幸から救い出すのは真なる認識によるというスピノザの主張はフロイトにも流れている。患者の歪んだ認識を分析家が解釈によってより客観的なものへと変えていくのであるが、ボーダーライン治療に至っては、たとえ正しい解釈を与えられてもイマギナチオは揺るがない力を持っている。それで私は、発達停滞型ＢＰＤの憎しみを治療チームの愛と寛仁、そして慈悲心によって消滅しえた症例を報告した。大きな山を超えたが、実は、もう一山超えないといけない。それが本章で論じるパーソナリティの社会化の問題である。一対一の関係から一対多の関係へと移り、彼らは他者に同一化しながらも自分を見失わないようにならなければならない。このパーソナリティの成熟を阻む欲望に答えを出すのが本章の目的である。

Ⅰ　はじめに

一九九〇年代後半から境界性パーソナリティ障害（以下、ＢＰＤ）の治療が組みやすくなった感がある。古い資料になるが、二〇一二年四月の一カ月間に川谷医院に通ったＤＳＭ－Ⅳ－ＴＲのＢＰＤ患者の生活史と治療状況を調査したことがある。外来治療で改善する症例は多い（約75％）が、仕事にも就けず学校にも通っていない者が約半数いた。ＢＰＤ患者の中には状態の改善とともに社会に出て行く一群と、そうでない一群がいることが明らかになり、後者の生活史を見ると、幼い頃から社会適応能力が低く、自分で自分の世話をできない人たちであることが分かった。彼らの多くは高校を中退しており、思春期の学校適応に失敗しているＢＰＤ患者が治療にも居残っていた。

以来、この十年間の関心はもっぱら発達停滞型ＢＰＤの社会からの引きこもりにあった。その解決の糸口になったのが就労継続支援Ａ型ドンマイの併設であり、スピノザの「名誉欲」にあった。本章では、まず「退行型ＢＰＤ」と「発達停滞型ＢＰＤ」について説明し、当事者のインタビューを紹介し、ＢＰＤ中核症状の「見捨てられ不安」とスピノザの名誉欲によるパーソナリティの社会化について述べようと思う。

Ⅱ　ボーダーライン治療再考

1　退行型ＢＰＤと発達停滞型ＢＰＤ

表２に示すように女性が圧倒的に多く、半数は問題のある家庭に育ち、幼い頃から適応能力が低いことが分かる。治療の転帰は約６割の患者は寛解状態を維持し、ＤＳＭ－Ⅳ－ＴＲの診断基準を満たす者はわずか17％だった。予想していたように改善率は高かった。しかし、仕事にも就けず学校にも通っていない者が45％にも上った。単身で生活している者はわずか十二人（14％）である。障害年金を受給している者は二十人でその内の十五人は寛解状態にある。

ＢＰＤ患者の中には状態の改善とともに社会に出て行く一群と、そうでない一群がいると言える（寛解患者四十三人中無職十三人、部分寛解患者二十八人中無職十五人、不変患者十五人中無職十一人）。さらに、後者の生活史を見ると、特徴として幼い頃から社会適応能力が低く、一人で生きていくことが不得意である、ということが明らかになった。つまり、ＢＰＤ患者の中には状態は改善したが、社会に出ていけないから治療に通う患者たちが少なくないということである。

上述した改善後の社会参加の２型を詳細に見ると、短時間セッションの保険診療の中で短期間に改善する症例の多くは曲がりなりにも社会に適応してきたが現実的な諸問題が原因で退行しＤＳＭ診断基準を満たすようになったＢＰＤ患者たちであった。回復すると治療者の手を煩わせることもなく自ら社

表２　2012年４月の１カ月間に当院を受診したBPD患者

１．患者数：86人（男性12人、女性74人）
２．初診時平均年齢：24歳
３．併発疾患：摂食障害14人、強迫性障害６人、気分障害５人ほか……（計32人）
４．家庭環境：離婚家庭21人、崩壊家庭７人、虐待５人ほか……（計42人）
５．社会適応：不登校15人、高校中退43人、高卒10人、短・大卒19人
６．治療結果：寛解43人、部分寛解28人、不変15人
７．就労：正社員12人、アルバイト16人、学生11人、主婦８人、無職39人
８．生活：両親29人、母親20人、配偶者９人、恋人６人、単身12人、生活保護７人
９．**年金受給**：20人⇒15人は安定している

会に出ていく高レベルのＢＰＤ患者たちである。一方、幼少の頃から諸問題を抱え続け、家庭環境にも問題の多い――思春期から入院治療や長期の治療を要する――改善しても社会に出て行けずに治療に沈殿するのは低レベルのＢＰＤ患者たちである。便宜上、前者を**退行型ＢＰＤ**、後者を**発達停滞型ＢＰＤ**と呼んでいる。

（１）退行型ＢＰＤと発達停滞型ＢＰＤ

退行型は治療開始後、半年〜二年間で状態も安定しＢＰＤ診断基準を満たさなくなる。数年間ＤＳＭの診断基準を満たしていた患者が環境調整と薬物治療の変更によって二カ月間で改善し、仕事に就くと同時に治療からも離れた症例を私は経験したことがある。とは言え、牛島（二〇〇八年）が指摘するように、その治療は「退行的な行動異常より、社会的適応面の難しさに注目し続ける」ことが肝要で、「感情や葛藤に囚われている」と泥沼に陥る危険性がある。

退行型と発達停滞型の社会適応能力の差は、適応能力の低さと誇大性（万能感）の病理度にある。発達停滞型は社会に出るのに臆病で恥掻くことと失敗することを極度に恐れている。私は彼らの心理を中島敦著『山月記』から引用して「臆病な自尊心」「尊大な羞恥心」と呼んでいる。現実生活の失敗を恐れ、しかもそれを克服するための現実的な努力は屈辱に感じる心理である。さらに、生活史そして治療経過からパーソナリティの社会化の過程を妨げているのは、私が「ボア bore」と呼んでいるエピソードにあることが分かった。

(2)「ボア」とは

ある患者は私との週三回の精神分析的精神療法の中で連想が進まず締りのない表情をすることがあった。その姿を後に母親は、「社宅の砂場で遊んでいた子どもが、私が居なくなると、目に力がなくなりボー然と立ち尽くす姿を近所の奥さんから聞いて知った。その姿は小6の修学旅行の記念写真にもそっくり写っていた」と思い出した。さらに別の患者は精神状態が安定してアパートで一人暮らしを始めた時に彼女の異様な姿を母親が報告した。彼女が実家からアパートに帰ってしばらくすると電話がかかってきて両親を罵倒し、その後、寝込んで動けなくなるという。以前は予約通りに受診していたが、一人暮らし以降はキャンセルが増えた。

精神分析的には「対象恒常性」の欠如と言われる現象である。BPD患者が母親の不在に上手く対処できないのは、内的対象が育っていないからと言われる。同様の患者の状態はウィニコットの『ピグル』にも言及されていたので、私はそれを「ボア」と呼ぶことにした。ピグルは一歳九カ月のときに妹が生まれて精神的混乱（ボーダーライン状態）を来した女の子である。

「ボア」を私はBPDの中心病理を表わす言葉だと考える。『ピグル』の中ではピグルの母親がウィニコットへの手紙の中で数カ所にわたって使用している。ピグルは妹の出産直後から精神的変調を来し、母親はその始まりを"she becomes easily bored"と表現した。彼女はウィニコットの治療直後のピグルの精神的変調（退行状態）にもboreを使っている。そしてそれは、周囲の者には「一見退屈で、ぼんやりして生気のない、周囲に関心を示さない」表情に映るが、「退屈したり、ぼんやりしたり、不満であったり、そしてときには無茶苦茶に破壊的――物を引き裂いたり、壊したり、汚したりする――であった時期を通り抜けてしまったようです」と母親が描写するように、ピグルの母親不在時に移り変わる精神状態の一コマとしても使用している。ボアには以下のような特徴が見られる。

①発達停滞型BPDの成育史では三歳の頃から気づかれる。母親が傍にいると元気で普通の子どもだが、母親の不在で目に輝きが無くなり、退屈、無気力になる。小学校に上がってもそれは続きしばしば学校を休む原因になる。患者本人に意識されるのは十歳前後の小学校高学年からが多い。この時期に子どもは自意識が高まり心理的に母親からの分離を強いられるからである。その時に、同級生との関係を築けないと、種々の問題行動として周囲に気づかれるようになる。

②生理的な変化、微熱、過剰睡眠、全身のだるさ、過食が報告される。患者はそれを「寝込む」と表現し、**非定型うつ病**によく似ている病像である。

③精神的には、空虚、無気力、怒り、無力感を覚える。何が起きているのかを描写できない者も少なくない。中には「怠け」と吐き捨てる者もいる。

④行動的には、それを打開するための「行動化」が見られる。たとえば、飲酒、薬物乱用、買い物、過食、万引き、喧嘩、セックス、などである。いずれも精神の高揚（＝軽躁状態）の希求として現れる。双極Ⅱ型と関連する。

⑤主体性を求められる精神療法の場では連想の貧弱さが目立つ。患者は受身的で黙して何も語れず、治療者の積極的な介入が無いと、苛立ち、眠気を催す者も出てくる。中には興奮し自傷行為に走る患者も現れる。

⑥治療的には、「行動化」が患者にとっては自己治療的側面もあることを認識し、患者が「行動化」の意味を理解できるように援助し、「ボア」を治療の最終ターゲットにする。

（3）見捨てられ不安とボア

ところで、ＢＰＤの中核的病理には幼少期の母子関係を重視する精神力動的モデルと小児期の外傷体験や虐待によるＰＴＳＤモデルの二つがある。現在ではＰＴＳＤモデルの方が優勢で、力動的モデルの代表であるカーンバーグの再接近期の固着論（子どもの過剰な攻撃性と母親の養育の失敗）やマスターソンらの「見捨てられ抑うつ」はいずれも母子関係に焦点を置き過ぎているという批判がある。しかし私の調査では、発達を促進する家庭環境の崩壊が多く見られ、母子関係や父親不在の役割を真っ向から否定することはできない。

しかも「ボア」のエピソードを持つ低レベルの発達停滞型ＢＰＤでは認知機能に問題を抱え社会適応能力が育っていない。ＢＰＤ患者は、ロールシャッハ・テストでもそうであるように、無構造の状況下では大混乱を来すが、構造化された環境の下では正常に機能する。変化する環境に上手く適応できない能力の問題は、幼少期の母子関係の葛藤（見捨てられ不安）によるものというより元来母親不在に対応できない体質的な問題（欠損論）を抱えていると考えた方がよいかもしれない。

よって私はＢＰＤの中核的病理はＰＴＳＤモデルだけでは説明できないと考え、しかもこの「ボア」は力動的モデルの欠陥を補うことができるので、あえて「見捨てられ不安」という用語を避けて新しく「ボア」という用語を採用することにした。両者の違いは、ボアは依存対象との分離体験をより強く意味している。

（４）ＢＰＤの長期予後

ＤＳＭ－５によると、十代後半から二十代にかけて症状が現れ、三十、四十代になると症状は緩和される。更年期や子どもの自立によって再燃・再発するという。ストーン Stone, M. H.（一九九〇年）の研究では、退院十〜十五年後には三分の一は回復。二分の一の女性と四分の一の男性は親密な対人関係を築ける。二分の一から四分の三の患者はフルタイムで就労。自殺率は９％だった。ガンダーソンら（二〇〇一年）によると短期間で劇的によくなる患者がいる。約10％の患者に六カ月以内に寛解し、それは六カ月間維持された。二年後のフォローアップ面接でも改善は継続していた。改善の決定的要因は、状況の変化と併発したＩ軸障害の寛解にあった。川谷（二〇一三年）の自験例では、短期間で診断基準を満たさなくなる症例は、現実の諸問題（恋愛、結婚生活など）の解決による改善がほとんどだった。ＢＰＤの寛解とは、パーソナリティの素因部分は変わらないが、スプリット思考が減少し、葛藤を抱えられるようになることである。

(5) 境界性パーソナリティ障害の就労支援

持っている能力は高いが、社会達成度は低く、仕事に就いても長続きしない発達停滞型BPD。その原因を知るのに就労継続支援A型ドンマイの併設と後述する当事者インタビューはとても役に立った。ドンマイ併設後は、患者および家族の情報に加えてスタッフの情報によって彼らの就労の難しさの理解がより深くなった。働けないBPD患者に教わったことは、彼らが一様に述べる「失敗を恐れる心が尋常でない」ということだった。さらに仕事が長続きしない理由として以下のように語られた。「自分の本当の姿が相手に知られるから」、「嫌われたくない、よく思われたいために偽りの自己を演じてしまう。それが辛くて会社を辞め、アルバイトも三カ月しか続かない」と言う。就労が続かない三カ月の壁、パーソナリティの社会化を妨げる要因の一つである性格病理の特徴として、①劣等感が強い/プライドが高い、②完全主義、③賞賛されたい気持ちが強い、などが抽出された。いずれも基底には自己愛の問題が絡んでいる。スピノザは自己愛について次のように言う。

我々自身を観想することから生ずる喜びは自己愛または自己満足と称される。そしてこの喜びは、観想されるごとに繰り返されるので、各人は好んで自分の業績を語ったり、自分の身体や精神の力を誇示したりすることになり、また人間は、このため、相互に不快を感じ合うことになる。さらにまたこの結果として、人間は本性上ねたみ深いということ、すなわち自分と同等のものの弱小を喜び、反対に自分と同等のものの徳を悲しむということになる（第三部定理五五備考）。

自分と同等のものとは感情の模倣によって同一化した他者である。スピノザの自己愛も自分が一番愛おしいからと言って各々が「自分が一番だ」と声高に叫ぶと対立が生じる。それゆえに釈迦は「自己を愛する人は他人を傷つけるなかれ」と諭し、キリストは隣人愛を唱える。釈迦の教えは以下の通りである。


或るときパセーナディ王は、マツリカー妃に尋ねた。

「マツリカーよ。お前にとって自分よりももっと愛しいものが何かあるかね」

「大王さまよ。わたしにとっては自分よりももっと愛しいものは何もありません」

妃はさらに反問した。

「大王さまよ。あなたにとっても自分よりももっと愛しいものがありますか」

「わたしにとっても、自分よりももっと愛しいものは何も無い」

がっかりした王は釈尊のもとへ赴いた。話を聞いた釈尊は次の詩句を唱えたという。「思いによっていかなる方向におもむいても、自分よりもさらに愛しいものに達することはない。そのように他の人々にとっても自分がとても愛しい。それ故に自己を愛する人は他人を傷つけるなかれ」（『原始仏教――その思想と生活』（中村、ＮＨＫブックス）

それでは拙いと考えて自己を愛することをやめようとしても決して消滅しない。どこかで本音、自己満足から高慢が生ずる、が態度や言動に出るものなのである。それに気づいた他人の視線は鋭い刃として返ってくる。高慢とは「自己への愛のため自分について正当以上に感ずることである。……高慢は自己愛の一結果あるいは一特質である」（第三部定義二八）。この感情には反対感情が存しないので消滅させることができない。したがって、先人は高慢の反対語の謙遜・謙虚であることを説いたのである。「我々はしばしば高慢に謙遜を対置させるのが慣いである」（第四部定義二九）。しかしスピノザは、謙遜と自卑はきわめて稀だという。「なぜなら人間本性は、それ自体で見れば、できるだけそうした感情に反抗するからである」。逆に、「きわめて自卑的でありきわめて謙遜であるとみられる人々は大抵の場合きわめて名誉欲が強くきわめてねたみ深いものである」という。この下りを読むと必ずやある学友を思い出す。彼はテストのたびに「ダメだった」と嘆き、点数はいつも私より高かった。

スピノザの名誉欲の正しい使い方を知ることはパーソナリティの社会化につながると考えるようになった。社会に出て自分が一番だと叫ばなくても自己の存在が連続するにはどうしたらいいのか。その答えをスピノザの知恵を借りて見つけたい。

2　パーソナリティの社会化

パーソナリティの社会化についてウィニコット（一九六五年）は次のように述べている。

自立とは「内在化された環境があること」を意味し、「それは男児女児ともに子どもが自分自身の世話をすることができる能力」のことである。社会化とは「個人が大人や社会集団、つまり社会に同一化すること。その際に、個人の独自性を失わず、かつ、衝動性は形を変えて穏当に表出されること」である。

という。このことに異論を唱える人はいないだろう。かつて私が治療を担当した発達停滞型ＢＰＤ患者に「自立とパーソナリティの社会化」というタイトルでインタビューを行ったことがあるので、先ずは、それを紹介することから始めよう（インタビューは「第三回臨床こころの発達研究会」のために行った）。

（1）当事者（三十代ＢＰＤ女性）のインタビュー

当事者のプロフィルは個人を特定できない範囲で記載する。幼少から小学生の頃のことは記憶が少ないという。高校生の頃から精神科治療を受けるようになって入院も経験した。三十歳になって「きちんと治療を受けたい」と考えて川谷医院を受診してきた。臨床心理士と私のＡＴスプリット治療を八カ月間受け、その後は不定期に通院を続け、現在は年に一、二回受診している。

①精神科治療で思うことを語ってください

昔は、医者は何でも話を聞いてくれて、病気を治し、楽にしてくれる、一番の理解者になってくれる神のような存在だと信じ込んでいました。医者に求めることは、「すぐ楽にして欲しい」でした。長く時間がかかるということも分からなかったんです。すぐに何でも解決したがるというか。医者だけが人生を良くしてくれると期待していたので、期待の大きさに比例して怒りや悲しみも大きいものでした。

私は自分のことを二十四時間全身全霊で守ってくれるような存在を求めていたようです。先回りして私のことを考えてくれて問題解決をしてくれるような対応、私のことを不愉快な思いにさせない、傷つけない、私のことを大切にしてくれる、そんな存在。医者はきっと素人ではないから、普通の人より理解してくれるはず、そう思っていました。しかし現実は違いました。その場の診察で終わりです。診察を終えると先生が自分のことを考えてくれているわけもなく、孤独感は増し、病院から遠のくこともありました。

自分の人生なのだから自分で考えて治療をするという概念すらありませんでしたから、孤独を埋めてくれる場所を探すことに必死でしたね。社会や友人、仕事などにも同じように求めていたので長続きもしませんでした。今思えば、生活をうまく生きることや、関係を良好に築くことが目的ではなく、常に親代わりになるような、見守ってくれる場所を探していたのかもしれません。なので、どこにいても願いは叶わず居場所を感じられず、居心地の悪いものでした。

ですから、治療者が少しでもこちらの話に共感していないような態度や、理解を示さないときは泣きながら帰ったこともありました。どんなに良い言葉を言われても、そのとき「この言葉が欲しい、この態度が欲しい」と思っているものが得られないと、他の言葉は全く頭に入ってこない、はねのけてしまいます。まるでスーパーで「このお菓子が欲しい！　このお菓子を買ってくれるまで動かない！」と言っている子どものように頑固で、でもそのお菓子を貰えないと、人生が消えてしまいそうなほどの恐怖でした。

②治療の経過によって求めるものは変化しましたか？

もしかすると先生（インタビュアーである私）に求めるものは根底では変化しいていないのかもしれません。私を受け入れて、楽にしてくれて、良い方向へ導いてくれることを望んでいます。しかし、日常生活の中で医者も同じ人間で神ではないことを学んだので、人間の生活というのは本来こういうものなのかもしれないと思うようになりましたし、常にこちらの気持ちに合わせ話をしてくれることだけが治療になるのではないということも知りました。でもここに気づくまでが本当に長い道のりでした。長かったですよ、ほんとに。ここに気づくまでは皆が敵でしたから。

病院から泣いて帰った日もありました。なぜ私は治療者のその言葉に反応したのかを辿ると、自分でも普段意識したことのないコンプレックスや怒りなどが眠っていました。診察での会話は時に苦しいものもありましたが、先生が気づきの種をその時は苦しみという形で植えてくれたのだと思います。

私は診察当初は無駄に無意識に常に笑っていました。でもそれは本当に無駄で、自然体ではなかったんです。でも私が笑っても先生は笑わないんです。おかげで私も自然体でいられるようになりました。「こうでなきゃいけない」の要求や理想の形が変化するごとに生きやすくなりましたね。

それに、誰かが二十四時間自分のことだけを考えてくれることは不可能なことなのだとも知りました。「私のことが大切であるなら二十四時間考えることができるはずだ」と思い込んでいてくれた結果気づいたことでもありますが、でもこれは通院で知ったというよりは、恋人などが何年にもわたり私を大切にしてくれたはずなのに、どうして私はこれだけ大切にされていても満足できないんだろうか？　もしかして私の要求そのものが人間には叶えられないものなのではないか？」へ変化しました。たくさんの方に大切にしてもらった結果気づけたので、大切にしてもらえなかったなら気づけなかったことなのかもしれません。そう思うと皆に感謝の気持ちが湧いてきます。理想通りの愛を貰えることはあまりなかったけれど、私は決して一人で生きてきたわけではなかったのだと、むしろ普通の人よりたくさん受け容れてもらってきたのかもしれない。このようなことへの気づきが多くなったのは大きな変化だと思います。

③引きこもりのあいだどのように過ごしていましたか？

一番ひどい時は、朝方寝て、夕方起きていました。常に携帯を持ち、繋がれる誰かに通話をかけていました。まだ携帯電話がなく固定電話の時代は、知らない番号や国際電話などをかけ、「さみしいので話してください」という気持ちで受話器の番号を押していました。でも怖くて、相手が受話器を取る前に通話は切っていたんですけどね。昔は、リカちゃんと通話できるダイヤルがあったんです。一方的にリカちゃんの声を聞くだけでしたが。とにかくさみしくて。呼吸すらままならないような状態でした。

④引きこもっているあいだ社会に出たいという思いはありましたか？

そもそも社会という概念すら存在していませんでした。うまく説明ができませんが、自分という存在が存在しているのかも、よくわからない状態でした。依存相手を通してでしか自分の存在を感じられないというか。ですので、依存相手から連絡がないと、世界の終わりのような絶望的な気持ちが続きます。世界の終わりなのに仕事のことなど頭にすらないです。頭の中は常に彼のことで占められており、その日の苦しさをどう紛らわすかに必死で一日が終わります。社会のことを考え出したのは、本当につい最近のような気がします。先生が教えてくれた、「辛いことを同時に抱えながら日常生活を送る」、これが少しずつでき始めているようにも感じますが、まだまだです。

ただ私は引きこもっている時間も長いのですが、短期的に旅行などに出ることも多かったです。日本一周が夢で、残りあと三都道府県で日本一周が終わります。家族や同級生や社会人の友達と遊ぶことも多かったので、完全に引きこもりで外部との接触がなかったというわけでもなかったです。

⑤「自分で自分の世話をしようと思うと恐怖に曝される」体験を教えてください。

一応、現在はボランティアをやっていて、在宅の仕事も月に数回やっています。昔よりは社会に出始めているとは思いますが、社会に出て気づいたことがあります。とにかく優しく受け入れてくれて甘えられる場所を長年探していたということです。この欲求が満たされない場所では何をしても長続きしにくかったです。社会にすら包容力や安心感を求めていました。今はこれら欲求を自覚し、社会ではこの感情を切り離そうとは心がけています。仕事への役割や社会性などをなるべく意識しているので今はあまり幼稚性が表沙汰になることはありませんが、ふと気を抜くと、つい幼稚な自分が行動しそうになります。

自分で自分の世話をすることに、激しい抵抗感がボーダーの人にはあると思います。自分で自分の世話をするということは、それは他者との分離を意味しますし、ボーダーにとって他者との分離は見捨てられ不安に直結しやすく、自ら孤独を選ぶということなので。でもこれでも、長年一人暮らしは続いていますよ。いつも自転車のかごの大きさを忘れかごいっぱいに食材を買い込みふらふらしながらスーパーから帰宅しています。

⑥インタビューのまとめ

インタビューから学んだことはBPD患者の「自分で自分の世話をする」ことの難しさである。「自分で自分の世話をすること」をウィニコットは自立と捉えたが、BPD患者にとっては他者との分離を意味する。それゆえに、自立することは依存対象を失うことに直結するために不安・恐怖に圧倒されるのである。要するに、BPD患者は「ボア」の状態を回避するために退行し自立を回避するといえる。

治療が進んで良くなること、すなわち自立は、BPD患者にとってとんでもない不安・恐怖であることが改めて理解できた。第3章で「無意識的罪悪感」に言及したが、陰性治療反応はBPDの場合、見捨てられ不安を想定して治療に当たる方が賢いかもしれない。昇進うつ病という病名があるように、精神科では「成功への恐怖 fear of succese」はしばしば経験する。自立することが怖いBPD患者にとって社会に出ることは想像することすらできないことだったのである。

インタビューを要約すると、治療の初期には治療関係における情緒的ズレ（絶対依存を求める患者を抱えることの難しさ）に留意し、そして治療後期には見捨てられ不安のワークスルーとパーソナリティの社会化が重要になるということである。

3　スピノザの名誉欲（パーソナリティの社会化）

ウィニコットが指摘した「社会や大人や社会集団」に同一化すること、それは「郷に入れば郷に従え」の諺にあるように、ある社会集団に入ると、自分の価値観と異なるところがあっても、その慣習や価値観に従うということである。この合わせる、従う過程で発達停滞型BPD患者は崩れてしまう。フロイトが述べたように自我の分裂をもたらす種々の同一化間の葛藤の問題が起こるからである（第7章参照）。「自分がどう思われているのか」、「嫌われているのではないか」と震えおののく者もいれば、いつわりの関係に疲れ果てて生きる意味を問い始める者もいれば、そんな状況をリセットするために自傷行為や過量服薬を繰り返すようになって三カ月の壁を乗り越えることができない。短期間であれば難なく対人関係を発達停滞型BPDでも作れる。しかし、それを一週間、二週間と継続することができない。必然的に「化けの皮が剥がれる」と言って怯える患者が出てくるのである。二者関係から三者関係へと移行する段階で生じる苦悩、つまり不特定多数の同類の「**他の人々**」について語られた第三部定理三一備考を見てみよう。

自分の愛するものや自分の憎むものを人々に是認させようとするこの努力は実は名誉欲である。このようにして各人は生来他の人々を自分の意向に従って生活するようにしたがるものであるということが分かる。ところで、このことをすべての人が欲するゆえに、すべての人が等しくたがいに障害になり、またすべての人がすべての人から賞賛されよう愛されようと欲するゆえに、すべての人が相互に憎み合うことになるのである。

一対一の治療関係から一対多数の社会に出ていくと、この名誉欲の嵐に巻き込まれてしまう。好きな食べ物、愛する球団、そして贔屓の芸能人などについてありのままに語り合うこと、向かいに座る人と自分との比較、いろんな場面でＢＰＤ患者は張り合い対立に捉われて疲れ果ててしまうのである。個人精神療法だけでは発達停滞型ＢＰＤのパーソナリティの社会化は進まない。その治療構造の一つとして私は、ＡＴスプリット治療、集団精神療法、デイケアを導入してきた。そして今日ではデイケアに代わって就労継続支援事業を行っている。アルバイトと違って、支援事業の職場にはスタッフが常駐するので、うまくいくとは限らないが、現場での関係を医療の場で振り返る作業へと活用できる。少なくとも自身の苦悩の原因が「名誉欲」にあることは自覚される。

（1）名誉欲の克服

名誉欲はスピノザにとって人間の本質・本性の問題である。スピノザは「各人は自己の利益を求めるべきである」（第四部定理十八備考）のに、実際は、人に自分の意向を押し付けることに躍起になっているという。その原因は感情の模倣にあるというのがスピノザの考えである。第1章で詳しく述べたように、人が賞賛するだろうと思われることをおこなうと、われわれはある喜びを感じる。それは、賞賛されることをすると相手が喜び、その姿を見て自分も嬉しくなるからである。ところが、「加茂河の水、双六の賽、山法師、是ぞわが心にかなわぬもの」と言った白川法皇の如く、他人の心こそ思い通りにならないものはないので躍起になるのである。

自分の愛するものを単に人々が愛することを、また自分の意向通りに他の人々が生活することを、単に感情に基づいて努める人は、本能的にのみ行動するものであって、そのゆえに人から憎まれる。ことに別の好みを有してそのために同様の努力をなし、やはり自分の意向通りに他の人々を生活させようと等しく本能的に務めるような人々から憎まれる(第四部定理三七備考)。

自己心理学の「自己対象」も然り。自己愛者は相手に自分の一部のように反応することを要求するけれども、そう思い通りに相手は動いてくれないから、落ち込むし腹を立てる。相手からも疎んじられ、やがて、周りに人はいなくなる。コフートの自己愛者とはスピノザの名誉欲に囚われている人のことを指すと言ってよいだろう。つまり名誉欲の強い人は、他人の喜びを介してのみしか喜ぶことができないうえに、孤独は耐えられず、より多く他者を必要とするので傷つきも多いのである。「心の病気や不幸は、主として、多くの変転に従属する物、我々の決して確実に所有しえない物に対する過度の愛から起こるのである」（第五部定理二〇備考五）。多くの変転に従属する物とは愛する物のことで「何びとも自分の愛さない物のためには不安や心配に悩まされることがない」のである。

それに気づいたBPD患者は「どうしたらいいですか」と質問してくる。「どうするに及ばない」と不問に付すこともできず、私は丁寧にスピノザの「自己満足」の話をする。自己自身の喜び（自己満足）は他者の承認を必要としないからである。「自己満足（自己愛）は理性から生ずることができる。そして理性から生ずるこの満足のみが、存在しうる最高の満足である」（第四部定理五二）。欠点は、「まことに自己満足は我々の望みうる最高のものである。なぜなら何人も自己の有を何らかの他の目的のために維持しようとは努めないからである。そしてこの満足は賞賛によってますます養われ強められ、また反対に非難によってますますかき乱されるから、このゆえに我々は、名誉に最も多く支配され、そして恥辱の生活にはほとんど耐えることができないのである」（第四部定理五二備考）。これでは元も子もない。スピノザは生活律を打ち立てよという。

（2）名誉欲に対するスピノザの療法（『エチカ』第五部）

①スピノザの療法の治療機序

スピノザの療法の基本は受動から能動への移行にある。治療作業は第2章で論じたスピノザの第二種の認識（理性）と第三種の認識（直観）にある。

もし我々が精神の動きあるいは感情を外部の原因の思想から分離して他の思想と結合するならば、外部の原因に対する愛あるいは憎しみ、ならびにそうした感情から生ずる精神の動揺は破壊されるであろう（第五部定理二）。

受動という感情は、我々がそれについて明瞭判然たる観念を形成するや否や受動であることを止める。ゆえに我々が感情をよりよく認識するにしたがって感情はそれだけ多く我々の力の中に在り、また精神は感情から働きを受けることがそれだけ少なくなる（第五部定理三）。

セラピーの推進役は理性である。セラピストが患者に刺激された身体的変状にはイマギナチオと同時に理性も存在する（第五部定理四）ので、イマギナチオに「待った」をかけるだけで理性に道を譲れるのである。スピノザは「待った」をかけるのは、

多くのものを同時に観想することによって、物の一致点・相違点・反対点を認識する場合にはそうでない。なぜなら精神がこのあるいはかの仕方で内部から決定される場合には、精神は常に物を明瞭判然と観想するからである（第二部定理二九備考）。

と、「多くを観想する」ことによって、患者とセラピストの共通点が見えてくるのである。「待った」

をかけるのは、子育て、ひいては教育の仕事に関わるのであるが、セラピストの治療態度そのものが「理性」への道を拓くのであろう。

②名誉欲の克服

名誉欲に対するスピノザの療法とは、

感情そのものを外部の原因の思想から分離して真の思想と結合させるようにすることである。例えば、人間はその本性上他の人々が己の意向通りに生活することを欲求〔衝動〕するものであるが、この衝動は、理性によって導かれない人間に在っては受動であって、この受動は名誉欲と呼ばれ、高慢とあまり違わないのであり、これに反して理性の指図によって生活する人間にあってはそれは能動ないし徳であって、これは道義心と呼ばれる（第五部定理四）。

人の意に適おうとする欲望は感情に促されると名誉欲、理性に促されると道義心と呼ばれる。「ただ人々の気に入ろうとする理由だけであることをなしたり控えたりするこの努力（コナトゥス）は名誉欲と呼ばれる」（第三部定理二九備考）。一方、道義心 pietas は理性の導きに従って生活することから生ずる、善行（親切）をなそうとする欲望である。名誉欲はすべての感情をはぐくみかつ強化する欲望でほとんど征服できない。しかも、理性や知性に導かれた生活を送れるようになるには険しい山を登るように容易には到達できないとスピノザは念を押す。その間、私たちはどう生活するとよいのか？　「第五部定理一〇備考」はこうである。

ゆえに、我々の感情について完全な認識を有しない間に我々のなしうる最善のことは、正しい生活法あるいは一定の生活律を立て、これを我々の記憶に留め、人生においてしばしば起こる個々の場合にたえずそれを適用することである。このようにして我々の表象力はそうした生活律から広汎な影響を受け、その生活律は常に我々の眼前にあることになるであろう。

と述べて、スピノザは生活律を立てることを推奨する。

a．憎しみは愛もしくは寛仁によって征服すべきであって憎しみ返しによって報いてはならぬことを生活律の中に取り入れる。

b．名誉欲に囚われている者は、自分はあまりに名誉に熱中しすぎることに気づいたなら、彼は名誉の正しい利用について思惟し、なぜ人は名誉を求めなければならぬかまたいかなる手段で人はそれを獲得しうるかを思惟しなければならぬ。このときに、名誉の悪用（弊害）とか、虚妄とか、人間の無定見とか、そうした種類のことは思わないほうがよい。そうしたことは病的な精神からでなくては何びとも思惟しない事柄である。というのは、最も多く名誉欲に囚われた者は、自分の求める名誉を獲得することについて絶望する時に、そうした思想をもって最も多く自らを苦しめるものである。そして彼は、怒りを吐き出しつつもなお自分が賢明であるように見られようと欲するのである。

しかしこれは名誉欲に囚われている者だけに特有なことでなく、すべて恵まれぬ運命をにないかつ無力な精神を有する者に共通の現象であるとスピノザは言う。

貧乏で貪欲な人は金銭の悪用や富者の罪悪を口にすることを止めないが、これによって彼は自分自身を苦しめ、かつ自分の貧のみならず他人の富もが彼の忿懣の種であることを人に示す結果にしかなっていない。女の移り気や、その不実の心や、その他歌の文句にある女の欠点などのことしか考えない。しかも彼女から再び迎えられると、これらすべてのことをただちに忘れてしまうのである。

『エチカ』には思わず笑いがこぼれる箇所が登場する。重要なことは「名誉の悪用（弊害）とか、虚妄とか、人間の無定見とか、そうした種類のことは思わないほうがよい」という下りにある。名誉欲に苦しんでいる患者の側にいると治療者はついそう告げる力を受けるのである。ここも一人二役が暗躍するところである（精神分析的には投影同一化）。よって私は「名誉が欲しいと思いつつもそんなもの下らないと思う二人の自分がいるのですね」とコメントとするようにしている。

スピノザの名誉欲を発達停滞型ＢＰＤの社会化に応用した私の試みについて述べよう。

③名誉欲の気づき

アルバイトや就労継続支援事業所で働くBPD患者の多くは、「仕事は楽しいです」と口にはするものの、一カ月も経たないうちに遅刻、不眠、イライラを伴う不適応が始まる。「楽しいです」と語った時は苦しみをスプリット・オフしているので必ず精神状態は悪化する。患者は働かねばならないと焦る一方で、「身体が重い、しんどい」と訴え、かつ同時に、そんな自分を叱責する。そんな状態の患者には身体の声ならぬ声に耳を傾けてみてはと助言すると、働こうと焦っている自分に気づく。次には、身体が社会に出ることにストップをかけている事実から、何がストレスになっているかが語られる。そこに見栄や名誉が絡んでいることが理解され、いかに自分が周囲の評価を気にしているかが共有される。第7章で呈示した症例Bや、「本音を言えずに笑って済ませるのが癖になっている」と嘆く患者がいる。

④理性と直観による自己制御

『エチカ』第五部の前半部は第一部から議論してきた感情の制御の最終案が述べられている。スピノザは、人間は認識によってのみ幸福に到達しうる、という。それを可能にするのが第二種の認識（理性）と第三種の認識（直観）である。これらは「受動である限りにおいての諸感情を絶対的には除去しないまでも、少なくともそれらの感情が精神の極小部分を構成するようにさせ得る」と、感情を部分的には制御することが可能にはなるという。しかし、私に今できることは、「矛盾を抱える」能力を育てるために、スプリッティングを扱い、精神分析的作業を続けて行くくらいである。

a．治療者は患者のイマギナチオを否定せずに受け入れる

イマギナチオは客観的には間違っていてもその人にとっては本当のことなので必ず受け入れる。患者は受け入れられると、現実検討が復活してイマギナチオに疑義を挟めるようになる。スプリッティングの扱い方も然り、患者の主張を受け入れると、スプリット・オフしていた内容が意識に回帰するのである。

b．イマギナチオの発生過程を振り返る

そこで、イマギナチオの発生過程を進めていく。周りの視線が気になる患者には、どのような場面で気になったかを描写させる。この時も彼のイマギナチオの発生を受け入れることが重要になる。すると、過去を振り返り、イマギナチオの発生に自分の本性がより多く関わっていることを知るのである。

c．イマギナチオ発生過程に見られる法則にたどり着く

挨拶が返ってこない、真剣に相談に乗ってもらえない、携帯の返信が遅い、笑顔で応対してくれない、などの拒絶体験が絡んでいることが明らかになっていく。こうして外的刺激に「嫌われている」とイマギナチオすることが理解される。スピノザの名誉欲に関する因果性に到達すると、受動感情は消失し無力なものに成り下がるのである。こうして理性に導かれた生活を少しずつ送れるようになる。「自分の意向通りに他人が生きることを欲する」欲望から、受動で不和を招く利己的な「名誉欲」と能動であり友好を生んで国家の基礎となる利他的な道義心の二つが生まれる。正しい名誉の利用とは、理性の導きに従って生活すること。それから生じる善行（親切）を成そうとする欲望が生まれる。名誉欲が受動であるのに対して道義心は能動である。道義心は社会の成立を可能にし、かつ同時に社会

化を促すのである。

⑤心の発達（成熟）について

スピノザは心の発達をどう考えていたのだろうか。実際に述べてはいないけれど、第6章で論じたように、子どもに関する記述には「二人」の子どもがいる。この自由で隷属する二人の子どもの長所を合わせると、理想的な心の発達（成熟）が見えてくる。スピノザ流の大人のなりかたとは、イマギナチオは非十全で自らの生成因としての力を表現しない観念。一方、共通概念（＝理性）は人間の本質としてのコナトゥスをより徹底させようとする生命力。理性的な生き方をしなさいとスピノザは言わない。「善および悪の認識は、それが真であるというだけでは、いかなる感情も抑制することはできない。ただそれが感情として見られる限りにおいてのみ感情を抑制し得る」（第四部定理一四）。つまり、スピノザの理性とは感情であり、能動的な喜び（至福）であるのだ。成熟するということは適応ではなく、他者との間でまさしく十全な観念を形作りしながら、そこに成立する能動的な力を表現していくことである。

至福は徳の報酬ではなくて徳それ自身である。そして我々は快楽を抑制するがゆえに至福を享受するのではなくて、反対に、至福を享受するがゆえに快楽を抑制しうるのである（第五部定理四二）。

スピノザは第五部定理四二備考で「以上をもって私は、感情に対する精神の能力について、ならびに精神の自由について示そうと欲したすべてのことを終えた」と述べて、「たしかに、すべて高貴なものは稀であるとともに困難である」と結ぶ。

Ⅲ　おわりに

本章では退行型BPDと発達停滞型BPDのBPD2型について述べた。私のこの十年間取り組んできたパーソナリティの社会化が停滞しているBPDは治療が長期化しても「見捨てられ不安」に圧倒されて、パーソナリティの社会化が進まないでいることが、当事者インタビューでも理解された。その上で、スピノザの自己愛論（パーソナリティの社会化）について述べて、名誉欲に制縛されないためのスピノザの療法について説明してきた。BPDのパーソナリティの社会化とは適応ではなく対人関係で能動的になるというスピノザの見解を紹介した。今後の課題は、矛盾の弁証法的解決から「あいだ」の形成過程へ注目した『スピノザの方法』にある。

※本稿は①「境界性パーソナリティ障害の現在」第百八回日本精神神経学会シンポジウム：パーソナリティ障害の臨床［電子版］、二〇一三年四月、に加筆・修正している。

第5部　転移・逆転移の臨床

第9章　転移・逆転移の臨床

物の本性を認識せずに物を単に表象のみする人々は、物について何ら〈正しい〉肯定をすることなく、表象力を知性と思っているから、そのゆえに彼らは、物ならびに自己の本性に無知であるままに、秩序が物自体の中に存すると固く信じている。すなわち物が我々感覚によって容易に表象され、したがってまた容易に思い出せるようなふうにできていれば、我々はそれを〈善き秩序にある、あるいは〉良く秩序づけられていると呼び、その反対の場合は、悪しく秩序づけられている、あるいは混乱していると呼ぶのである。そして、我々が容易に表象しうる物は我々にとって他のものより快いから、そのゆえに人々は混乱よりも秩序を選び取るのである。あたかも秩序が我々の表象力との関係を離れて自然の中に実在するある物であるかのように(第一部付録)。

頭の痛くなるような鋭い指摘である。スピノザのイマギナチオを知ってからというもの私たちは真偽まぜこぜの世界に住んでいることが痛いほどわかった。分析家の解釈はイマギナチオに汚染されているといってもあながち間違いではない。本章では患者と治療者が衝突して互いのイマギナチオによって二つの世界が生成される。それを転移・逆転移の観点から論じようと思う。

Ⅰ　はじめに

精神療法は端的に言えば患者と治療者のイマギナチオと治療者の理性から成る。イマギナチオは患者と治療者の衝突によって形成される。衝突の際に、治療者のイマギナチオに、転移は患者の本性をより多く含み、逆転移は治療者の本性を多く含む、と定義できる。患者にも同様のことが起きる。精神療法は不幸な患者を救出せんとする治療者の「憐み」から始まる。しかし感情の模倣によって患者の悲しみを取り入れた治療は失敗に終わる可能性が高い。「我々は、感情に基いては、善であると我々の確知するような何事をもなすものではなく、また我々は偽りの涙に容易に欺かれるからである」（第四部定理五〇備考）。それゆえに、スピノザは「単に理性の指図のみによってこれをなそうと欲する」（同証明）。理性とは第二種の認識（共通概念）である。それは、必然として誰もが納得できるものなので、患者は治療者の解釈に合点がいくのである（第二部定理四四）。ところが治療者のイマギナチオに患者の本性がより多く含まれていると、つまり転移が起きると、治療者は謂れのない患者の言動に「心情の揺れ」を感じる。その揺れを治療者は必然として観想することができれば、転移を正しく認識できるのであるが、偶然として捉えると、混沌とした転移・逆転移の世界が待ちかまえる。

本章で議論するテーマは患者と治療者が意識的かつ無意識的に影響しあって二重の転移・逆転移の

世界を作り出すことの是非を巡るものである。一例目は、スピノザを知る前の、患者の本性の問題をより多く含む強迫症のケースを提示する。二例目は、『エチカ』を読み始めてからの、治療者の本性がより強く作用して幻想の世界を創り上げるケースである。二重の転移・逆転移とは通常の意識される治療関係と重ならないスプリット・オフされた転移・逆転移の世界の二つが同時に進行するという仮説である。

Ⅱ　私の臨床経験から

それでは、さっそく二重の転移・逆転移の二症例を提示しよう。最初の症例は、病歴や家族歴などは省き、私の手元にあるセッションごとの記録をもとに私と彼しか知らない――多分に彼の記憶も薄れていると思われる――治療関係のみを記述することにする。その内容は強迫症に特徴的なものに絞り、プライバシーには十分に配慮している。二例目は、論文発表の際に本人から口頭と書面による承諾を得ているが、プライバシー保護のために治療関係以外の部分は省略している。

1　知的ゲームの症例

症例Aは二十代の強迫症の男性。週一回の寝椅子を用いた精神分析的精神療法の症例である。治療が始まって三年を過ぎる頃、強迫症に特徴的な治療関係が続いた。女性に対する残酷さ（肛門サディズム）の分析過程から、厳しいけど頼りになる父親とは逆に、本音で付き合ってくれない、一度も自分のものにならなかった母親、そうした両親との関係が整理され、彼は治療者に暖かい気持ちを感じると述べて泣いた。そして、相手次第で態度を変えて演技し続ける自己の起源が母親の愛の不確かさにあることが明らかになった。この対人態度は父親にも向けられていたので、時々父親に会いに帰省する彼の行動に対して「父親に偽りの自分を見せに帰るのでしょうか」と直面させた。彼は「裸のつきあいをしたい。本音でつきあいたい。けど、人に従っていた方が楽です。しかし一方で、それをするのは恥ずかしい」と不安定になってキャンセルが続いた。強迫症者のパーソナリティの中核にはこのような「存在の不確かさ」がある。それを巡る治療関係がとても重要になるという認識が私にはあった。

セラピーは強迫症者の根本的葛藤に到達し進展している、と考えられるのにもかかわらず、患者のパーソナリティには少しの変化も認めなかった。治療者が自分を脅かす対象であれば不安になり、操作し従属するが、そういうことをやっている自分を眺めて自己評価を高めていた。逆に、自分の弱点を触らない対象であれば強気に出ていた。自己のスプリッティングが私との治療関係に劇化されたのである。この自己の未確立が現実問題を解決する態度にもあらわれ、自分を悔やむことで治療者から救済を求め続けた。自己卑下、自己批判、愚痴をこぼして一層ジレンマにしがみついた。父親に対する競争、攻撃性を捨てて自分を去勢して初めて父親と一体化するので、本当の解決にはならなかった(自己のスプリッティング)。治療の観点から見ると、治療者の介入に対して態度を変えることによって治療に抵抗していた。半年ほどこのような治療関係が続いた。

以上が、強迫症者の治療の難しいところである。俗っぽい言い方をするなら、強く出ると従属し、優しくするとつけあがるのである。この患者と治療者の関係を「知的ゲーム」と捉えなおした。ゲームを壊さずに参加するにはどうしたらよいのか？　彼は表面的には私の分析作業に付き合いながら、実のところ、私をコントロールし、私は陰湿ないじめを受けているような感じがした。私がこれまでのように分析作業を続けるのであれば、彼は姿を変えて「知的ゲーム（分析ごっこ）」を楽しむのだった。しかしそのゲームは、たとえばプロレスの首絞めが五秒以内であれば反則にならないような、何か不自然さを感じた。プロレスは観客を興奮させるためのルールであるが、対等な関係という精神療法の基本が損なわれているような気がした。それは私の小学生の頃の卑怯な「缶蹴り」を想起させた。鬼が子を探しているときに全員の子が四方八方から陣地に向かって、鬼が子の名前を声出して缶を三回叩くあいだに名を呼ばれていない背後の子が缶を蹴るのである。「卑怯だ」と叫んでは患者の思うつぼである。私は、冷静に患者のルールを逆手に取る方法を考えた。解釈という形で現実を提示する方法（解釈）では埒があかない。逆手に取られるだけである。治療的には私もゲームに参加しなければならない。それで、介入を控え「沈黙」することにした。

セラピーは五年目に入っていた。私の沈黙に気づいた彼は「先生が黙っていると不安でしょうがない。自分の話をどういう風に思っているのだろうと。自分が探りを入れているような感じがするのです」と語った。以前の私であれば不安を明らかにし、不安の源泉を探求していた。それを控えて、彼の言葉を待つことにしたのである。彼は「探り」を入れて私をコントロールしてゲームを楽しんでいたのである。

二百回目のセッションは珍しく抑うつ的だった。落ち込んでいる気持ちを治療者と語り合うと現実に戻らないといけないような気持に駆られるので、自分の中で「いじいじすることは楽だ」と語った。彼の話を聞きながら治療者は「いじいじすることは楽だけど、それでは何の解決にもならない。しかし解決しようとすると、私に合わせたような気持になるので、感情を交えない話し方になるのですね。それがあなたの精一杯の反撥なのですね」と矛盾の防衛を解釈した。彼は泣き出して、「反発しているように見えましたか。……昔からよくいじけてしまうことがあったのです」と依存してきた。彼は「昔から友達が少なかった」と述べた。ここに至ってやっと、彼は攻撃性を受け止められ、不安、罪意識を体験できるようになった。彼は治療者の沈黙を「自分がいろいろ先生を動かしたからでしょう。悪いことをしました」と語った。

次のセッションの半ばで彼は、精神科医を内科医や外科医と違ってバカにしていると感情を出さずに語った。私が「簡単に言えば見下しているのね」とコメントすると、「その事実が耐えられない。いつもそんなこと言わないのに。正直に言わなかったら先生を裏切るようで」と語った。続けて彼は「そんなに言われて先生はどうして怒らないのですか。自分のプライドを傷つけられたことになるでしょう。……受け止めてくれたみたいで嬉しかった」と語って、小学5年の頃の「死の不安」のエピソードを想起した。

この頃より夢を報告するようになった。上司から昇給試験を受けるように告げられる内容の夢であった。そしてこれまで口にしなかった確認強迫症状を詳細に話すようになった。確認の回数が家族の死を意味することが明らかになり、空想のなかで父親殺しを行っていることが語られるようになった。さらに印象的なことは、思春期から病みつきになった自慰に耽ることができなくなったことが明らかにされた。自慰は、強い女性を殴りつけたりペニスで屈辱させることを空想したり、弱々しい女性を思い浮かべないと興奮できなかったという。その弱々しい女性イメージが母親と結びついていることに気づいたことで自慰ができなくなったという。自由に振る舞うことは弱々しい母親との分離を意味していた。弱々しい母親像はまたスプリットした一方の姿でもあった。ところが、その母親を心の中から追い出すことは、父親からの去勢を怖れて母親の侵入（誘惑）を排除するというより母親分離に特徴があった。

また、あるセッションでは、治療者を視線で圧倒するなどの横着な態度を密かにとっていると語った。その時の治療者に勝ったという優越感は、治療者に許されているという安心感、つまり治療という制限のあるゲームの中で自由に自分を振る舞えることが可能になったのである。この安心感を与えてくれる治療者を彼は「兄的存在」と呼んだ。そして六年間のセラピーは終結した。

考　察

（1）強迫症者のスプリッティングについて

本症例の治療前半の三年分を省略した理由は、多くの強迫者の治療にお馴染みのアンビバレンスと肛門期サディズムの分析過程を示しているのと、ここで私が取り上げたい問題が治療後半に現れる自己のスプリッティングをどう扱うかについて議論したいからである。

フロイト（一九〇九年）は、ラットマンの論文の終わりでスプリッティングについて以下のような指摘をしているので、長くはなるけれど重要な個所なので引用しよう。

私は本論文で述べた私の患者の報告を終わるに際して、いわば彼が三つの人格、すなわち一つの無意識的人格と、意識が両者間を自由に往来し得たところの二つの前意識的人格の分裂していた、という印象を得たことを報告せねばならない。彼の無意識（第一の精神組織）は、幼児期に抑圧された罪悪視されるような激情的な感情や衝動の興奮を含んでいた。彼は正常状態（第二の精神組織）では善良で快活で思慮深く賢明で進歩的であったが、第三の精神組織においては、迷信と禁欲主義に専心した。その結果彼は、このように互いに分裂し対立し合った二つの信条を抱き、二通りの世界観を代表するようになった。

フロイトは、彼自身の強迫症の説明は不完全なもので、この説明が刺激になって後の強迫症の研究が深まることを願った。それに答えたのがフェニヘル Fenichel, O. である。フェニヘルは『神経症の精神分析理論』（一九四五年）のなかで強迫症の分析治療の困難の一つに自我のスプリッティングを挙げている。彼によると、強迫症の自我は論理性と魔術性というスプリッティングを示しているという。「魔術性による世界を作りながら、一方で、彼らは、世界の気に入らない部分を抹殺する。この点では、彼らは、内向を特徴とする神経症より現実吟味の喪失を特徴とする精神病に近い」、「自我が分裂しており、働きかけることができるのは、自我の意識的部分に限られることも、問題である。すなわち、この部分から分離している無意識の魔術的な部分には解釈が及ばない」と述べている。

フェニヘルの魔術性はフロイトの思考の万能感の言い換えで「幼児期の誇大妄想の断片」のことで

ある。強迫者は治療同盟を結べないし、残りの部分は魔術的に考え、非論理的で治療への抵抗の側についている、という。言い換えると、患者のパーソナリティの意識部分は、アンビバレントではあるが、協力的である。がしかし、それは、魔術的部分から引き離された範囲のことなので治療の影響を回避できるのである。このスプリッティングが取り払われないと患者のパーソナリティの統合は進まないのである。

西園（一九七七年）は「(強迫症者は) 万能感を追及し、それを妨げる現実を拒否する機制が共通してみられる。このような万能感追及は精神分析療法の過程ではじめてその姿をあらわにする。日ごろは隔離や反動形成その他の防衛によって影をかくしている。そのため見落としがちであるとともに治療が困難なのである」と述べて、暗に治療困難性の原因にスプリッティングの存在を示唆している。そして「治療者を自分の志向する方向へと動かそうとする、強迫神経症者の発症機制をなす衝動はそのようなものと私は考えている」と結んでいる。他者を動かすことによって全能感を求める試みこそ強迫神経症の中心的役割を果たしているのである。しかもそれをスプリットして行うものだから治療的介入が難しい。

(2) 強迫症者のスプリッティングと知的ゲーム

それでは、強迫症の精神療法でみられるスプリッティングをどのように扱えばよいのか。私はかつて日本精神分析学会第四十八回大会で「強迫と妄想」というタイトルで強迫症の週四回の精神分析療法のケースを報告した。発表では思考の万能感（魔術性）とスプリッティングの扱いについて、繰り返される患者の遅刻（全能感の追求）を分析的に扱うのではなく「一時棚上げ」することによって、つまり「彼を幻想から引き出すのではなく、一時、錯覚を維持するような治療技法を必要とした」と述べた。そして「（強迫症者の）蒼古的自己愛を幼児期の誇大妄想の断片と捉え、患者がこの誇大妄想を治療者に安心して喋る関係を通して感情の表出が可能になり、この妄想の告白と感情の表出（＝現実の受容）が治療関係の中で何度なく繰り広げられると自我の分裂が消失する」と報告した。

本症例は上記の患者の先駆けになる。症例Aの場合、行動化の問題は見られず、むしろ自由連想の指示に従順に従った。治療後半の同じ円をぐるぐる回る治療停滞を螺旋的発展へと導いたポイントは、転移・逆転移を「知的ゲーム」と捉えたことによる。私は小学生の頃の卑怯な「缶蹴り」を思い出した。子が一度に陣地に押し寄せて名前を呼ばれない子が背後から缶を蹴るのである。ルールに則っているが、有無を言わせない卑怯なやり方だった。こうして鬼を徹底的にいじめた。いじめられる人は決まっていて夕暮れの道をいつも泣いて帰っていた。それをセラピー中に思い出したのである。鬼は村はずれに住む二歳上の従兄だった。私はいつも遊んでくれる年上の子たちと従兄のどちらにつくのか、股裂きに遇ったことを思い出したのである。恩師 西園昌久先生の追悼文（川谷、二〇二三年）にも書いたけれど、私は重要な人物を現実に二人用意して、二人の間で「股裂き」に遭う癖がある。従兄を良い従兄と悪い従兄にスプリットするのではない。葛藤の対象に村はずれに住む従弟といつも遊んでいる年上の子の二人を用意するのである。大学病院の医局時代は教授と助教授である。しかもこの「股裂き」を長々と味わうのである。

この私の「股裂き」傾向が患者の自我のスプリッティングと共鳴したのである。患者Aの対象関係の特徴は、強い対象には従属し、弱い対象にはサディスティックになるといった自己対象スプリッティングにある。彼は、時と場合によって、豹変する。それゆえに私にとって症例Aは従順な患者であると同時に私を支配する患者でもあったのである。

患者の知的ゲームは私にとっては意地悪な「缶蹴り」に思えた。精神療法のルールは患者の自由連想に治療者が分析作業をする、その一点に尽きる。治療目標は患者が精神的自由を獲得することである。ところが症例Aの「子」は、表面的には精神分析のルールに則っていながら、「鬼」の治療者の目を眩ますように右から左から、ときには背後から、缶を蹴ってリセットするのである。そして「子」の患者は「鬼」の治療者をいじめ抜いて勝利に酔うのである。それに打ち勝つために「鬼」の治療者は、あえて「子」を探そうとせずに陣地から離れない作戦をとった。そして缶を蹴られないように足を缶に置いた。それが「沈黙」だったのである。あくまで「憎しみ返し」（第五部定理一〇備考）をしないでルールの中で遊ぶのである。

ままごと遊びが「ごっこ」になるのは、遊びに参加する子どもたちが、泥の団子を泥だと知りつつ食べられる団子と思わなければならない。現実と空想の両方が成立するように暗黙の了解が参加者には求められる。精神分析的精神療法では、患者は自由連想をすることによって、過去が患者と治療者の前に現実として現れる。治療者の分析作業によって患者の過去は過去の時制を与えられて患者の心の中に戻っていく。その時、過去は過去の時制を与えられているので、患者は自由になるのである。

ところが症例Aは治療者の分析作業に合わせて話のネタを提供するので、いつの間にか自由連想から離れて、意図的に過去を呼び出さないまま、セッションはリセットを繰り返された。そのために、自由にならない過去は手つかずのままに終わるので、分析治療は進んでも一向に患者は自由にならないのである。症例Aの提供するネタは卑怯な缶蹴りのために用意されたものだったので、過去は時制を与えられずに過去のままに終わったのである。

(3) なぜにスプリッティングなのか

患者はセッションの中で治療者に迎合(論理性)しながら、かつ同時に、治療者を支配(魔術性)する。その統合には半年間という治療関係の継続が必要だった。それを成功させたのは治療者である私の「股裂き」の癖にある。私はこのどっちつかずの「股裂き」を好む習性がある。しかし「股裂き」もいつかはどちらに与するのか決断を迫られる。その時に症例Aの「知的ゲーム」に気づいたのである。「股裂き」を続ける私の態度が患者に矛盾を抱える機会を与えたのだと思う。すなわち、自由連想を続けることを求めると同時に意地悪な「ゲーム」にも私は参加したのである。それによって自由連想をやめて「探り」を入れる自分を意識化できたのである。

一般に、自由連想をしていると、患者は抑圧してきた自己の部分(それは本音の部分と呼んでも構わないだろう)が意識に上って来るので、それを無意識的に防衛しようと苦心(抵抗)する。症例Aの場合、支配関係は空想世界においては安全だが、現実生活に「力」をもつ庇護者の前に現れるのはご法度である。そのために現実世界では偽りの迎合する姿をとるのである。症例Aと私との関係には、「迎合する」という偽りの治療関係と、「支配する」という強迫者特有の治療関係の二つがある。前者はフェニヘルの論理性、後者は魔術性に相当すると言えよう。

五十分のセッションの中で同時に出現した、私に「迎合する」治療関係と探りを入れて私を「支配する」治療関係の両方を私は二重の転移・逆転移と呼ぶことにする。論理的に私に迎合する関係、その真っただ中で、私を魔術的に支配する関係が力を持っているのである。スプリットした二つの世界をつなげることになったのは「股裂き」の癖を持つ私によって現実と空想を行き来することが半年間も許され、実際に体験されたことが治療的になったのではないかと考えられる。私の「股裂き」癖が治療を成功させたと言えないでもないのである。

2　錯覚と脱錯覚

先に述べた症例Aは強迫症者の自己のスプリッティングによる二重の転移・逆転移現象だった。それを劇化したのは私の「股裂き」の癖であった。二例目も二重の転移・逆転移の症例であるが、今度は、治療者としてのスピノザの「憐み」が関与してくる。弱者に手を差し伸べるのは人間の本性であって、憐みが生じないのは非人間、つまりサイコパス、とスピノザは厳しい。第8章でも論じたように、共感は言うまでもなく精神療法家に欠かせない資質である。それをあえてコフートは考究したのはなぜなのだろうか。考えられるのは、「体験」よりも「解釈」を重んじる当時の自我心理学に対するコフートの反発があったからかもしれない。しかしコフートの「共感」は感情の模倣である「憐み」から発したものではないことは押さえて置かねばならない。穿った見方をするなら、コフートは私たちよりも感情の模倣による「憐み」が少なかったのではないだろうか。それはともかく、これから提供する症例は治療者の「憐み」から二重の転移・逆転移が形成され「錯覚と脱錯覚」という治療過程を辿るので、一考に値する。

症例の概要

症例は四十代のBPD女性B。主訴は「生きる目的が分からない」。初診時には「子どもの頃からの習性で、未だに親の前では全く違う自分を演じてしまう」と語った。診断は環境要因の強い、かつ、読書ができないなどの神経発達の問題を抱えた発達停滞型BPDと考えた。ロールシャッハ・テストの回答数は七十個と多く（細部への理解強迫）、その割には興味や関心の幅が狭い。他の特徴として、想像力を働かせることが苦手で、警戒心が強く自己表現を避ける傾向があり、突然、それまでの感覚や意識がつながらなくなる心の様子が認められた（「ボア」）。自由連想では「何も連想が浮かばない」と言って沈黙を続けた。自由に自分自身を語ることができない彼女は、治療者が誘導すると連想はできたが、それは買い物依存や仕事で有能な働きをすることと同じ見せかけの活気であって、治療後半では沈黙が「死んでいる」と同一であることが明らかになったケースである。

患者は私の前に三人の心理士から九年間ほど心理療法を受けた経験があり、その後は私の精神科治療（診察は二週に一回、平均十五分程）を三年間続けた。診察室に入ると、私の顔色や雰囲気から「何を話したらよいのか」を読み切れずに困惑して喋れなかった。私が合いの手を入れることによって、ようやく喋りだすことを繰り返していた。

一般精神科外来の時期

ある日の診察で彼女は「眠りたくないので二時まで起きている」という話をした。それで二回会社に遅刻したという。遅刻したので困っているという言い方ではない。「寝たくないんです」と自分と私に言い聞かせ、しかる後に「(そのために) 私は二回遅刻しました」という。遅刻を私に解決するように、あるいは遅刻は私の責任だと言わんばかりの話し方をする。「どうしてくれるのですか」と訴えられているようなプレッシャーを私は感じたのである。「私はあなたに傷つけられたのであなたは私をケアしなければならない」という彼女の無意識的ファンタジーが転移の場で劇化したのだと私は思った。話はあちこちに飛びながら、彼女は診察机に視線を落として、あたかも自動書記のようにぶつぶつ話し出して、彼女が日々「空しく」生きているという話にたどり着いた。要はこういうことだった。仕事から帰って、食事は簡単に済ませて、お風呂に入り、十時半ころにやっと自分だけの生活に戻る。それから寝る準備に入るのだが、「寝たくない」ので、何故なら「ベッドに入るとあれこれと考えたくもないことを (が) 考えてしまう (浮かんでくる) のが嫌でベッドから出て動画やドラマを見るんです」という。それで私は「受動的な生き方では『生きる意味が分からない』というあなたの悩みは、唯一、寝る前の時間帯を自分のものにすることで帳消しにするんだね」とコメントした。存在の不確かさという強迫症者の特徴を実に表わしているエピソードだった。

彼女を強制する力とは幼少期から両親に隷属してきた生き方である。自分を生きていないという。ところが、母親の養育のマルトリートメントに対する不満や怒りは覚えても、母親に彼女の借金を肩代わりさせる生き方は意識から切り離されている(責任は母親がとるのが当然なのだ)。母親を自分の思い通りに扱うという支配（全能）感と母親から見捨てられないように隷属する自己はスプリットされているのである。よって、能動と受動の二つの分配、一方では母親を支配し、他方では母親に隷属するという二つの自己が統合されないまま彼女は生きている。この病理的パーソナリティ構造が彼女の自己の領域の重度の問題を起こしているのである。本当に話したいことを話すには無駄な時間を要する人なのだと私は理解した。

長時間セッション

十五分ほどの短時間セッションで以上のような話は展開したが、彼女の本質的な部分は変わらないままだった。すなわち、迎合する生きかた、そのために人生に意味を見出せず、毎日が空しく、死ぬことばかり考える日々。毎日同じことを考えて無為に過ごしている生活。X年一月、自己のスプリッティングについて私と話し合った後の会計の際に「時間をとってもらっているのに本当の話をしていない」とナースにこぼしたのをきっかけに私からの提案で週一回の精神分析的精神療法を受けることになった。X年二月、私の方に精神療法の空きができたので長時間セッションを提案した。本当に話したい話題が出るまでに一時間は要するのと、休憩を入れて仕切り直しするのは同じ繰り返しになるという患者の希望もあって、週に一回の一セッション二時間の長さになった。

毎回、はじめにちょっと気になる話題が出て、そのあと無駄と思われる時間が経過して、本題に入るようになるのが一時間を経過してからだった。その時にはじめに語られたちょっと気になる話題が彼女の口から再び語られ始めるのである。受身的で自由連想ができない患者は、私が合いの手を入れないと優に一時間は沈黙した。連想は治療者の情緒的手助けがないと進まない。こうして、セッションの多くは自由連想ができないことの分析に比重が置かれた。時間はたっぷりあるので私もゆっくり対応できた。

あるセッションでは「キツイ。食べたら食べっぱなし。こうやって座っているのもキツイ」と言ってカウチに横になった。「こんな私を親はだらしないと言って」と嘆く彼女に私は「以前、ボアだと説明したことがある」(「ボア」については第8章を参照)とコメントした。「それは覚えてます。でもどうしようもない。抜け出せないんです」と訴える患者の姿を見て私は「このままでは帰せないなー」という気分になった。一時間後、出産後の話題から声に勢いが出てきて連想も豊かになっていく。それは出産後の娘と一体感をもっていた時の、ウィニコットの母親の原初的没頭を体験した頃を想起したのがきっかけだった。ボアのきつさがなくなったと語って元気に帰っていった。彼女が元気になるのは、人の役に立っていると感じられるとき、仕事を完璧にやり遂げるとき、そして買い物をしている時だった。しかしその元気も次の回まで続かないことはわかっていた。

細切れではあったがセラピーでは多くの収穫が私にはあった。スイッチが入って仕事をしている時の生き生きしている自分と自宅でだらしなく過ごしている自分のスプリッティングが明らかになった。母親に感情的に怒鳴りつけられるルーズな自分と完全主義で強迫症者の特徴が明らかになった。ボアは小学生の頃から目立ち始め、日曜日などの休みの日は部屋で横になっていた。高校生になると授業中はいつも居眠りしていたという。完全な自由連想をしないといけないので何を話してよいのか分からなかった、ということも明らかになった。そして、人前でもセラピーでも自分自身を対象に語ることが難しいと語った。こうして分析作業は進み、治療者は依存の問題を扱う時期に差し掛かっていると認識するようになった。彼女の心身の状態に変化は見られなかったが手ごたえは感じていた。つまり、長時間セッションという治療セッティングは功を成していると。

過去の自傷行為に及んだ話

こうして一年半に及ぶ週一回の長時間セッションのセラピーではじめてキャンセルがあった。それに対して治療者は以下のような考えが浮かんだ。彼女は甘えられるようになったのではないかと。「セラピーは最後の砦です」と話していた彼女がキャンセルするのは、強迫性格をもってしても心身のきつさには勝てないと白旗を挙げたわけなので、治療者には許される、という安心感ができたのだと考えた。二つ目の考えは、彼女は人にどうこう想像されるのは嫌いだとジェスチャーを入れて語ったことがあったのだが、キャンセルすること自体が治療者にあれこれと想像されるのに違いないはずなので、その時間を私に与えることは、関心を持ってほしいという部分もあるのだと考えた。第三に、これ以上内的世界を探究されることへの治療抵抗もあるのではないかとも考えた。依存や愛されることへの抵抗、つまりそれまでの自分を崩されることへの抵抗である。私はキャンセルの時間をあれこれと考え続けた。あれこれとは、「憐み」は悲しみの感情ゆえにキャンセルされて容易に憎しみに転ずることなども含まれていた。

次の七十一回のセッションは職場の話から始まった。この時、私は上記の考えをいったん頭から切り離して（「頭を空っぽにして」）臨んだ。それまで得た知識や理解を捨てて、頭を真っさらにして初診時のように患者に対するのである。セッションの途中、会社内の精神疾患の偏見へと話が及んだ時に、彼女は「私は絶対病気のことは他人には言わない方がいいと思う。話してよかったことは一回もない」と語った。「かつて自分が弱っていた時にそういうこと（病気をしていること）をちょっと口にした。（復職前の）アルバイトをしていたときです。（相手から）病気のせいにしなさんなと言われた。……（話が飛び、時間と空間に混乱が見られる）……病気のせいにしているわけでもないのに……」と語り続けた。私は連想を続けるよう促すために「（分かってもらえなかった）そのことが記憶に残っているので」と合いの手を入れた。すると彼女は「ここでなら話せるけど、ネガティブな話をしているときにイラッとすることがある。今もアルバイトの頃の話をしていて嫌な気持ちになった」。私は「まだ過去のものになっていないのね。それで、そのたびにイラついたりするんでしょう」とコメントした。彼女はアルバイト時代の三年間を振り返った。「あの頃はまだ私はリストカットしていた」と独り言のように語った。わたしは患者が自傷行為をしていたことをすっかり忘れていたことに気づいた。というより、彼女がリストカットをした事実を私は心から消しているかのように思えた。

彼女は驚いている私を見て「傷は見られないようにサポーターをしていました。先生にも診察時に見せましたよ。単に自分がイヤで。二カ月前に（リストカットの傷に）子どもが気づいて、私の手を取って裏返しにするの。何の傷？と聞かれたらどう話すか考えていたら、（子どもは）察して（それ以上は何も）聞かなかった。……こんな親に育てられてどう思いますかね……」と語った。彼女は「聞かれなくてよかったと思った。リストカットの傷跡と知ったら傷ついたでしょうね」という彼女にリストカットについて充分に話をさせた。「切ったら落ち着くんです。血が出るたびに安心する。傷は抑止力です。きれいにしていたらまた切っちゃいそう。今は傷口が長袖から見えると気になるようになった。前は気にならなかった」とリストカットについて十分に話したことは、セラピーも含めて、これまでなかったという。「切るたびに精神力がついて耐えられると思っていた」という。「泣いた数だけ切るんだよ」という私のコメントに彼女は涙した。「職場でいい人を演じて、相方から『助かる』と言われると、そういう態度をいつの間にかとっていた自分に嫌気がさします」と語って面接を終えた。

私は彼女の自傷行為のことをすっかり忘れていた。アルバイトしていた時の苦しさからリストカットした話、外科受診をせずにテープで処理したために傷口が開いている話。確かめると開いた傷が三カ所あった。左手は内・外側に無数の傷、右腕は内側のみの無数の傷が残っていることを確認して、治療者は記憶からリストカットを排除していた事実に唯々驚いた。セッション後カルテを読むと現病歴にも記載されていた。

患者と治療者の心身反応

セッション後、彼女は腰椎ヘルニアを患ってセラピーは一カ月半休みになった。話の腰を折られたのだと私は考えた。患者と治療者は、少なくとも私は、彼女の病的な部分をスプリット・オフして、ある種の幻想を創り上げていたようである（主に患者が創り上げる世界であれば「錯覚」という言葉が適訳なのだが、その世界に私自身もいたので「幻想」という言葉を選んだ）。幻想から目を覚ますと、私は唐突に治療終結を意識するようになった。もはや私の手助けなしにやっていけるとさえ思うようになった。なぜ私は治療終結を考えるようになったのか、この時点では明らかにはならなかった。「セラピーは終わりに近づいた」とセッションの度に考えるのだった。セッション後に会うスタッフにそう話すこともあった。

二年が経過した九十回のセッション、患者は自分自身を語り、一方、治療者は治療の終わりを考える。私はなぜ患者を手放そうとするのか不思議だった。疲れているのだろうか？自己分析を試みた結果、私の父との関係が患者に転移されているのではないかと考えた。私には親密になることを避ける傾向がある（川谷、二〇二三年）。重要な人とは一定の距離を保ち近づきも離れもしない中間の距離を取り続ける変な癖がある。別の言い方をすると深い依存関係への恐怖かもしれない。なぜ私は依存を怖れるのか？

二番目に、私は患者の母親に同一化しているのではないかとも考えた。彼女の母親は子育てを姑に頼った、女性同士の関係を構築できない人である。それを証拠立てるようなセッションがあった。いつもだと一時間はかかるのに、その時はセッションが始まると彼女は「(母は)自分は悪くないとすぐに言う。母は非を認めない。言いたいことを汲み取らない人だ」と唐突に話し始めた。治療者が患者の母親に同一化する現象の分析は彼女の「ボア」の成り立ちが解明できそうだと私は期待した。ところが、今度は、私に悪性腫瘍が見つかり、その治療のためにセラピーは一カ月間の休みになった。意識はしていなかったが、終結を考えるようになったのは私の身体の限界が迫っていたのと母親への同一化によるものだった。ただ「ボア」の分析作業が中断されたのは残念だった。

沈黙は「精神が死んでいること」

セラピーは再開された。百回前後から患者も自由連想が板についてきた。会社でも緊張せずに話せる時があるという。それで「話せるようになった」ので一時間セッションを患者は求めてきた。彼女は私の健康を気遣ったのかもしれないと思って、話し合いの結果、九十分セッションに落ち着いた。彼女の語る話の内容は細部への理解強迫があるために時間を十分に与える必要がある、と私が考えたからである。百六回ではバス停で弱っているお年寄りに手を差し延べることができなかったエピソードを語り、社会人として失格と自分を責めた。治療者は疲れて身体が動かない自分を叱責する姿は離婚の原因となったうつ状態を家族に責められたことの繰り返し、手当てが必要な時に理解されずに責められたように、だと指摘した。彼女が幼少の頃から両親から「弱っている自分」を叱責された関係の取り入れを「自分叩き」と表現した。

楽しいという感覚がない話から、「毎日、抜け殻みたい」という話をするようになった。自殺のタイミングを考えていると語り、治療者の言葉に反応するようになった。百十回のセッションは沈黙で始まった。沈黙は心身の活動能力の低下、すなわち、生命力の低下によるものだと解釈した。彼女「感情がない、辛い。イライラすることさえなくなった。今に始まったことではないです」というセッションのまま終わりそうだったときに、「アッ、こんな大事な時に来週は休みですね」とだけ伝えてセッションを終えた。次のセッションは間違いなく元気になった。

患者のパーソナリティは完全主義の部分と徹底して母親から否定されてきただらしない部分の二つから構成されている。自分で自分の世話をできる部分とできない部分と言い換えることもできる。後者は私が発達停滞型ＢＰＤの中心病理と呼んでいる「ボア」のことである。患者が不幸なのは、この「ボア」を環境側から抱えてもらえなかったところにある。

考察

（1）治療経過と長時間セッション

十五分ほどの一般精神科治療で改善を見る患者は、退行型ＢＰＤにおいてはしばしば経験する。一方、発達停滞型ＢＰＤの場合、症状レベルでの改善は見られても、社会参加という就労はなかなか困難であることは第8章で述べたとおりである。症例Ｂが曲がりなりにも仕事ができたのは彼女の努力と天賦の才によるもので、その代償として彼女は「生きる意味が分からない」と嘆いた。仕事をうまくこなすことは喜びであったが職場の対人関係では気を使い疲れ果ててイライラすることが多かった。

一般外来で薬物治療を併用した精神科治療を三年間行ったが、その治療効果は表面をなぞるだけでパーソナリティ構造の変化には到達しないという結論に至り構造化された精神分析的精神療法を提案した。懸念された問題は、彼女の性格では通常の五十分のセッションでは時間を有効に使えないだろうということだった。それで二時間の長時間セッションを導入した。彼女は対人場面では対立を避けて受動的な立場に身を置く。さらに、自由連想を能動的に楽しむというよりも、完璧にやれているかあれこれ考え、ちょうど自分で張った蜘蛛の巣の糸に絡まっている蜘蛛の如く、身動きがとれなくなる。警戒心が強く想像力を働かせることが苦手なので、セッションには無駄な時間が必要だと考えて二時間の長時間セッションに導入したのである。

長時間セッションの約二年半の経過を記述した。判で押したようにセッションの前半の一時間は無駄に時間が流れた。長時間セッションは治療者の精神にも余裕を与える治療構造だった。これはとても助かった。五十分セッションだと上記のやり取りに終始し、依存への退行は叶えられなかったと想像する。多分に十五分の精神科診察と同様うわべだけの治療経過を辿ったと思われる。

一年半が経過した頃、患者はセッションをキャンセルした。いよいよ依存への退行へと治療は進んだと私は考えた。七十一回目のセッションでは、いったんこの考えを頭から消してセッションに望んだ——パーソナリティ障害の治療において私は「頭を空っぽ」にしてセッションに望むことがある。すると患者は過去の自傷行為について話し出した。しかも、驚いたことに、私はそのことをすっかり忘れていたのである。Bと私が作り上げた世界が何かをスプリット・オフした上に構築された世界であることが私には驚きであった。私とBとの治療関係に生成されたものが壊れ、壊れたものから何かが生まれようとしていたのである。私は率直に彼女の自傷行為を忘れていたことを告げた。彼女は初診時もそれ以降も語らなかった自傷行為を詳細に私に語った。外部の力、すなわち治療者の指示や治療関係に蠢く感情、が原因というよりも、自ら過去を振り返りたいという能動的欲望と思われた。

その後、Bと私は次々に身体病で倒れた。二人で二カ月間のセラピーを休止せざるを得なかった。Bの腰椎ヘルニアは「話の腰を折られる」、私の悪性腫瘍は活動性を司る甲状腺に発生した。その対比の劇化は面白く思われた。まさしく「依存への退行」という段階で彼女は腰を折られ、私は「ゆっくりやれよ」と諭されたのである。

セラピーが再開されると、彼女は自由連想を楽しめるようになり、私への気遣いから二時間セッションは九十分セッションへと移行した。いよいよ依存への退行が起こり、患者は「精神が死んでいる」状態を私との関係で生き直すことが可能になったのである。

(2) 治療者は患者の自傷行為をなぜ忘れていたのか?

患者の重大な病理を忘れることに気づいた七十一回のセッションを振り返ろう。治療者の忘却は患者との合作なのか、それとも、治療者の逆転移がより多く関与しているのか、まずその検討から始める。

七十一回のセッションは精神の病を患っていることがテーマである。病気をしてついオモテに出てきた甘え心を職場の同僚から否定されたという話からセッションは始まる。「名こそ惜しけれ」の精神で生きてきた、そのハードな心のウラにある甘え心を否定されたのである。というより否定されたとイマギナチオした、と言い換える方が事実に近い。なぜなら母親から否定されてきただらしない自分を同僚なら許してもらえるかもしれないと淡い期待をもったからである。その時の怒りが蘇ると同時に患者は自傷行為について語りだした。恥をかかされたという怒りは自傷行為で鎮めるしかなかった。

患者のパーソナリティは対社会的には有能かつ完全主義の部分とプライベートでは母親から否定されただらしない部分の二つから成る。自分で自分の世話をできる部分とできない部分と言い換えることもできよう。後者は私が発達停滞型BPDの中心病理と考えている「ボア」である。精神療法はスピノザの感情の模倣「憐憫」によって起動する。「我々の憐れむものの不幸が我々を悲しみに刺激するからといって、我々はそのものを憎むことはできない」(第三部定理二七系二)。むしろ「我々は我々の憐れむものをできるだけその不幸から脱せしめようと努めるであろう」（同系三）。だから、「我々は、喜びをもたらすと我々の表象するすべてのものを実現しようと努める。反対にそれに矛盾しあるいは悲しみをもたらすと我々の表象するすべてのものを遠ざけあるいは破壊しようと努める」（第三部定理二八）のである。

私は結婚、出産、離婚という不幸を背負った患者に同一化し、思い通りにならない患者の不幸を精神療法の中で復活させようと努めたのである。患者のパーソナリティの完全性とボアの分析を続けている過程で私はいつの間にか患者のボアに象徴される自傷行為を見て見ぬふりするようになったのだろう。患者と私は二人で幻想の世界を構築した。患者のだらしない生活（ボア）は母親に悲しみをもたらすので、母親は彼女を遠ざけ破壊した。一方、私は患者に救いの手を伸ばす。それゆえに私は、自傷行為を象徴する「叱る－叱られる」関係をスプリット・オフ（忘却）しなければならなかったのである。完全でない自分を折檻した現実の母親とは違った対象の役を私は担った。それこそ患者が求めていた母親対象だったのである。

私と患者は否認とスプリッティングのもとに幻想を構築した。これは私の西園先生の追悼文の中でも述べたことだが、ある患者の退院カンファレンスで私は「（患者に）騙されないように」とコメントされたことがある。先生から見ても私は患者のよいところに注目し病的な部分を見て見ぬふりをする癖があるのだろう。日本精神分析学会第三十二回大会で発表した境界性パーソナリティ障害の治療もそうだった。演題タイトルは「自立への第一歩としての家庭内暴力――破壊される環境への治療的介入」である。患者は面接の中では予備校に通っていると私に嘘をついた。私は患者の嘘に眼をつむり、嘘だと分かったのが学会開催の三カ月前だった。学会発表は抄録の書き直しから始まるという情けない内容だったが、患者の嘘に私は喜び、スプリットした嘘の世界を二人で創り上げたのは事実だった。

幻想から覚めて現実にかえったのは治療者である私の方だった。同様の臨床経験は、これは意識しているのだが、他にもある。思春期青年期患者の治療で時に家族が相談にやって来て患者の粗暴を暴いて二人で造り上げている世界を壊されるのが嫌だった。自然の流れで、私と患者のどちらかが、あるいは一緒に壊すタイミングを大切にしている。幻想（錯覚）の世界を創り上げる患者とそれを暴こうとする家族と会うのは「股裂き」に遭うようなものだった。家族が臨床の場に現れない患者の治療の方がとてもうまくいった。現実で傷ついた患者たちの場合、私は彼らの自己愛が風船のように浮かぶ手伝いをする。一旦浮かび上がらせ、その後に私との間で「錯覚と脱錯覚」の過程を辿り直すのが性に合っている。他者から賞賛されることを求める欲は名誉欲である。名誉欲は他者がいないと充たされないから厄介である。その役割を私は担うことが多い。

しかし症例Bのように生命の危機も孕んでいる自己破壊的な行為を私が忘却している例は初めての経験だった。彼女の連想の特徴の一つに、治療経過では触れなかったが、親の不満を語った後で「この歳になって親の不満を言うとは」と嘆くのである。この自己完結的な話し方に対して私は「自分叩き（自己処罰）」と言い換えて何度となく取り上げた。「自分叩き」の原型は母親の虐待にあると解釈した。第8章で述べたように自傷行為は叩く親と叩かれる自己の関係の取り入れなのである。

こうして自傷行為を幻想の世界から追い出すことによって「患者は悪くない」という幻想を作り上げたのである。名誉欲の強い人は他者が自分をどう思うかに拘泥する。彼女が自由連想を楽しめなかったのは何はさておきこの名誉欲の強さにあったので、無駄な時間を要する長時間セッションが彼女には必要だったのである。

要約すると、患者の自傷行為を私が忘却したのは、治療者にとって患者を悲しませるものを遠ざけ破壊するのは人間の本性だからである。さらに「病理性に目をつむる」癖を持つ治療者の存在が患者の「自傷行為」に象徴される「叱る－叱られる」関係を一時忘れることは必然だったのである。つまり幻想の中で「私は悪い子」空想から一旦自由になり、幻想から目が覚めた時に患者と私は二人とも心身反応を起こし、患者は「依存への退行」を経験し生きなおし過程を辿ることができるようになったのである。

(3) 二重の転移・逆転移と心身症

しかし脱錯覚(幻滅)は患者と治療者の双方に心身症を引き起こした。患者は腰椎ヘルニアを併発し治療者の私は悪性腫瘍の手術の騒ぎとなった。第6章で論じたウィニコットの論文「心とその精神－身体との関係」の中でウィニコット(一九四九年)は心身症の無意識の狙いは「心から精神を引き戻して身体との原初の親密なかかわりを再建すること」にあると述べ、「心」は環境側が患者の適応に失敗したことを表している、という。これは患者の母子関係を示唆するが、治療者の悪性腫瘍の発症は本症例の治療とは直接の因果性はないと思われる――治療者のそれは老化によるもの。

さて、幻想から覚めて患者は椎間板ヘルニアを患うのだが、このことを転移・逆転移の観点から論じよう。今にも壊れそうなシャボン玉のような、かつて患者が求めたであろう幻想の世界は、怒らない、責めない、叩かない母親の庇護のもとで生活する仮の住まいであった。それを可能にしたのは長時間セッションだった。しかし一方で治療関係は緊張に満ちていた。患者は能動的に話せないのである。治療者から質問されるなら、そのラインに沿って話すことができる。他方、治療者はセラピーから受動性を、患者からは能動性を求められた。この長い緊張から解放されて、「がっかり盲腸」のように患者は心身症を患ったのである。

身体病を患うことで精神病状態が一時緩和することは精神科医にとってよく知られている。第2章で取り上げた症例の中にも鵜呑み療法の患者は妄想が破壊されたときに腎臓病を患い、イマギナチオを解釈されたパーソナリティ患者は「がっかり盲腸」で手術を受けた。過剰な自意識状態（ウィニコットの「心」）から解放されたときに心身症を発症したのである。仮の平和な世界だけどそれを維持するには二人ともかなりのエネルギーを費やさなければならない矛盾に満ちた二重の転移・逆転移の世界だった。つまり、こういうことだ。緊張に満ちた転移・逆転移の世界とかつて患者が求めた幻想の世界を作り上げた二重の転移・逆転移の世界が同時にあったのである。

さいごに、治療の展開となった「頭を空っぽにする」ことの問題に移ろう。セッションでは患者のはじめてのキャンセルを私があれこれ想像して三つの考えを出した。①依存の芽生え、②患者は関心を求めている、③基本的信頼感を持つことへの抵抗、の三つに共通するのは依存の問題である。それとは別に患者への「憐み」から生じる憎しみも含まれていたので、私は「心情の動揺」（第三部定理一七備考）を感じ、「頭を空っぽにする」ことにしたのである。「頭を空っぽにする」ことによって、セッションでは同僚に甘え心を拒否された話から自傷行為への話へと進んだ。それは生きなおしのための

「依存への退行」の世界である。「頭を空っぽ」にしていなかったら、つまりイマギナチオに絡まってキャンセルという現実に心を奪われ、幻想から目を覚ますタイミングを逃していただろう。空気に水を差すのは真理のみに許される。「頭を空っぽ」にすることは真理に至る道だったのである。

（4）「生きる目的」の意味

患者の主訴は「生きる目的が分からない」。治療報告では述べなかったが、これは患者と幾度も話し合ったテーマの一つである。スピノザにとって「目的とは衝動のことである」（第四部序言）。スピノザは以下のように喩えを使って説明する。たとえば家を建てる場合、人は「居住する」という目的がその原因だと考えてしまう。意識は結果だけを受け取るからである。実際は隣人が家を建てたことに刺激されたからかもしれないのに「人間は自己の行為および衝動を意識しているが、自分をある物に衝動を感ずるように決定する諸原因は知らない」ので目的を原因として置くのである。生きる目的を意識せざるを得ないのもウィニコット流に言い表すなら、「心的に機能することの過剰な活動を引き起こしている」からである。「偽りの自己」は母親に適応するために「個体の思考が精神‐身体に心を配ることを引き継いで、これを組織化し始めるからである」。健康な人間は生きる目的など意識しないものである。

先にも述べたように、患者のパーソナリティは完全主義の部分とボアの部分から成る。スピノザは完全および不完全は「実は単に思惟の様態に過ぎない。すなわち我々が同じ種あるいは同じ類に属する個体を相互に比較することによって作り出すのを常とする概念にすぎない」（同）と述べて、完全および不完全は自然界には存在しないという。患者は目的が分からないことに耐えられないので、有能な仕事人という「一般的観念」を形成し、「それと一致するように見える物を完全」と呼び、彼女の生き様は「物の真の認識に基づくよりも偏見に基づいている」（同）のである。患者の目的論はイマギナチオに由来する。それに対してスピノザは「善および悪に関して言えば、それらもまた、事物がそれ自体で見られる限り、事物における何の積極的なものも表示せず、思惟の様態、すなわち我々が事物を相互に比較することによって形成する概念、にほかならない」と述べる。國分（二〇二二年）は「それ自体において見られたということは、私の身体とは独立して捉えられているということである。つまり、この観点は第二種認識、すなわち理性に基づく共通概念のそれであると考えることができる」と述べている。スピノザは私たち人間の存在を自然現象として理解しようと勧めるのである。

Ⅲ　おわりに

本章では二重の転移・逆転移について二例の臨床例を提示してスピノザの視点を加えて論じた。二例とも強迫症の症例であるが、一例は神経症水準、もう一例はパーソナリティ水準の病態である。症例Aは治療者の治療的介入に迎合した。しかし一方で、強迫者特有の支配関係も展開していた。迎合と支配という治療関係のスプリッティングが治療者の「股裂き」という対人関係の特徴と共鳴した。スプリットした二つの世界をつなげることになったのは「股裂き」の癖を持つ治療者によって現実と空想を行き来することが半年間も許され、小此木（一九七七年）も指摘するように実際に体験されたことが治療的になったのではないかと考えられる。それで初めて現実と空想の中間領域の遊びになったのである。治療者のパーソナリティが功を成したと言えないでもない治療経過である。

症例Bも強迫パーソナリティを持つが、患者のパーソナリティは完全主義の強迫の部分と母親から否定されてきただらしない部分の二つから成る。後者は私が発達停滞型BPDの中心病理と考えている「ボア」の部分である。私の精神療法は不幸な患者に対する憐みから始まった。憐みは患者がかつて求めていた「幻想」へと誘った。パーソナリティの「ボア」の部分は「叱る–叱られる」関係、すなわち自傷行為の元型となった。この自傷行為の元となった「叱る–叱られる」関係は「幻想」からスプリット・オフされ、二重の転移・逆転移の世界が形成されたのである。殊に「幻想」の形成には私の患者の病理に眼をつむる性格が患者のパーソナリティのスプリッティングよりも多く関与し、幻想から覚めると患者と私に心身反応を招いた。こうしてパーソナリティのスプリッティングは「脱錯覚」という治療過程を辿って統合された。治療が成功したのは長時間セッションによるものが大きかった症例である。

あとがき

スピノザの名前は知っていたが、哲学が苦手なゆえに回避してきた我が人生を悔いる。哲学が悪いのではない。哲学は私を悲しませるゆえに私にとって「悪」だっただけなのである。振り返ると、大学の教養課程の1年目に「哲学」を履修している。テキストはカントの『純粋理性批判』。講義は散々だった。担当教官は岩波文庫本を読み、時々黒板に何やら書いてまた文庫本を読む。ただそれだけの授業で全く私の脳には響かず、選択科目だったので、3回ほどで授業に出なくなった。

一方、街の本屋で見つけた北見芳雄・佐藤紀子著『生活の中の精神分析——心の健康と幸福のために』(誠信書房、一九六四年)は面白かった。この本でフロイトの精神分析を知った。言い間違い、失錯行為に自分では気づかない力が働いているという考えにはしびれた。それから、安田徳太郎・安田一郎訳『改訳 精神分析入門』(角川文庫)、高橋義孝訳『夢判断』(新潮文庫)の二冊を読んだ。さらに、フロイド選集改訂版『症例の研究』、『自らを語る』(日本教文社)も入手した。ただ残りのシリーズは著作集にとって代わったので選集はこの2冊だけである。

自分の夢を日記に書いたりもした。それだけでは物足りなくなって友人の夢解釈も始めた。それは嫌がられたのでじきに止めて、夢も見なくなったので夢解釈の熱は冷めてしまった。他方で森田療法にも興味がわいてノイローゼでもないのに鈴木知準著『ノイローゼの治し方』（白揚社、一九七四年）を買って読んだりもした。ただ森田療法は私の肌には合わなかった。臥辱期を経て作業期に移行した段階で日記を通して患者を指導する関係が引っ掛かったのである。私はどうしても、師承を尊重すると自分がなくなるし我流だと成長は見込めない、とこだわってしまう。もちろん哲学関係の本はカント以来一冊も読んでいない。

次に、これも本屋で探した土居健郎著『甘えの構造』や宮城音弥の本も何冊か購入した。ベイカー Baker, R. の宮城音弥訳『フロイト――その思想と生涯』（講談社現代新書、一九七五年）。一九七六年の大学3年生の夏休みには九州大学附属病院心療内科を一週間研修で訪れた。当時、故九州大学名誉教授 池見酉次郎先生はご健在で講義テキストは新入医局員のための緑の表紙『オリエンテーションレクチャー要約――昭和48年』だった。最終日に福ビルのビアガーデンに連れて行ってもらって、その席で某講師から「アメリカでは精神分析は終焉を迎えている」と聞いた。

それでも「心」への関心は消えず、大学の生協には品数が少ないので、街の本屋を訪ねて回った。その一冊に成瀬悟策著『催眠療法』（文光堂、一九七二年）がある。遠い昔、私が小学4年生の頃、中学校のS先生が催眠術に凝っていて、夏休みに近所の子どもたちを集めて、公開催眠術を行うことになった。被験者に私は手を挙げた。S先生は目の前の花瓶に刺されている菊の花はバナナなので食べよと命じた。先生の術が未熟だったせいなのか、それとも疑ってかかる私の性格のせいかなのかは判然としないが、私は催眠術にかからなかった。それでも先生を恥かかせてはいけないと思って菊の花を食べた。周りは少しざわついた。S先生は中学で地理を教えていて、授業の合間に、「私は電線にいる雀を気合で撃ち落とす修練を積んでいる」と真面目に語るような先生だった。それで催眠術の本も何冊か読んだけど被験者がいないので中途で断念した。

精神科医になった一九八〇年から精神療法を始めた。ある青年にフロイトの「前額法」を試みたところ催眠状態に入ったのでびっくりしてやめた。神経症の精神療法に夢中になって受け持った症例の治療過程を水曜日の研究会で発表した。それで本格的に精神分析を学ぶために福岡大学病院に内地留学することになった。福岡の地で精神分析の訓練を受けることになった。精神療法を学んでいるあいだに私の中の何かが患者に刺激を与えることも分かった。ある女性患者は夫の休みで帰省した嫁ぎ先の家の見取り図を描いている間に「自動書記」を始めることもあった。疑ってかかる性格だけではなく一心同体を求める癖も私は持ち合わせていることを知った。

こうして人間の心に関心を抱きながらも哲学とは無縁の生活を送っていた二〇二〇年二月にスピノザと出会ったのである。『エチカ』を読んで老後の楽しみが見つかったと手放しで喜んだ。中でも清水禮子著『破門の哲学』（みすず書房、一九七八年）は読み応えがあって、この本に触発されて女性患者のためのシェアハウスを「コムニカチオ中尾」と名付けた。大学時代にフロイトに出会った時の感動が再びよみがえり、ますます精神分析にも傾斜しているのである。

なぜスピノザが私の脳にヒットしたのか

理由は明らかである。私が田舎に育ったということが大きい。田舎の子どもたちは、自然の法則を肌で感じて、それを「バン」から学び取る（「バン」とは私の育った村の子どもたちのリーダーを意味し、朝鮮語のバン（兄）に由来する）。大人には従わないが、バンの言うことはよく聞いた。ウナギの捕り方にも自然の法則がある。今は禁止されている「毒流し」や「メジロ捕り」も習得した。魚や鶏のさばき方にも法則性がある。特筆すべきサイエンスとの出会いは小学4年生の頃だった。櫓を漕ぐときに櫓の中央部にある櫓臍に船体にある突出部分（櫓杭）を嵌めて支点にする。次いで、櫓の先端（櫓べら）が8の字を描くように腕を返しながら押したり引いたりする。押しと引きの力の入れ具合によって船を思いのままに操れるのである。それは、超難度の技術を要するたらい船にも応用出来て、すぐにすいすいと漕げるようになった。船乗りの息子でない限りできない技だったので私は得意満面だった。

自然の法則は人間関係にも応用できた。神経症に精神分析的精神療法を施すと終結に至るまでにある程度決まった法則(治療過程)があることに気づいた。ところがボーダーライン患者ではそうは問屋が卸さなかった。それでも患者が私から離れていく過程に法則があることは学んだ。研修医の頃から「精神療法は愛だ!」と研究会の後の居酒屋で先輩を掴まえて意気込んでいた。それに回答を示したのがスピノザ『エチカ』だった。ボーダーラインの治療は、第7章と第8章で述べたように、憎しみの分析と愛による克服だったのである。憎しみの発生は日常茶飯事に起きる。たとえば、A男がB子を好きになった。するとA男はB子を所有したいと欲望に駆られる。それを阻む者をA男は憎み、愛という喜びはドロドロ関係へと移行する。また、不幸なC男にD子は憐みを感じて手を差し伸べる。しかし、D子の憐みをC男がキャッチしなかったら、D子はC男を憎む。感情の負の部分はフロイトの死と生の欲動二元論を持ち出さなくてもスピノザでよく理解できるではないか。クラインの「羨望」も二者関係で起きる所有欲の模倣から生じるのである。精神分析家には未だに生の本能と死の本能の二元論的思考に嵌っている人が少なくない。憎しみに対するキリストの愛とブッダの慈悲心は私の大きな治療道具であることを『エチカ』で知った。

田舎で育った私にとって自然そのものが神なのである。「我々の精神は物を知性的に認識する限り思惟の永遠なる様態であり、これは思惟の他の永遠なる様態によって決定され、後者はさらに他のものによって決定され、こうして無限に進み、このようにしてこれらすべての様態は合して神の永遠・無限なる知性を構成するということが分かるのである」（第五部定理四〇備考）。

この自然の法則はフロイトの失錯行為と夢の解釈にも通じる。櫓をこぐ、魚を三枚におろす、嘆いている人の話の聞きかた、すべて私は自然から学んだ。物心ついたときから父の愚痴を母から聞かされて育った私は「心情の揺れ」（第三部定理一七備考）と「（憐憫は）理性の導きに従って生活する人間においてはそれ自体では悪でありかつ無用である」（第四部定理五〇）ことを学んだ。そして患者に影響を与える私の特性にも答えが出た。私の精神療法も幼少期から学んだ「バン」の教えなのである。自然の法則だから、私たち人間の心の動きもその法則に則っている。それがスピノザにはまった理由である。

イマギナチオと感情の模倣について

スピノザ『エチカ』を読み始めて私の精神療法にどのような変化が起きたのだろうか。それを確かめたくて第9章では私の臨床例のビフォーアフターを載せた。一言でいうなら何も変わっていない。矛盾やスプリッティングへの興味・関心は今も昔も変わらない。あえて述べるなら、理解することから体験することへの移行だろうか。フロイトのいう理解強迫が少なくなった。イマギナチオは虚偽の源泉と断定するスピノザの言葉に目が覚めたのである。

物の本性を認識せずに物を単に表象のみする人々は、物について何ら〈正しい〉肯定をすることなく、表象力を知性と思っているから、そのゆえに彼らは、物ならびに自己の本性に無知であるままに、秩序が物自体の中に存すると固く信じている（第一部付録）。

理解は解釈することである。ウィニコットは分析家にできることは、つまるところ、「共感と理解だけだ」と述べた。私の「頭を空っぽにする」技法もイマギナチオに捉われないようにという私の気づきでもあった。それをスピノザがそれでいいのだと後押ししてくれたのである。今後の課題は、一度捨てたイマギナチオから真実を抽出することだと秘かに楽しみにしている。

これからもスピノザを読み続けていくが、網膜剥離のために受けたレーザー治療によって白内障がかなり進行し、読書に困難を感じるようになったので手術を受けた。術後は、読書も楽しめるようになり、メガネは車を運転する時だけかければよい。目が疲れなくなり、この四年間で『エチカ』と同時に仏教書も並行して読んできた。それは、一方に偏らないように東大に対して京大をこしらえ、慶応に早稲田を対抗させてきた日本人の知恵が私にも流れているせいなのか、『エチカ』をちょっとかじると、スピノザ以外のものを求めてしまう。それが仏教書になると、こんどはキリスト教の物を読みたくなるのである。常に三角形を作ってバランスをとろうとする私の癖のようなものだと思っている。その癖によってスピノザと釈迦の類似性と救済の仕方の違いも見えてきたので、それをまとめるのが楽しみである。

最後に、本書に掲載された症例は第9章の症例Aを除いたすべてから掲載の許可を得ているが本人と分からないように現病歴や生活歴や家族歴は省略している。ただ第7章の症例Wや第9章の二症例はかなり詳細な治療経過になったので、症例Aでは強迫症に特徴的な部分のみに話題を限定し、症例Wと症例Bでは医療者側や治療者に重心を置くなどの配慮を行った。掲載の許可には深く感謝している。

そして、毎回著書を戴く京都大学名誉教授 松木邦裕先生、私をウィニコットの世界に導いていただいた慈恵医科大学名誉教授 牛島定信先生、父親転移を通して自己理解を深めさせていただいた亡き福岡大学名誉教授 西園昌久先生には感謝の念に堪えない。また、私の願いを聞き入れていただいた遠見書房 山内俊介社長、私の拙い文章に校正をいただいた編集部の久保祐氏には、ただ痛み入るばかりである。

二〇二四年四月　　川谷大治

文　献

【はじめに】

浅野俊哉『スピノザ〈触発の思考〉』明石書店、二〇一九年。

Kahr, B., Tea with winicott, Karnac Books, 2016.（ブレッド・カー『ウィニコットとの対話』妙木浩之・津野千文訳、人文書院、二〇一九年）

國分功一郎『中動態の世界――意志と責任の考古学』医学書院、二〇一七年。

國分功一郎『ＮＨＫ１００分ｄｅ名著スピノザ「エチカ」』ＮＨＫ出版、二〇一八年。

リュカス、コレルス『スピノザの生涯と精神』渡辺義雄訳、学樹書院、一九九六年。

スピノザ『エチカ（倫理学）上下』畠中尚志訳、岩波文庫、一九五一年。

Winnicott, D. W., Hate in the Countertransference, International journal of psychoanalysis, 30, 1949.（「逆転移のなかの憎しみについて」中村留貴子訳、『小児から精神分析へ――ウィニコット臨床論文集』北山修監訳、岩崎学術出版社、二〇〇五年）

【序　章】

畠中尚志「『エチカ』について」、スピノザ『エチカ（倫理学）上下』畠中尚志訳、岩波文庫、一九五一年。

ジャン＝クレ・マルタン『フェルメールとスピノザ』杉村昌昭訳、以文社、二〇一一年。

リュカス、コレルス「スピノザの生涯と精神」渡辺義雄訳、学樹書院、一九九六年。

清水禮子『破門の哲学』みすず書房、一九七八年。

スピノザ『知性改善論』畠中尚志訳、岩波文庫、一九三一年。

スピノザ『エチカ（倫理学）上下』畠中尚志訳、岩波文庫、一九五一年。

スピノザ『神学・政治論』吉田量彦訳、光文社古典新訳文庫、二〇一四年。
上野修『スピノザの世界――神あるいは自然』講談社現代新書、二〇〇五年。

【第1部】（第1章〜第3章）

Abram, J. & Hinshelwood, R. D., The Clinical Paradigms of Melanie Klein and Donald Winnicott: Comparisons and Dialogues, 2018.（ジャン・エイブラム、ヒンシェルウッド『クラインとウィニコット――臨床パラダイムの比較と対話』木部則雄・井原成男監訳、岩崎学術出版社、二〇二〇年）
浅野俊哉『スピノザ――共同性のポリティクス』洛北出版、二〇〇六年。
Bion, W. R., Learning from Experience, Karnac, 1962.
Bion, W.R., Elements of Psycho-Analysis. Heinemann, 1963.（ビオン「精神分析の要素」、『精神分析の方法Ⅰ――セブン・サーヴァンツ』福本修訳、法政大学出版局、一九九九年）
Britton, R., Belief and Imagination: Explorations in Psychoanalysis, 1998.（ブリトン『信念と想像――精神分析のこころの探求』松木邦裕監訳、金剛出版、二〇〇二年）
太宰治『人間失格』岩波書店、一九四八年／一九八八年。
Deleuze, G., Spinoza et le probléme de l'expression, 1968.（ジル・ドゥルーズ『スピノザと表現の問題』工藤喜作・小柴康子・小谷晴勇訳、法政大学出版局、一九九一年。
Ellis, A., How to Stubbornly Refuse to Make Yourself Miserable about Anything: Yes, Anything, Lyle Stuart,1988.（アルバート・エリス『自分をみじめにしないためには』國分康孝・石隈利紀・國分久子訳、川島書店、一九九六年）
遠藤周作『万華鏡』朝日文芸文庫、一九八三年。
エリック・カール『パパ、お月さまとって！』偕成社、一九八六年。
Freud, S., The Psychopathology of Everyday Life, SE 6, 1901.（フロイト『日常生活の精神病理［フロイト著作集4］』

人文書院、一九七〇年）
Freud, S., Fragment of an Analysis of a Case of Hysteria, 1905.（フロイト『あるヒステリー分析の断片――ドーラの症例』金関猛訳、ちくま学芸文庫、二〇〇六年。
Freud, S., Delusions and Dreams in Jensen's Gradiva, SE9, 1907.（フロイト『W・イエンゼンの小説「グラディーヴァ」にみられる妄想と夢［フロイト著作集3］』池田紘一訳、一九六九年）
Freud, S., The Unconscious, SE 14, 1915.（フロイト『無意識について［フロイト著作集6］』人文書院、一九七〇年）
Freud, S., Beyond the Pleasure Principle, SE 18, 1920.（フロイト『快感原則の彼岸［フロイト著作集6］』人文書院、一九七〇年）
Freud, S., The Ego and The Id. SE 14, 1923.（フロイト『自我とエス［フロイト著作集6］人文書院、一九七〇年）
福岡伸一・池田喜昭『福岡伸一、西田哲学を読む』明石書店、二〇一七年。
伊勢田堯『活発な幻覚妄想に支配された分裂病者への働きかけ――とくに〝病者の「言い分」を鵜呑みにしてかかる〟試みについて』季刊 精神療法、3、三二五－三四二頁、一九七七年。
加藤敏、加藤敏・八木剛平編『レジリアンス――現代精神医学の新しいパラダイム』金原出版、二〇〇九年。
加藤敏・神庭重信・中谷陽二ほか編『現代精神医学事典』弘文堂、二〇一一年。
河村厚『スピノザとフロイト――「不信仰の同志」の政治思想』関西大学出版部、二〇二二年。
川谷大治『自傷とパーソナリティ障害』金剛出版、二〇〇九年。
國分功一郎『スピノザの方法』みすず書房、二〇一一年。
國分功一郎『スピノザ入門――読む人の肖像』岩波出版、二〇二二年。
Libet, B., Mind Time: The Temporal Factor in Consciousness, Harvard University Press, 2004.（ベンジャミン・リベット『マインド・タイム――脳と意識の時間』下條信輔・安納令奈訳、岩波書店、二〇二一年）
Little, M., Transference Neurosis and Transference Psychosis, Jason Aronson, 1981.（マーガレット・リトル『原初なる一を求めて』神田橋條治・溝口純二訳、岩崎学術出版、一九九八年）
松田克進『近世哲学点描――デカルトからスピノザへ』行路者、二〇一一年。
松木邦裕『精神分析体験：ビオンの宇宙』、岩崎学術出版社、二〇〇八年。

松木邦裕『体系講義 対象関係論　上・下』岩崎学術出版社、二〇二一年。
Model, A. H., Other Times, Other Realities: Towards a Theory of Psychoanalytic Treatment, Harvard University Press, 1990.
森田正馬『神経質の本態と療法——精神生活の開眼』白揚社、一九六〇年。
妙木浩之「ウィニコットの人生とその臨床理論」、妙木浩之編『ウィニコットの世界（現代のエスプリ別冊 現代の精神分析家シリーズ）』至文堂、二〇〇三年。
妙木浩之編『ウィニコットの世界（現代のエスプリ別冊 現代の精神分析家シリーズ）』至文堂、二〇〇三年。
中井久夫・山口直彦『看護のための精神医学』医学書院、二〇〇一年。
中沢新一『雪片曲線論』中公文庫、一九八八年。
野澤重雄『生命の発見』ＰＨＰ研究所、一九九二年。
Ogden, T. H., The Subjects of Analysis, Jason Aronson, 1994.（オグデン『「あいだ」の空間——精神分析の第三主体』和田秀樹訳、新評論、一九九六年）
小此木啓吾編『精神分析事典』岩崎学術出版社、二〇〇二年。
Parr, T., Pezzulo, G., Friston, K. J., Active Inference: The Free Energy Principle in Mind, Brain, and Behavior. The MIT Press, 2022.（トーマス・パー、ジョバンニ・ペッツーロ、カール・フリストン『能動的推論——心、脳、行動の自由エネルギー原理』乾敏郎訳、ミネルヴァ書房、二〇二二年）
ピエール＝フランソワ・モロー『スピノザ入門』松田克進・樋口喜郎訳、文庫クセジュ、二〇〇八年。
Rabeyron, T., Beyond the death drive: Entropy and free energy. International journal of psychoanalysis, 102; 878-905, 2021.
Rado, S., The Problem of Melancholia. Int J Psycho-Anal, 9; 420-438, 1928.
Riberio, M. F. R., The psychoanalytic intuition and reverie: capturing facts not yet dreamed, The International Journal of Psycho-Analysis, 103(6); 929-943, 2022.
Rizzolatti, G., Sinigaglia, C., So quel che fai. Il cervello che agisce e i neuroni specchio, 2006.（ジャコモ・リゾラッティ、コラド・シニガリア、柴田裕之訳、茂木健一郎監修『ミラーニューロン』紀伊國屋書店、二〇〇九年。

Schrödinger, E., What is life? The Physical Aspect of the Living Cell, Cambridge University Press, 1944.（エルヴィン・シュレディンガー『生命とは何か』岡天心・鎮目恭夫訳、岩波文庫、二〇〇八年）

志賀直哉「小僧の神様」、『小僧の神様・城の崎にて』新潮社、二〇〇五年。

スピノザ『エチカ（倫理学）上下』畠中尚志訳、岩波文庫、一九五一年。

スピノザ『知性改善論』畠中尚志訳、岩波文庫、一九三一年。

スターン・ダニエル『乳児の対人世界 理論編』小此木啓吾・丸田俊彦監訳、神庭靖子・神庭重信訳、岩崎学術出版社、一九八九年。

富樫公一編著『ポスト・コフートの精神分析システム理論』誠信書房、二〇一三年。

Tuckett, D., Ideas prevented from becoming conscious: on Freud's unconscious and the theory of psychoanalytic technique, The International Journal of Psycho-Analysis, 100(6); 1068-1083, 2019.

上野修『精神の眼は論証そのもの――デカルト、ホッブズ、スピノザ』学樹書院、一九九九年。

上野修『スピノザの世界――神あるいは自然』講談社現代新書、二〇〇五年。

上野修『スピノザ「神学政治論」を読む』ちくま学芸文庫、二〇一四年。

Winnicott, D. W., A personal view of the Kleinian contribution, 1962. In: The Maturational Processes and the Facilitating Environment, The Hogarth Press, 1965.（ウィニコット「Klein の貢献に関する私的見解」、『情緒発達の精神分析理論』牛島定信訳、岩崎学術出版社、一九七七年）

Winnicott, D. W., Playing and Reality, Tavistock Publication, 1971.（ウィニコット『遊ぶことと現実』橋本雅雄訳、岩崎学術出版社、一九七九年）

八木剛平・田辺英『精神病治療の開発思想史――ネオヒポクラティズムの系譜』星和書店、一九九九年。

山本七平『「空気」の研究』文藝春秋、一九七七年。

Yovel, Y., Spinoza and Other Heretics. Princeton University Press, 1989.（ヨベル『スピノザ――異端の系譜』小岸昭・エンゲルベルト・ヨリッセン・細見和之訳、人文書院、一九八九年）

【第2部】（第4章、第5章）

江川隆男『スピノザ「エチカ」講義——批判と創造の思考のために』法政大学出版局，二〇一九年。
Ferenczi, S., Confusion of tongues between the adult and the child. International Journal of Psychoanalysis, 30; 225-230, 1933.（フェレンツィ・シャーンドル「大人と子どもの間の言葉の混乱——やさしさの言葉と情熱の言葉」、『精神分析への最後の貢献——フェレンツィ後期著作集』森茂起・大塚紳一郎・長野真奈訳、岩崎学術出版社、二〇〇七年）
Freud, S., Fragment of an Analysis of a Case of Hysteria, 1905.（フロイト『あるヒステリー分析の断片——ドーラの症例』金関猛訳、ちくま学芸文庫、二〇〇六年。
Freud, S., Die zukünftigen Chancen der psychoanalytischen Therapie. In: Gesammelte Werke VIII., 1910.（フロイト『精神分析療法の今後の可能性［フロイト著作集９］』小此木圭吾訳、人文書院、一九八三年）
Freud, S., Recommendations to Physicians Practising Psycho-Analysis. Standard Edition, Vol.12. trans. Strachey J, London: Hogarth Press, pp111-120, 1958.（フロイト『分析医に対する分析治療上の注意［フロイト著作集９］』小此木圭吾訳、人文書院、一九八三年）
Gabbard, G. O. & Lester, E. P., Boundaries and Boundary Violations in Psychoanalysis. Basic Books, 1995.（ギャバード、レスター『精神分析における境界侵犯——臨床家が守るべき一線』北村婦美・北村隆人訳、金剛出版、二〇一一年）
Heimann, P., On Counter-Transference. International Journal of Psychoanalysis, 31; 81-84, 1950.（ポーラ・ハイマン「逆転移について」原田剛志訳、『対象関係論の基礎』松木邦裕編・監訳、新曜社、二〇〇三年）
Kahr, B., Tea with Winnicott, Karnac Books, 2016.（ブレット・カー『Winnicottとの対話』妙木浩之・津野千文訳、人文書院，二〇一九年）
川谷大治『強迫と自己愛と暴力』精神分析研究、４６（３）、二九九－三一二頁、二〇〇二年。
國分功一郎『中動態の世界——意志と責任の考古学』医学書院、二〇一七年。
Little, M. I., Counter-Transference and the Patient's Response to It. International journal of psychoanalysis, 32; 32-40, 1951.（マーガレット・リトル「逆転移とそれに対する患者の反応」、『原初なる一を求めて』神田橋條治・

溝口純二訳、岩崎学術出版社、一九九八年)
Little, M. I., Dialogue : Margaret Little/Robert Langs. In: Little, M. I.: Transference neurosis and transference psychosis: toward basic unity, 1980（マーガレット・リトル「第13章　対談：Margaret Little/Robert Langs」、『原初なる一を求めて』神田橋條治・溝口純二訳、岩崎学術出版社、一九九八年。
成田善弘『新訂 増補 精神療法の第一歩』金剛出版、二〇〇七年。
スピノザ『エチカ（倫理学）上下』畠中尚志訳、岩波文庫、一九五一年。
富樫公一編著『ポスト・コフートの精神分析システム理論』誠信書房、二〇一三年。
渡邉恵里・川谷大治『罪悪感情に着目した反抗挑発症男児例に対する治療の工夫』児童青年精神医学とその近接領域、63（1）、四三－五五頁、二〇二二年。
Winnicott、D. W., Primitive Emotional Development, 1945. In: Through Paediatrics to Psycho-Analysis, pp.145-156, Basic Book, 1975.（ウィニコット「原初の情緒発達」妙木浩之訳、『小児から精神分析へ―― Winnicott 臨床論文集』北山修監訳、岩崎学術出版社、二〇〇五年)
Winnicott, D. W., Counter-Transference, Brit. J. Med. Psychol. 33/17, 1960.（ウィニコット「逆転移」、『情緒発達の精神分析理論』牛島定信訳、岩崎学術出版社、一九七七年)
Winnicott, D. W., Hate in the Countertransference, International journal of psychoanalysis, 30, 1949.（ウィニコット「逆転移のなかの憎しみについて」中村留貴子訳、『小児から精神分析へ―― Winnicott 臨床論文集』北山修監訳、岩崎学術出版社、二〇〇五年)

【第3部】（第6章）

Abram J., The Language of Winnicott: A Dictionary of Winnicott's Use of Words, Karnac Books, 1996.（ジャン・エイブラム『ウィニコット用語辞典』館直彦監訳、誠信書房、二〇〇六年)
浅野俊哉『スピノザ――共同性のポリティクス』洛北出版、二〇〇六年。

Freud S., Beyond Pleasure Principle, se 18, 1911.（フロイト『快感原則の彼岸［フロイト著作集6］』人文書院、一九七〇年）
Kahr, B., Tea with winicott, Karnac Books, 2016.（ブレッド・カー『ウィニコットとの対話』妙木浩之・津野千文訳、人文書院、二〇一九年）
川谷大治『自傷とパーソナリティ障害』金剛出版、二〇〇九年。
川谷大治・牛島定信『うつ病の精神分析』Pharma Medica, 8(9); 105-110, 1990.
國分功一郎『中動態の世界――意志と責任の考古学』医学書院、二〇一七年。
松木邦裕『精神分析の一語　第7回　反復強迫』精神療法、41（4）、五八五－五九二頁、二〇一五年。
宮坂宥洪『真釈 般若心経』角川ソフィア文庫、二〇〇四年。
Ogden, T., The Matrix of the Mind: Object Relations and the Psychoanalytic Dialogue, Northvale, Jason Aronson, 1986.（オグデン『こころのマトリックス』狩野力八郎監訳、藤山直樹訳、岩崎学術出版社、一九九六年）
Ogden, T. H., Reading Winnicott, The Psychoanalytic Quarterly, 70; 299-323, 2001.（オグデン『夢見の拓くところ』大矢泰士訳、岩崎学術出版社、二〇〇八年。所収）
Ogden, T. H., What alive means: On Winnicott's "Transitional Objects and Transitional Phenomena", IJP Vol.102, No.5, 837-856, 2021.
Ogden, T. H., Like the belly of a bird breathing: On Winnicott's "Mind and its Relation to the Psyche-Soma". The international journal of psychoanalysis, 104; 7-22, 2023.
清水禮子『破門の哲学』みすず書房、一九七八年。
Simpson M. A., The phenomenology self-mutilation in a general hospital setting. Can, Psychiatr. Associ. J., vol 20(6); 429-434, 1975.
スピノザ『エチカ（倫理学）上下』畠中尚志訳、岩波文庫、一九五一年。
館直彦『ウィニコットを学ぶ――対話することと創造すること』岩崎学術出版社、二〇一三年。
上野修『スピノザ「神学政治論を読む」』ちくま学芸文庫、二〇一四年。
Winnicott, D. W., Primitive Emotional Development, 1945. In: Through Paediatrics to Psycho-Analysis, pp.145-

156. Basic Book, 1975.（「原初の情緒発達」妙木浩之訳、『小児から精神分析へ― Winnicott 臨床論文集』北山修監訳、岩崎学術出版社、二〇〇五年。所収）
Winnicott, D. W., Mind and Its Relation to the Psyche-Soma. Brit. J. med. Psychol.22., 1949.（ウィニコット「心とその精神－身体との関係」岡野憲一郎訳、『小児から精神分析へ―― Winnicott 臨床論文集』北山修監訳、岩崎学術出版社、二〇〇五年。所収）
Winnicott, D. W., Hate in the countertransference, International journal of psychoanalysis, 30, 1949.（ウィニコット「逆転移のなかの憎しみについて」中村留貴子訳、『小児から精神分析へ―― Winnicott 臨床論文集』北山修監訳、岩崎学術出版社、二〇〇五年）
Winnicott, D. W., Metapsychological and Clinical Aspects of Regression within The Psycho-Analytical Set -Up. IJP36; 16, 1954.（ウィニコット「精神分析的設定内での退行のメタサイコロジカルで臨床的な側面」岡野憲一郎訳、『小児医学から精神分析へ――ウィニコット臨床論文集』北山修監訳、岩崎学術出版社、二〇〇五年。所収）
Winnicott, D. W., A personal view of the Kleinian contribution, 1962. In: The Maturational Processes and the Facilitating Environment, The Hogarth Press, 1965.（ウィニコット「Klein の貢献に関する私的見解」、『情緒発達の精神分析理論』牛島定信訳、岩崎学術出版社、一九七七年）
Winnicott, D. W., Notes made on the train, part2., 1965.（ウィニコット「第十四章『対象の使用』について」、『精神分析的探究２　狂気の心理学［ウィニコット著作集７］』北山修監訳、若山隆良・小坂和子訳、岩崎学術出版社、一九九八年）
Winnicott, D. W., The Use of an Object and Relating Through Identifications. In: Playing and Reality, Basic Books, 1968.（ウィニコット「対象の使用と同一化を通して関係すること」、『改訳 遊ぶことと現実』橋本雅雄・大矢泰士訳、岩崎学術出版社、二〇一五年。所収）
Winnicott, D. W., Transitional Objects and Transitional Phenomena. In: Playing and Reality, Routledge, 1971.（ウィニコット「移行対象と移行現象」、『改訳 遊ぶことと現実』橋本雅雄・大矢泰士訳、岩崎学術出版社、二〇一五年。所収）

【第4部】（第7章、第8章）

Abram, J., The Language of Winnicott: A Dictionary of Winnicott 's Use of Words by Jan Abram, Karnac Books, 1996.（ジャン・エイブラム『ウィニコット用語事典』館直彦監訳、誠信書房、二〇〇六年）

浅野俊哉『スピノザ――共同性のポリティクス』洛北出版、二〇〇六年。

Bion, W. R., Differentiation of the Psychotic from the Non-Psychotic Personalities. 1957. In: Second Thoughts. Karnac Books, 1993.（ビオン『再考：精神病の精神分析理論』松木邦裕監訳、中川慎一郎訳、金剛出版、二〇一三年）

Blass, R. B., Splitting, Int J Psychoanal, 96; 123-139, 2015.

Deutsch, H., Some Forms of Emotional Disturbances and Their Relation to Schizophrenia. Psychoanal. Q., 11; 301-321, 1942.（ドイッチ「情緒障害のいくつかの形態およびそれらの分裂病との関係その1」狩野力八郎訳、思春期青年期精神医学、3（1）、一〇三－一一〇頁、「同上その2」思春期青年期精神医学、3（2）、二四一－二四九頁、一九九三年）

Fairbain, W. R. D., Psychoanalytic Studies of the Personality, Tavistock, 1952.

Ferenczi, S., Confusion of tongues between the adult and the child, International Journal of Psychoanalysis, 30; 225-230, 1933.（フェレンツィ・シャーンドル「大人と子どもの間の言葉の混乱――やさしさの言葉と情熱の言葉」、『精神分析への最後の貢献――フェレンツィ後期著作集』森茂起・大塚紳一郎・長野真奈訳、岩崎学術出版社、二〇〇七年）

Freud, S., Studien uber Histerie, 1895.（フロイト『ヒステリー研究［フロイト著作集7］』懸田克躬訳、人文書院、一九七四年）

Freud, S., Mourning and Melancholia. S. E., 14, pp.237-260., 1917.（フロイト「悲哀とメランコリー」、『フロイト著作集6　自我論／不安本能論』井村恒郎訳、人文書院、一九七〇年）

Freud, S., Das Ich und das Es, 1923., The ego and the id, 1955.（フロイト「自我とエス」、『フロイト著作集6　自我論／不安本能論』小此木圭吾訳、人文書院、一九七〇年）

Freud, S., An outline of Psycho-Analysis, Standard Edition, 23, 144-207, 1940.（フロイト「精神分析学概説」、『フ

ロイト著作集9　技法・症例篇』小此木圭吾訳、人文書院、一九七〇年）
Freud, S., Splitting Of The Ego in The Process Of Defence, 1940.（フロイト『防衛過程における自我の分裂［フロイト著作集9］』小此木圭吾訳、人文書院、一九七〇年）
Freud, S., Zur Psychopathologie de Alltagslebens, 1904.（フロイト「日常生活の精神病理学」、『フロイト著作集4　日常生活の精神病理学』池見酉次郎・高橋義孝訳、人文書院、一九七〇年）
Gunderson, G. J., Borderline Personality Disorder: A Clinical Guide. American Psychiatric Publishing, 2001.（ガンダーソン『境界性パーソナリティ障害――クリニカル・ガイド』黒田章史訳、金剛出版、二〇〇六年）
川谷大治『自傷とパーソナリティ障害』金剛出版、二〇〇九年。
川谷大治『境界性パーソナリティ障害の現在』第百八回日本精神神経学会シンポジウム――パーソナリティ障害の臨床（電子版）、二〇一三年四月。
川谷大治「外傷体験と自傷・解離」、『外来精神科診療シリーズ「メンタルクリニックでの主要な精神疾患への対応［2］不安障害、ストレス関連障害、身体表現性障害、嗜癖症、パーソナリティ障害』中山書店、二〇一六年。
川谷大治「境界性パーソナリティ障害の外来治療――クリニックにおける境界患者の治療の現状と問題点」、牛島定信編『境界性パーソナリティ障害〈日本版治療ガイドライン〉』混合出版、二〇〇八年。
川谷大治『解離と自傷』精神療法、35（2）、一六八－一七四頁、二〇〇九年。
川谷大治『精神療法的な精神科クリニック』精神療法 増刊第2号、一二〇－一二七頁、二〇一五年。
川谷大治「第6講　分析技法の基本概念――行動化」、『現代精神分析基礎講座第2巻　フロイトの精神分析』金剛出版、二〇二二年。
川谷大治「第13講　トラウマ」、『現代精神分析基礎講座第5巻　治療論と疾病論』金剛出版、二〇二一年。
Kernberg, O. F., Object Relations Theory and Clinical Psychoanalysis, Jason Aronson, 1976.（カーンバーグ『対象関係論とその臨床』前田重治監訳、岩崎学術出版社、一九八三年）
北田譲之助『境界例の精神分析的研究の最近の動向』精神分析研究、18、一九七四年。
Klein, M., Notes on some schizoid mechanisms, Int. J. Psycho-Anal., 27; 99-110, 1946.（メラニー・クライン「分裂的機制についての覚書」、『メラニー・クライン著作集4「妄想的・分裂的世界」』狩野力八郎・渡辺明子・相田信男訳、誠信書房、一九八五年。
Klein, M., Some Theoretical Conclusions Regarding the Emotional Life of the Infant, 1952.（メラニー・クライン「幼児の情緒生活についての二、三の理論的結論」佐藤五十男訳、『メラニー・クライン著作集4「妄想的・分裂的世界」』誠信書房、一九八五年）
Kohut, H., The Analysis of the Self, International universities press, 1971.（コフート『自己の分析』水野信義・笠原嘉監訳、みすず書房、一九九四年）
國分功一郎『スピノザの方法』みすず書房、二〇一一年。
Lustman, J., On splitting, Psychoanalytic Study of the Child, 32; 119-154, 1977.
Masterson, J. F., Treatment of The Borderline Adolescent: A Developmental Approach, Wiley, 1972.（マスターソン『青年期境界例の治療』成田善弘・笠原嘉訳、金剛出版、一九七九年）
Meltzer, D., The Kleinian Development, Karnac Books, 1978.（メルツァー『クライン派の発展』松木邦裕監訳、世良洋・黒河内美鈴訳、金剛出版、二〇一五年）
森田正馬『神経質の本体と療法――精神生活の開眼』白揚社、一九六〇年。
中島敦『山月記』岩波書店、一九九四年。
中村元『原始仏教――その思想と生活』NHKブックス、一九七〇年。
成田善弘『新訂増補 精神療法の第一歩』金剛出版、二〇〇七年。
Ogden, T., The Matrix of the Mind: Object Relations and the Psychoanalytic Dialogue. Northvale, Jason Aronson, 1986.（オグデン『こころのマトリックス』狩野力八郎監訳・藤山直樹訳、岩崎学術出版社、一九九六年）
小此木圭吾『現代精神分析の基礎理論』弘文堂、一九八五年。
Rado, S., The Problem of Melancholia. Int J Psycho-Anal, 9; 420-438, 1928.
Stern, D. N., The Interpersonal World of the Infant, Basic Books, 1985.（スターン『乳児の対人世界 理論編』小此木圭吾・丸田俊彦監訳、神庭靖子・神庭重信訳、岩崎学術出版社、一九八九年）
Stern, D. N., The Interpersonal World of the Infant, Basic Books, 1985.（スターン『乳児の対人世界 臨床編』小此木圭吾・丸田俊彦監訳、神庭靖子・神庭重信訳、岩崎学術出版社、一九八九年）

Stone, M. H., The Fate of Borderline Patients: Successful Outcome and Psychiatric Practice, Guilford Press, 1990.
スピノザ『知性改善論』畠中尚志訳、岩波文庫、一九三一年。
スピノザ『エチカ（倫理学）上下』畠中尚志訳、岩波文庫、一九五一年。
牛島定信編『境界性パーソナリティ障害〈日本版治療ガイドライン〉』金剛出版、二〇〇八年。
van der Kolk, B., The Body Keeps the Score: Mind, Brain and Body in the Transformation of Trauma, Penguin, 2014.（ベッセル・ヴァン・デア・コーク『身体はトラウマを記録する――脳・心・体のつながりと回復のための手法』柴田裕之訳、紀伊國屋書店、二〇一六年）
Winnicott, D. W., Ego Distortion in Terms of True and False Self, 1960. In: The Matutational Processes and the Facilitating Environment: Studies in the Theory of Emotional Development, Hogarth press & the institute of psycho-analysis, 1965.（ウィニコット『情緒発達の精神分析理論』牛島定信訳、岩崎学術出版社、一九七七年）
Winnicott, D. W., Providing for the Child in Health and in Crisis, The Maturational Processes and the Facilitating Environment: Studies in the Theory of Emotional Development, The Hogarth Press and The Institute of Psychoanalysis, 1965.（ウィニコット「健康なとき、危機状況にあるときの子どもに何を供給するのか」、『情緒発達の精神分析理論』牛島定信訳、岩崎学術出版社、一九七七年）

【第５部】（第９章）

Fenichel, O., The Psychoanalytic Theory of Neurosis, Norton, 1945.（オットー・フェニヘル『神経症の精神分析理論（5）』佐野直哉・小出れい子訳、季刊精神療法、５（2）、一九七九年）
Freud, S., Bemerkungen über einen Fall von Zwangsneurose, 1909.（フロイト「強迫神経症の一症例に関する考察」、『フロイト著作集９』小此木圭吾訳、二一三－二八二頁、一九七〇年）
川谷大治『自立への第一歩としての家庭内暴力――破壊される環境への治療的介入』精神分析研究、３０（4）、二二一－二二六頁、一九八六年。

川谷大治『強迫と妄想』日本精神分析学会第四十八回大会抄録集、一八三－一八五頁、二〇〇二年。

川谷大治『西園先生と私の奇妙な依存関係』精神分析研究、67（1）、五〇－五四頁、二〇二三年。

北山修『幻滅論［増補版］』みすず書房、二〇一二年。

國分功一郎『スピノザ――読む人の肖像』岩波新書、二〇二二年。

西園昌久『強迫の意味するもの』精神分析研究、21（4）、一八〇－一八六頁、一九七七年。

小此木圭吾『精神分析的にみた強迫神経症』精神分析研究、21（4）、一六三－一七九頁、一九七七年。

スピノザ『エチカ（倫理学）上下』畠中尚志訳、岩波文庫、一九五一年。

Winnicott, D. W., Mind and Its Relation to the Psyche-Soma. Brit. J. med. Psychol. 22, 1949.（「心とその精神－身体との関係」岡野憲一郎訳、『小児から精神分析へ――Winnicott臨床論文集』北山修監訳、岩崎学術出版社、二〇〇五年。所収）

ま行

や・ら・わ行

さ行

か行

A～Z

あ行

索　引

人　名

著者略歴　川谷大治（かわたに・だいじ）

医学博士，精神保健指定医，日本精神神経学会認定医，日本精神分析学会精神療法医，認定スーパーバイザー，日本精神分析協会精神分析家

1952 年 6 月　長崎県五島列島福江島の遣唐使最終寄港地に出生
1980 年 3 月　長崎大学医学部卒業
　　　　5 月　長崎大学医学部付属病院精神神経科入局
1984 年 4 月　福岡大学病院精神神経科入局
1997 年 5 月　川谷医院開業
2015 年 1 月　就労支援Ａ型ドンマイ併設
2020 年 7 月　放課後等デイサービスそら，カフェボンクラージュ併設
2021 年 4 月　訪問看護ステーションてんご併設
2022 年 11 月　コムニカチオ「中尾」，ヘルパーステーションてんご併設

受賞歴：日本精神分析学会奨励賞（1992 年）

主な著書:『思春期と家庭内暴力』（金剛出版，単著），『自傷とパーソナリティ障害』（金剛出版，単著），『境界性パーソナリティ障害〈日本版治療ガイドライン〉』（金剛出版，分担執筆），『現代フロイト読本２』（みすず書房，分担執筆），『詳解 子どもと思春期の精神医学』（金剛出版，分担執筆），『思春期精神医学』（診断と治療社，分担執筆），『北山理論の発見――錯覚と脱錯覚を生きる』（創元社，分担執筆），『現代精神分析基礎講座（第２巻，第５巻）』（金剛出版，分担執筆）

スピノザの精神分析

『エチカ』からみたボーダーラインの精神療法

2024 年 6 月 30 日　第 1 刷

著　者　川谷大治《かわたにだいじ》
発行人　山内俊介
発行所　遠見書房

〒 181-0001 東京都三鷹市井の頭 2-28-16
株式会社　遠見書房
TEL 0422-26-6711　FAX 050-3488-3894
tomi@tomishobo.com　http://tomishobo.com
遠見書房の書店　https://tomishobo.stores.jp

印刷・製本　太平印刷社

ISBN978-4-86616-195-2　C3011